Monika Renz

Grenzerfahrung Gott

Monika Renz

Grenzerfahrung Gott

Spirituelle Erfahrungen in Leid und Krankheit

KREUZ

© KREUZ VERLAG
in der Verlag Herder GmbH, Freiburg im Breisgau 2010
Alle Rechte vorbehalten
www.kreuz-verlag.de

Umschlaggestaltung: Bergmoser + Höller GmbH, Aachen
Umschlagmotiv: © Interfoto/THE TRAVEL LIBRARY/Andy Williams
Autorenfoto: © privat

Satz: de·te·pe, Aalen
Herstellung: fgb · freiburger graphische betriebe
www.fgb.de

Gedruckt auf umweltfreundlichem, chlorfrei gebleichtem Papier
Printed in Germany

ISBN 978-3-7831-3440-7

Inhalt

Einleitung zur Neuauflage
Spiritualität und Autonomie   11
Ein Heilmittel namens Spiritualität?   13
Ist spirituelle Erfahrung monistisch oder dialogisch?   15
Von der Erfahrung zum Projekt   16
Gottferne ebenso wie Gottnähe   18
Aufbau des Buches   18
Dank   20

I. Spirituelle Erfahrungen und ihre Wirkungen

1. Verschiedene Annäherungen an das immer selbe Phänomen   24

1.1	Spiritualität – was ist das?	24
1.1.1	Barbara: »Nicht sterben, leben will ich!«	24
1.1.2	Spiritualität: Annäherung an Begriff und Bedeutung	25
1.1.3	Eine für Spiritualität offene Psychotherapie	29
1.2	Spiritualität: ein Geschehen an der Grenze	32
1.2.1	Einladung von ganz ferne	32
1.2.2	Der faszinierend gefährliche Grenzbereich – Ambivalenz	33
1.2.3	Relativierung im Ich – Zwischen Urangst und Urvertrauen	34
1.2.4	»Ich war außerhalb aller Angst«	35
1.2.5	»Bald verzweifelt – bald überglücklich« – Wackelkontakt	36
1.2.6	Übergangsbefindlichkeit: Niemandsland zwischen zwei Realitäten	39

1.2.7	Sterbephasen (Kübler-Ross) oder spirituelles Geschehen (Renz)?	41
1.2.8	Das Medium Musik – auditive Phasen des Lebens	43
1.2.9	Beat: Das innere Kind in seiner Sprache erreichen	46
1.2.10	Atmosphäre der Ehrfurcht	51
1.3	Hoffnung auf Heil – Aushalten im Heillosen	52
1.3.1	Herr Bellwald: erlaubte Hoffnung	52
1.3.2	Spiritualität und die Frage nach dem, was heilt	54
1.3.3	Hoffnung »haben« oder »in der Hoffnung sein« – Anita	58
1.3.4	Sehnsucht aufrechterhalten – dem Prozess trauen	62
1.3.5	Herr Haug: Lethargie ist kein Haus, um sich darin einzurichten	63
1.3.6	Einer allein kann nie genug hoffen	68
1.4	Spiritualität ist ein Beziehungsgeschehen	71
1.4.1	Spiritualität – Bewusstseinserweiterung oder mehr?	71
1.4.2	Barbara: Gleichgültigkeit oder Aushalten von Gefühlen?	73
1.4.3	Beziehung ist riskant	76
1.4.4	Narzisstisch gefangen oder offen für ein »Mehr«	77
1.4.5	Eine Spiritualität, die Zukunft gibt, muss auf Beziehung hin offen sein	79
1.4.6	Was steht dem Offen-Werden im Weg?	82
1.4.7	Urangst vor dem Zuviel, Gegenüberstörung – Herr Mahler	85
1.4.8	Nicht an der kulturspezifischen Subjektivität vorbei	88
1.4.9	Spiritualität aus der Liebe geboren	91
1.4.10	Spiritualität geschieht, wo ich gegenwärtig und offen bin	96

1.5	Nicht an der Schuldfrage vorbei	97
1.5.1	Schuld ist Thema, ob wir wollen oder nicht	97
1.5.2	»Wahrheit macht Euch frei«	99
1.5.3	Herr Dober: Lebenslüge oder Suche nach tieferer Wahrheit?	103
1.5.4	»Bin ich selbst schuld?« – Schuld als Bewältigungsmuster	106
1.5.5	»Ich lege mein Gesetz in sie hinein« (Jer 31,31–34)	109
1.5.6	Hinter aller Schuld liegt Prägung	113
1.6	Spiritualität ist ein energetisches Geschehen	116
1.6.1	Zug oder Sog – Zwischen Spiritualität und Realität	116
1.6.2	Geist ist Macht – Ringen mit Gott oder Machtkampf?	118
1.6.3	Das Phänomen Geistkampf als Frage »Nein oder doch Ja?«	121
1.6.4	Wie umgehen mit dem Phänomen Geistkampf?	124
1.6.5	»Seither bin ich wie verdreht«	127
1.6.6	»Wir haben zusammen gekämpft und bestanden.«	128
1.6.7	»Was bringt mir das?« – Geist ist unverfügbar	131
1.7	Großartige neben subtilen spirituellen Erfahrungen	134
1.7.1	Außergewöhnliche (großartige) Erfahrung	135
1.7.2	Spirituelle Erfahrung im Alltag	136
1.7.3	Aha-Erlebnis als Gesamterklärung eines Lebens	137
1.7.4	Sternstunden der Kreativität	140
1.7.5	Wie weiß ich, ob es eine spirituelle Erfahrung war?	141

2. Was spirituelle Erfahrungen bewirken   144

2.1	Projektaussagen	144
2.2	Identitäts- und Sinnfindung	146

2.2.1	Findet der Mensch im Gegenüber eines Letzten zu sich selbst?	146
2.2.2	Du bist Person, Du bist Subjekt	147
2.2.3	Die Frage, die ich bin (Karl Rahner)	149
2.2.4	»Es ist wichtig, dass es dich gibt«	153
2.2.5	Personalität – Kernstück monotheistischer Selbst- und Gotteserfahrung	154
2.3	Freiheit und Bindung	156
2.3.1	Eine Freiheit anderer Art: frei von Angst – frei, zu *sein*	156
2.3.2	Spiritualität als Freiwerden *von* und Freiwerden *hin zu* etwas	161
2.3.3	Frau Keiser: Raum, über den die Welt keine Macht hat	164
2.4	Spiritualität als Durchbruch zu neuer Liebesfähigkeit	166
2.4.1	»Siehe, ich mache alles neu« (Offb 21,5)	166
2.4.2	»Himmel ist erst, wenn alle dort sind« – Endzeitbilder	169
2.4.3	Herr Olejak: War das Liebesmystik?	173

II. Inhalte von spirituellen Erfahrungen

1. »Wenn Gott – so muss es ein Gott aller sein« — 178

1.1	Das Wagnis, von einer Erfahrbarkeit Gottes zu reden – Frau Werder	178
1.2	Herr Fauré: »Nennt man *das* Gott?«	180
1.3	Auch Gotteserfahrung ist menschliche Erfahrung	183
1.4	Die dunkle Nacht: Mystik oder Erfahrung von heute? – Manuela	186
1.5	Engel, Licht und wunderbare Musik – Im Grenzbereich zum Unfassbaren	192

1.6 Gott der ewig Andere – Kann man spirituelle
Erfahrungen dennoch kategorisieren? 195

2. Fünf Erfahrungsweisen des Einen, Heiligen, Ganzen 201

2.1 Einheits- und Seinserfahrung 201
2.1.1 Ganzheit – Einheit – Unvorstellbarkeit 201
2.1.2 Sein statt warten – Drin statt daneben 203
2.1.3 Körperlich weit – zugleich frei und eingebunden 204
2.1.4 Zeitlosigkeit oder »begnadete« Gegenwart? 205
2.1.5 Einheitserfahrung und zugleich mehr 207

2.2 Gegenüber-Erfahrung 210
2.2.1 Der unbekannte Gott 210
2.2.2 Der Charakter des Unbedingten 212
2.2.3 Entferntester Fluchtpunkt – letzter Bezugspunkt 212
2.2.4 *Jüngstes Gericht* meint im Erleben Sterbender nicht Strafe, sondern Würdigung, Wahrheit und Barmherzigkeit 215
2.2.5 Der Herr über die Zeit 218
2.2.6 Franca: »Nicht verloren, nicht verloren« 219

2.3 Der beschützende, väterlich-mütterliche Gott 222
2.3.1 Der verkraftbare und verlässliche Gott 222
2.3.2 Angst, die nach einem beschützenden Vater schreit 226
2.3.3 Ein Gott, an dem sich das Überstrenge relativiert 228
2.3.4 Grund-gut, sinnlich-schön, liebend-bejahend 229

2.4 Der Gott »inmitten« 231
2.4.1 Gegenwärtig inmitten extremer Not – »ES/ER war da« 231
2.4.2 Der ohnmächtige Gott – der in mir auferstehende Gott 233
2.4.3 Herr Tobler: »Ich muss Gott richtiggehend verzeihen.« 236
2.4.4 Der solidarische Gott 238
2.4.5 Frau Erni: Menschennähe – Gottesnähe – ständige Präsenz 240

2.4.6	Alltagserfahrung »Er in mir« als neue Identität	241
2.5	Geist-Erfahrung	244
2.5.1	Geist ist stärker	244
2.5.2	Der innewohnende Geist	248
2.5.3	Geist hat Intention	250
2.5.4	Vollender – Visionen am Sterbebett	252

3. Wie umgehen mit spirituellen Erfahrungen?   256

3.1	Glaube ich daran? – Anfrage an die Psychotherapie	256
3.2	Tradition *und* Erfahrung – Anfrage an die Theologie	257
3.3	Realitätsbezug *und* Bewusstsein von Gnade – Absage an den Fanatismus	259

III. Projekt »Grenzerfahrung Gott«

1 Projektbeschreibung   263

2 Ergebnisse   264

1 Bezogen auf wichtige Fragen	264
2 Zahlen	266

Statt eines Nachworts   273

Literatur   275

Einleitung zur Neuauflage

Spiritualität und Autonomie

Setzt Spiritualität Autonomie voraus? Macht Spiritualität autonom? Beides stimmt – und gleichzeitig auch nicht so leichthin. Was mich und meine Beziehung zu diesem ungleichen Wortpaar betrifft, stand eine Erfahrung am Anfang der vorliegenden Überarbeitung meines Buches *Grenzerfahrung Gott*: symbolhaft wie real verkörpert im Bild eines kleinen Autos inmitten einer großen Bedrohung.

Ein Traum: Ich sitze in einem kleinen Auto – es ist mein Wagen und sieht aber doch anders aus. Plötzlich steht neben dem Auto ein riesiger Bär, zehn Meter groß. Er ist im Begriff, mich mitsamt dem Auto zu verschlingen. Es gelingt ihm nicht. Dreimal dasselbe Geschehen, derselbe Schreck. Haarscharf am Tod vorbei, bin ich am Schluss gerettet. Neben mir das zerstörte, glänzend gewordene Auto. Ich sage resolut: »Jetzt ergreife ich das Steuer.«

Tags darauf fliege ich zu einem Kongress zum Thema Spiritualität. Im Anschluss an meinen Vortrag werde ich, wie nie zuvor, mit Fragen bestürmt: Ob ich persönlich an die Möglichkeit von Gotteserfahrung glaube? Ob das, was Menschen dann erleben, wirklich Gott sei? Ob es bei mir und meinen Freunden zu Hause auch so spirituell zugehe? Klar wie nie zuvor bekenne ich mich zur Erfahrungsdimension des Göttlichen wie auch zu deren Relativität.[1] *Nach dem Kongress werde ich in einem kleinen Auto auf der dreispurigen Autobahn im Abendverkehr zum Wiener Flughafen chauffiert. Noch immer bin ich mit den Kongresseindrücken beschäftigt, als ich plötzlich aufgerüttelt werde: Bei Höchstgeschwindigkeit fährt rechts, haarscharf neben uns, ein anderes Auto auf uns zu. Schleudern – nach links,*

---

1 Vgl. die Gefahr des Fanatismus, II.3.3.

nach rechts, nach links ... dann ist nur noch Licht, blendendes Licht da. Endlich kommt das Auto zum Stehen, halb quer zur Fahrbahn. Ein Reisebus donnert auf uns zu und vermag gerade noch zu bremsen. Unser Auto ist noch fahrtauglich. Ich steige vom Rücksitz aus und sage: »Jetzt fahre ich.« Wie ich mich am Flughafen verabschiede, schaue ich nochmals zum Auto zurück und erschrecke: So ähnlich hatte das Auto im Traum ausgesehen.[2]

Ein paar Tage später kommt die Anfrage vom Kreuz-Verlag, das Buch Grenzerfahrung Gott *neu aufzulegen.*

Eine Gotteserfahrung? Ich zucke die Achseln. Eine Grenzerfahrung, ja ...! Und doch darf ich mir an dieser Grenze nie sicher sein, wer oder was dieser Andere jenseits der Grenze sei. Hier hat keiner »recht«, auch keine Religion, keine Weltanschauung. Bereits die Fragestellung: »Wer hat recht?« ist falsch. Die Dimension Gott ist in menschlichen Denkkategorien nie bewiesen, noch widerlegt. Sie übersteigt alles Menschliche und verlangt doch eine der göttlichen Unbedingtheit angemessene, auf ihre Weise unbedingte Reaktion: Ehrfurcht und Vertrauen – religiös »Glauben« genannt. In meinem Fall muss ich mich fragen: Kann ich meiner Erfahrung, dem Zusammenfallen mit dem seltsamen Traum, kann ich »Gott dahinter« trauen? Ich wäre töricht oder eine verbissene Atheistin, würde ich nicht. Soll ich umgekehrt in nüchterne Distanz zur Erfahrung gehen? Ich wäre sektiererisch, würde ich nicht auch Zweifel zulassen. Was dann? Die Erfahrung bleibt nachhaltig. Indem sie ein letztes Geheimnis umkreist, bleibt sie selbst ein Stück Geheimnis. So offen – hinhorchend und doch autonom – versuche ich seither zu leben.

Dieses Buch gibt Anregungen, darüber nachzudenken, was spirituelle Erfahrung resp. Gotteserfahrung sei, wie sie zu interpretieren sei und wie mit ihr sinnstiftend umgegangen werden kann. Es erzählt von den Erfahrungen krebskranker Menschen, aber auch anderer, von Sterbenden und auch von

---

2 Vgl. Kast 1987.

Menschen, die nach ihrer *Grenzerfahrung Gott* nochmals neu leben. Und es reflektiert diese Erfahrungen in psychologischer wie in theologischer Hinsicht. Bei der Erstauflage des Buches 2003 stand ich am Ende meines Zweitstudiums in Theologie. Allein schon aufgrund meines psychologischen Hintergrundes war ich Angriffen ausgesetzt. Heute, promoviert in beiden Disziplinen, werde ich von Theologen und Psychologen gehört und bin doch weiter angefochten – und genau darin herausgefordert, Spiritualität und Autonomie zusammenzubringen.

Ein Heilmittel namens Spiritualität?

Spiritualität ist »in« – sie füllt Buchregale und Veranstaltungskalender, bis hinein in die medizinische Fachwelt. Die heilende Kraft von Religion und Glaube ist neu zum Thema geworden. Spiritualität wird dabei nicht selten auf fragliche Weise losgelöst von ihren Ursprüngen betrachtet. Und die Messmethoden für ihre Wirksamkeit bleiben naturgemäß diffus. Der neue Trend begann in den USA, wo der Begriff in den Sechzigerjahren breite Aufmerksamkeit erhielt, sowohl in religiös-charismatischen Bewegungen wie in der Alternativmedizin und Esoterik. Man fand sich in einer holistischen Gesundheitsphilosophie und in Wortschöpfungen wie »spirituelle Energie«, »spirituelle Heilung«. In Europa wird auf Kongressen debattiert: Sollen Kosten für spirituelle Interventionen vom Gesundheitswesen bezahlt werden? Welches sind Anforderungskriterien für spirituelle Leistungen und für die Fachkräfte, die dies anbieten? Ist Spiritualität eine Angelegenheit von Psychologie, Theologie oder Medizin? Soll eine spirituelle Anamnese zum Patientendossier gehören?

Seriosität tut not, schon im Umgang mit dem Begriff.[3] In der medizinischen Fachwelt der Neunzigerjahre erhielt Spiritualität den Stempel von erbrachter Leistung. Ein spiritueller

---

3 Vgl. I.1.1.

Mensch bete, wohne Gottesdiensten bei, meditiere. Leistungen dieser Art wurden statistisch aufgerechnet und in Zusammenhang gebracht mit einer niedrigen Sterblichkeitsrate oder einer geringeren Zahl von Arztbesuchen. Wirkungen der für Kranke geleisteten Fürbitte wurden aufgezeigt, das Gebet bedeutete eine quasi-medizinische Maßnahme. Empfehlungen an Ärzte und Pflegende wurden gegeben: Das Gespräch über das Spirituelle sei in ihre Dienste einzubeziehen, die Patienten seien zur Nutzung ihrer spirituellen Ressourcen zu ermutigen. Im Zuge solcher Profanierung und Kommerzialisierung dessen, was Spiritualität sei und leisten könne, entstand mehr und mehr der Eindruck, sie sei Medikament. Ist aber Spiritualität »Leistung«? Oder ist es Gnadengeschehen? Und wie will man die Ernsthaftigkeit und Authentizität der Gebete messen? Neben Befürwortern dieser Bewegung (Harold G. Koenig) meldeten sich auch kritische Stimmen. Sie verwiesen auf den Definitionsnotstand und auf methodologische Mängel (Richard P. Sloan).[4] Die berühmte medizinische Zeitschrift *Lancet* wandte sich 2005 in einem Leitartikel gegen eine Quantifizierung der Wirkung von Spiritualität mit der treffenden Frage: *Wie kann man das Unmessbare messen?* Das Thema »Religion und Gesundheit« sei seinerseits zur Religion geworden.[5] Ethische Bedenken betreffen die Einmischung in intime Belange.

Darf Spiritualität losgelöst vom ehrfurchtgebietenden Spiritualitätsverständnis der Hochreligionen betrachtet werden? Darf das Thema Spiritualität vermischt werden mit dem Anliegen eines gesunden interreligiösen Dialogs? (Zum interreligiösen Dialog vgl. den Anhang von Renz 2008a.) Allerorts wird deutlich: Es steht etwas an. Aber was? Meine Antwort ist: Bewusstwerdung und genaues Hinhören. Spiritualität ist kein Ersatzbegriff für eine unattraktiv gewordene Religiosität, son-

---

4 Koenig 2002; Sloan 2000.
5 A. Garrison in Medscape, einer Website für Medizin: »The ›religion‹ of ›religion and health‹ may be a very different one from the religions of history.«

dern umkreist spezifisch die Erfahrungskomponente von Religion – etwa das Mystische. Hinhören tut auch im Einzelfall not: Was genau wird unter einer spirituellen Erfahrung verstanden? Wellness, Selbsterfahrung und Bewusstseinserweiterung – oder aber ein Ergriffen-Sein durch das Geheimnis? Das ist zweierlei. Wie kann es gelingen, dass ich sowohl dem persönlichen Erleben des Patienten als auch dem Geheimnischarakter aller Spiritualität gerecht werde?

Ist spirituelle Erfahrung monistisch oder dialogisch?

So lautet die derzeit wichtigste Streitfrage rund um Spiritualität. Kündet Spiritualität von einem letzten Sein oder einer letzten Beziehung? Ist sie Verschmelzung oder Berührtsein durch ein Unfassbares? Das Buch nimmt diese Debatte auf[6] und setzt doch neue Akzente: Kann eine Erfahrung nicht beides in einem beinhalten: Unio mystica *und* Rückbindung, Sein *und* Beziehung? Statt rückzuschließen auf Wesenszüge Gottes und sich in Grabenkämpfen über die Richtigkeit von diesem oder jenem Gottesbild zu verbeißen, bleibt das Buch bei der menschlichen Erfahrung. Es fragt nach der Beziehungsfähigkeit des Menschen. Die Alternative lautet: letztes Bezogen-Sein versus Narzissmus. Das Buch macht ernst mit einer Trennung zwischen empfangendem Subjekt (Mensch) und einer Gnadenquelle (Seiendes/Gott). Selbst die Erfahrung eines letzten Einsseins bleibt (menschliche) Erfahrung. Inmitten aller subjektiv erlebten Symbiose bleibt Differenz. Nur wo der Mensch anerkennt, dass er letztlich nicht »versteht«, wird verhindert, dass sich Menschen eins mit Gott wähnen und handeln, als seien sie durch ihn autorisiert. Am Extrembeispiel von Terroristen wird einsichtig, wohin ein solches Verhalten führen würde. Die Diskussion »Sein oder Beziehung?« wird in diesem Buch sogar erweitert: Ich führe eine Kategorisierung von

---

6 Vgl. I.1.1. und II.2.1.

fünf Erfahrungsweisen des Einen, Heiligen, Ganzen ein.[7] Nicht Grundsatzdiskussionen, sondern die ca. 300 Protokolle von spirituellen Erfahrungen unserer Patienten und Patientinnen waren es, die mich dahin führten. Damit bin ich beim Praxisbezug des Buches.

Von der Erfahrung zum Projekt

Die vorliegende Kategorisierung spiritueller Erfahrungen baut wesentlich auf einem Forschungsprojekt an der Onkologie des Kantonsspitals St. Gallen auf. Die Forschungsmethode war die teilnehmende Beobachtung: Ich begleitete Menschen in ihren akuten Nöten und Anliegen – therapeutisch, spirituell und spontan. Und ich war in all dem hellhörig für die Frage eines einbrechenden Spirituellen. Gibt es also doch ein Messinstrumentarium für das Unmessbare? Ja und nein. Erfasst werden kann all das, was erlebt, erzählt und so zu einer Erfassung freigegeben worden ist. Nicht erfasst wird all das, worüber Patienten schweigen, sei es, weil sie nichts Derartiges erlebt haben, weil sie nicht von mir begleitet wurden, weil sie für ein Sprechen schlicht zu erschöpft oder im Sterbeprozess schon zu weit weg waren, sei es, weil sie ihre spirituelle Erfahrung nicht preisgeben mochten. Entsprechend groß ist die Dunkelziffer, der Anteil des Nicht-Erfassten, und genauso wollen die vorliegenden Zahlen gelesen werden: Es sind Minimal-Aussagen. Mittels dieser nur beobachtenden und nicht insistierenden Vorgehensweise konnte gewährt bleiben, dass die Patienten in ihren Nöten und Bedürfnissen im Zentrum stehen und Protokolle ihrer spirituellen Erfahrungen sekundär sind.

Am Anfang des Projektes standen immer wiederkehrende Beobachtungen: Wo sich bei Patienten nachhaltige Veränderungen einstellten – ein neues Körpergefühl, eine neue Identität, Krankheitsbewältigung – schien etwas Unsagbares, Drit-

---

7 Vgl. II.2.

tes mit im Spiel gewesen zu sein. Wo immer ein Gespräch zur echten Begegnung wurde, wo eine Musik, ein Gebet, ein Schweigen das Gebot des Augenblicks traf, war eine neue Atmosphäre da. Zufall – oder Geheimnis von Wandlung? Wandlung hat mit Spiritualität zu tun.

Was aber ist Spiritualität? Gibt es trotz aller Individualität und Intimität auch Wesenszüge, ja immer wiederkehrende Gesetzmäßigkeiten solcher Erfahrung?[8] Wie beschreiben heutige Menschen ihre spirituellen Erfahrungen, deren Inhalte und Wirkungen? Was ist auslösend: Musik, Entspannung, Gebet, Ritus, ein Gespräch, Medikamente oder in allem der Faktor Beziehung, in allem Gnade? Weiß ich solches je, oder vergreife ich mich so am Mysterium?[9] Ein Forschungsprojekt war geboren mit dem Thema: Spirituelle Erfahrung in schwerer Krankheit. Es folgten Monate des Vortastens: Detaillierte Projektfragen und Rahmenbedingungen mussten überhaupt erst entstehen.

Umso größer war die Überraschung über das, was ich dann miterleben durfte: Mehr als ein Drittel der Patienten auf unseren onkologischen Stationen wünschte meine Begleitung. Mehr als die Hälfte davon erlebte etwas ungeahnt Spirituelles. Die Wirkungen solcher Erfahrungen waren ausnahmslos eindrücklich: erstaunlich – und doch auch wieder nicht. Es sind die Notsituationen des Lebens, welche existenzielle Fragen, eine neue Offenheit und neue Visionen von Zukunft hervorbringen – heute nicht anders als zu Zeiten des alttestamentlichen Exils und der Propheten. – So nahe bei letzten Fragen, begann ich auch meine Rolle und mein »Handwerk« zu hinterfragen. Über den Umgang mit Spiritualität war mir einiges vertraut durch Erfahrung, Vorlesungstätigkeit, Traumarbeit und Lektüre, durch meine Nähe zur Tiefenpsychologie von C. G. Jung, meine Kurstätigkeit und tiefenpsychologische Bibelarbeit. Aber anderes, Wesentliches fehlte mir. Ich war und

---

8 Eine Auflistung von Gesetzmäßigkeiten spiritueller Erfahrungen findet sich bei Renz 2007, S. 40.
9 Vgl. I.1.7.5.

bin Lernende, in wissenschaftlichen Diskursen, im Gespräch mit Kollegen, in der Supervision und vor allem in den vielen Begegnungen mit den Patienten. Ihnen allen bin ich zu größtem Dank verpflichtet.

Gottferne ebenso wie Gottnähe

Nicht zuletzt war und bin ich persönlich herausgefordert: Glaube ich wirklich, was ich da tue? Glaube ich trotz so viel Elend an einen Gott? Welcher Gott kann Menschen so leiden lassen? Und wie einen Gott herbeireden in eine dunkle Gottverlassenheit hinein, die wie ein Schreckgespenst um sich greift? Wie authentisch von Gott reden, wo ER nur schweigt? Gibt es eine Spiritualität, die nicht unter Wohlstands- und Fluchtverdacht steht, sondern zur Antwort wird auch *im* Elend? Eines war mir persönlich klar: Ich muss mich dem Geheimnis des schweigenden, verborgenen Gottes stellen, und ich will das auch. Ich riskiere es, mitverzweifelt zu sein. Ich riskiere es, mich so berühren zu lassen, dass ich selbst hineingeworfen werde in die leeren Nächte meiner Patienten. Was aber dann? Ich spüre, es gibt Antworten, aber ich kann sie nicht kennen wollen. Es gibt Ergriffenheit inmitten von Elend, aber man versuche nicht, zu begreifen. Theorien allein bleiben hohl. Patientenbeispiele sprechen mehr als Worte. An den Patienten ist dieses Buch geworden. Sie alle haben der Publikation ihrer intimen Erfahrung zugestimmt.

Aufbau des Buches

In Teil I.1 wird auf vielfältige Weise das Phänomen Spiritualität umkreist (begrifflich, energetisch, als Geschehen an der Grenze des menschlichen Ichs). I.2 geht den Wirkungen solcher Erfahrung nach, zahlenmäßig und qualitativ. Teil II fragt nach Inhalten spiritueller Erfahrungen. Die Kategorisierung in fünf Erfahrungsweisen des Einen, Heiligen, Ganzen findet hier ihren vornehmlichen Ort (II.2). Davor gespannt ist die Frage nach Gott und Gotteserfahrung unter dem Titel: »Wenn Gott – so muss es ein Gott aller sein« (II.1). Abschließend frage ich, wie mit spirituellen Erfahrungen umzugehen sei. Ein Realitätsbezug ist dabei ebenso unverzichtbar wie das Ernstnehmen der Erfahrung. Den Abschluss bilden Projektergebnisse und Zahlenmaterial.

Neue Akzente

a) Neu hervorgetreten ist in der vorliegenden Überarbeitung des Buches die stärkere Einbindung in die aktuelle Spiritualitätsdebatte, etwa in die Frage »monistisch versus dialogisch«. Dabei wird nicht die viel diskutierte Gottesfrage, sondern jene der menschlichen Beziehungsfähigkeit als Schlüssel-Kriterium genommen (vgl. Einleitung, I.1.1, I.1.4, II.2.1–2). Spirituelle Erfahrung wird konsequenter als Erfahrung mit der wie auch immer genannten Dimension »Gott« hinterfragt (II.1).

b) Neu ist die Gegenüberstellung der Sterbephasen nach Kübler-Ross und dem Sterbeprozess nach dem von mir vorgestellten Modell, welches im Sterben eine spirituelle Öffnung erkennt. Es geht von Erfahrungen rund um eine zu überschreitende Bewusstseinsschwelle aus (I.1.2.7). Gemäß meinen Erfahrungen ist ein Loslassen im Ich wenn auch schwer, so für die Sterbenden doch verheißungsvoll, ja schlussendlich schön. Ansonsten aber thematisiert dieses Buch nicht nur Grenzerfahrungen im Sterben, sondern auch Grenzerfahrungen mitten im Leben. Im Sterben wie im Leben ist Spiritualität der äußerste Erfahrungsbereich an der Schwelle hin zum Unaussprechlichen und Unfassbaren.

c) Wo im Personalen im Grunde ein Bezogensein erkannt wird, geht der Mensch anders daraus hervor: zugleich hinhorchend und frei (vgl. I.2.2). Spiritualität befähigt zur Autonomie und bedarf ihrer zugleich. Gefragt ist das »steuerungsfähige Ich«, von dem der Eingangs-Traum sprach. Das ist heute nicht anders als zu Zeiten großer Mystiker und Heiliger, die auffielen durch ihre Freiheit gerade *inmitten* von Verfolgung, Leiden und Armut.

Dank

Zum Schluss *danke* ich den vielen Menschen, die zum Entstehen der ursprünglichen Fassung und zur Neubearbeitung dieses Buches beigetragen haben. Mein erster Dank geht an Prof. Dr. Thomas Cerny, den Chefarzt der Onkologie des Kantonsspitals St. Gallen. Von ihm kam der Anstoß zu dem Projekt auch mit dem wissenschaftlich heiklen Thema Spiritualität, und er hat es stets unterstützt. Ihm und der *gesamten onkologischen Ärzteschaft* danke ich für die äußerst kompetente und wohlwollende Zusammenarbeit. Namentlich nennen möchte ich die beiden Palliativmediziner Dr. Daniel Büche und Prof. Dr. Florian Strasser sowie den Chefarzt des Brustzentrums, Prof. Dr. Beat Thürlimann, die sich immer neu für mich, meine Erkenntnisse und meine Grenzen sprengende Arbeit eingesetzt haben. Direktor Hans Leuenberger danke ich für den wichtigen Raum, den er mir für Forschung und Projekt ermöglicht hat. Ich danke meinem Kollegen Rolf Kirsch und research assistant Dr. Miriam Schütt für die hervorragende Zusammenarbeit.

Ich danke all jenen Vertretern von Theologie und Kirchen, die dieses Projekt und meine Arbeit im Grenzbereich zwischen Theologie und Psychologie auch dort unterstützt haben, wo mir Unverständnis entgegenkam. Namentlich nennen möchte ich: Prof. Dr. Roman Siebenrock, Innsbruck; den Pfarrer und Theologen Dr. Christoph Sigrist, Zürich; den Psychotherapeuten, Theologen und Experten für Spiritualität Dr. Michael Utsch, Berlin; Prof. Dr. Hans Kessler, Frankfurt; den Experten für Spiritualität und interreligiösen Dialog Pater Dr. Christian Rutishauser, Lassallehaus; Pater Dr. Bruno Rieder, Disentis; Abt Martin Werlen, Einsiedeln; den emeritierten Bischof von St. Gallen, Dr. Ivo Fürer; den ehemaligen (katholischen) Spitalpriester Kläus Dörig, St. Gallen; den ehemaligen (evangelischen) Spitalpfarrer Niklaus Lippuner, St. Gallen; die Spitalseelsorgerin und Historikerin Audrey Kaelin, Zürich. Ein ganz persönlicher Dank geht an Dr. Gotthard Fuchs, Experte für Spiritualität und Mystik, Mainz. Ich danke meiner Supervisorin, der Psychotherapeutin und Psychiaterin Dr. Gisela Leyting, und dem Kollegen und Psychotherapeuten Dr. Christian Lenggenhager. Den zahlreichen Kursteilnehmer(inn)en danke ich für die mir anvertrauten Erfahrungen. Ein besonderer Dank geht an die Programmleiterin des Kreuz-Verlags Dr. Karin Walter und den Herder-Cheflektor Dr. Rudolf Walter, welche die Neuauflage initiiert haben.

Mein größter Dank geht an meine Nächsten, ebenso wie an die vielen Patienten und Angehörigen. Sie alle haben nichts weniger als sich selbst hineingegeben, mit ihrem Dasein, ihrem Aushalten, ihren Rückfragen, ihrer Kritik. Namentlich danke ich meiner Schwester Prof. Dr. Ursula Renz, Philosophie, Klagenfurt, meinem Bruder Prof. Dr. Patrick Renz, Leiter der Stiftung Aid Governance für Entwicklungszusammenarbeit[10], und meiner Schwester, der Psychotherapeutin Helen Schneider-Renz. Ich danke meinen Eltern, Helen Renz, Psychologin und Absolventin der Wiener theologischen Kurse, und Dr. Stephan Renz, die sich noch heute nicht zu alt fühlen, um für uns Kinder und für eine gute Sache da zu sein, um Texte zu korrigieren, Ordnung zu machen, zu trösten. Am innigsten danke ich meinem lieben Mann für seine Treue und seine wachen Fragen. Möge durch dieses Buch etwas von der existenziellen Liebe, die ich vielfältig habe erfahren dürfen, weiterfließen.

St. Gallen, September 2009

---

10 Website: www.aidgovernance.org.

Teil I:
Spirituelle Erfahrungen und ihre Wirkungen

Gebet zu ersten mose 32 vers 23 bis 33

Jede von uns hat einen engel
lass uns ihn erkennen
auch wenn er als blutgieriger dämon kommt
jeder von uns hat einen engel
der auf uns wartet
lass uns nicht vorbeirasen am jabbok
Und die furt versäumen

Auf uns wartet ein engel

> Jeder von uns hat einen geheimen namen
> er ist in gottes hände geschrieben
> die uns lieben lesen ihn
> eines tages wird man uns nennen
> land der versöhnung
> bank die ihren schuldnern vergibt
> brunnenbauerin in der wüste
>
> Auf uns wartet gottes name

Dorothee Sölle[11]

---

11 Vgl. Sölle 1990b, S. 115.

1 Verschiedene Annäherungen an das immer selbe Phänomen

1.1 Spiritualität – was ist das?

1.1.1 Barbara: »Nicht sterben, leben will ich!«

»Ich würde gerne sterben. Das Leben ist unsinnig und bringt nichts.« So lautet die Lebensabrechnung von Barbara Kern, einer betont rationalen Frau Mitte 40. Trotz guter ärztlicher Prognosen hat sie aufgehört, an sich und das Leben zu glauben – bis sie eines Tages **in eine spirituelle Erfahrung hineingeworfen** *wird:*

Ich besuche ihre Bettnachbarin. Frau Kern erlaubt mir, für diese eine Entspannung zu machen und eine leise Musik zu spielen. »Vielleicht höre ich auch mit. Schaden kann das wohl nichts.« – Ich stehe zwischen den beiden Krankenbetten, bin ihrer Nachbarin zugewandt, Frau Kern ist unbeobachtet. Ich lade ein, Körperteil um Körperteil zu spüren. Anschließend spiele ich auf einer kleinen Harfe. Plötzlich ein ergreifendes Weinen, das nicht mehr aufhört. Ich sage leise: »Frau Kern, ich bin da, auch für Sie. Ist es recht, wenn ich dennoch weiterspiele?« »Ja bitte«, sagt sie eindringlich und lässt ihren Tränen weiterhin freien Lauf. Die Stimmung ist speziell: Ich spüre Spannung, Freiheit, Heiligkeit. Ich lasse die Harfenmusik ausklingen. Das Weinen bleibt. »Darf ich mich zu Ihnen hinsetzen, Ihre Hand berühren?« Gemeinsame Betroffenheit. Allmählich klingt das Weinen aus.

Nun bricht es aus ihr heraus: »Ich weiß nicht, was mit mir geschehen ist. Eigentlich war da ja nichts, nur Ton. Aber das war es genau: **Ich habe Musik noch nie so materiell, so sinnlich einfach gehört.** *Die Töne haben mich erschüttert wie ein Erdbeben. Die Klänge außen wurden zum Klang in mir. Ich war nicht* *mehr daneben, ich war drin.« Und etwas später laut, als würde sie es sich selbst zurufen: »Nicht sterben, leben will ich!« Und wieder leise: »Ich weiß nicht, ob das schön ist oder schrecklich: Plötzlich will ich leben.«*

Frau Kern ist über Tage erschüttert ob diesem Erlebnis. Sie habe schon Yoga gemacht und Bücher gelesen über Religion und Esoterik; auch in der Kirche sei sie oft gewesen. An ihrem Wunsch zu sterben habe all das nichts verändert. »Aber diese Töne da ... es war das ganz Einfache. Nicht studieren über das Leben, sondern leben. Es war keine Frage mehr, ob Leben sinnvoll sei oder nicht, es war einfach gut, so unendlich gut! ... Es war die Musik und zugleich viel mehr, unendlich viel mehr.«

1.1.2 Spiritualität: Annäherung an Begriff und Bedeutung

Viele Menschen sind *auf der Suche nach Spiritualität*. Sie suchen Entgrenzung, Identität, Fülle in der Leere. Sie sind fasziniert von der Ausstrahlung spiritueller Gruppen und anderer Religionen. Ohne zu wissen, wonach sie suchen, suchen sie letztlich Gott: etwas, was tief bewegt, erfüllt, aber auch in Ehrfurcht verstummen lässt; Gott nicht so, wie sie einst von ihm reden hörten, sondern als Erfahrungsrealität. *Ein Sich-Ereignendes, für das es keine Worte gibt und worin man höchstens einen von zwei Mitspielern, nämlich sich selbst, kennt.*

Spiritualität ist zum Modewort verkommen. Der Begriff wird in den verschiedensten Zusammenhängen gebraucht und missbraucht. Man spricht von östlicher oder westlicher, buddhistischer, sufistischer, jüdischer oder christlicher Spiritualität, von feministischer Spiritualität, Indianerspiritualität usw. Selbst innerhalb der christlichen Tradition lassen sich unterschiedliche Ausprägungen erkennen: so etwa die Spiritualität des Franziskaner- oder Benediktinerordens, dominikanische, ignatianische oder karmelitische Spiritualität.[12] Die ostkirchliche Spiritualität setzt andere Akzente als die römisch-katholi-

---

12 Vgl. Rotzetter 2000, S. 28f.

sche Tradition. Bei allen Differenzen in der Konkretisierung steht das Wort Spiritualität für eine *hochgeistige Erfahrung im Zwischen von Mensch und Gott,* eine Form der Geistigkeit. Im englischen Wortgebrauch wird deutlich, dass *spirit* etwas anderes bedeutet als *mind* (Absicht, Vernunft). Auch wenn von Spiritualität als bestimmter »geistiger Ausrichtung« gesprochen wird, so ist diese vom Ich her nicht machbar, sondern durch einen langen Erfahrungsweg schlussendlich geschenkt. Morgenthaler versteht Spiritualität als »eine umfassende Art des In-der-Welt-Seins ... als Deutung im Geist, Deutung von Wirklichkeit.«[13]

Die *Ursprünge des Begriffes* sind im frühen Christentum zu suchen, was nicht ausschließt, dass das Phänomen Spiritualität verschiedenen Religionen und Kulturen eigen sein kann. Der Begriff entstammt ursprünglich dem lateinischen Adjektiv *spiritualis*, das um 200 n. Chr. auftauchte. Er verweist auf etwas *Geistiges, Geistliches, was nicht einfach identisch ist mit »seelisch«.* Geistig meint auch den Atem als etwas Hochgeistiges (vgl. das griechische Wort *pneuma*, das für Hauch, Atem, luftartige Substanz, welche als Lebensprinzip angesehen wurde, und für den Heiligen Geist steht). *Spiritualis* war das lateinische Pendant zum biblischen *pneumatikos*, welches sich vor allem bei Paulus (1 Kor) findet. Spiritualis bezeichnete damals das totale Betroffensein des Getauften durch das Christusereignis. Daraus wird ersichtlich, dass mit diesem Begriff schon damals ein Geschehen umschrieben wurde, das dem Menschen

13 »So verstehe ich Spiritualität als eine umfassende Art des In-der-Welt-Seins und nicht in erster Linie als eine eingrenzbare Frömmigkeit und »praxis pietatis«. Spiritualität wird zur Haltung der Geistes-Gegenwart, die dem Geist des Lebens Raum geben möchte, damit er mich tragen, wandeln, inspirieren und befreien kann. Spiritualität lässt sich verstehen als eine Form der Annäherung des menschlichen Geistes an den scheu sich nähernden Geist in aller Erfahrung und Wahrheit. Spiritualität bedeutet, tragenden, erschütternden, wunderbaren und geheimnisvollen Kräften zu begegnen, dem schöpferischen und lebensspendenden Geist in seiner verborgenen Anwesenheit und seiner anwesenden Verborgenheit« (Morgenthaler 1992, S. 186).

widerfährt (hier mit der Taufe), etwas, das durch den Menschen hindurch unerklärlich geschieht und ihn ergreift. So wurde Spiritualität einerseits als *hochgeistige Erfahrung* im Zwischen von Mensch und Gott verstanden und zugleich – auch damals schon – als aus der Erfahrung geborene Haltung: als Leben aus dem (Heiligen) Geist.

Im deutschen Sprachraum wurden über Jahrhunderte andere Begriffe wie Askese, Mystik, Frömmigkeit, Heiligkeit verwendet. Es waren *Mönche, Wüstenväter und Mystiker,* die – fernab vom Lehramt der Kirche – das Geheimnis erfahrener Gottnähe und erlittener Gottferne bezeugten und spirituelle Traditionen entwickelten. Diese Menschen wurden in der Radikalität ihrer gelebten Spiritualität gleichermaßen aufgesucht wie gemieden. Warum? Innere Gotteserfahrung ist in sich erfüllend und zugleich angstbesetzt.[14] Warum aber ist die spirituelle Erfahrung im besten Fall ein Randphänomen einer sich an der Tradition orientierenden Theologie? Erfahrung ist immer persönlich und darin nicht einfach deckungsgleich mit einer lehramtlichen Verkündigung. Erfahrung kann nicht nach Kategorien von wahr oder unwahr, richtig oder falsch beurteilt werden. Erfahrung heißt auch Fühlen, Schauen, Erschaudern. Als Ergriffensein von einem Unfassbaren bleibt auch die spirituelle Erfahrung weitgehend unfassbar. Es war Karl Rahner, der Gott als Geheimnis, als den Unbegreiflichen, als letztes Wort vor dem Verstummen[15] in die moderne Theologie eingebracht hat. Der Charakter der Unfassbarkeit (und Zwiespältigkeit) umgibt das Phänomen Spiritualität natürlicherweise.

Nach 1700 tauchte im Französischen das Wort *spiritualité* auf. Es drückte die *persönliche Beziehung* des Menschen zu Gott aus. Eine Engführung von Spiritualität auf das Nicht-Materielle und nur Mentale haftete dem Wortsinn damals nicht an. Vielmehr entwickelte sich parallel zum Geist einer aufgeklär-

---

14 Vgl. Otto 1987, wonach das Heilige als »fascinosum et tremendum« erfahren wird.
15 Rahner 1968, S. 11–25.

ten und säkularisierten Gesellschaft und deren nüchterner bis starrer Gottesdienstpraxis ein *Hunger nach Spiritualität*. Menschen litten und leiden am Mangel an erfahrener Gottnähe, an einem spirituellen Vakuum.

Die *Spiritualität von heute*, die ich fürs Erste als Suchen nach geistiger und geistlicher Erfahrung umschreibe, hat mehrere Wurzeln. Wiederentdeckt wurde Spiritualität in Amerika, in der medizinischen Fachwelt[16], in der Verbindung von Naturwissenschaft und Mystik (z.B. Fritjof Capra) und über den neu entdeckten Stellenwert von Religion und religiösen resp. tranceartigen Zuständen in der Psychologie (z.B. Stanislav Grof). Auch aus den östlichen Religionen und über esoterische Lehren sind vielfältige spirituelle Praktiken in unseren Kulturraum (zurück)gekommen. Interessant ist der Wortsinn des Begriffes »esoterisch«. *Im engeren Sinne bedeutet »esoterisch« geheim, nur für Eingeweihte bestimmt, im Unterschied zum Begriff »exoterisch«*, der das allgemein Verständliche, an die Außenwelt Gerichtete umschreibt.[17] Im weiteren Sinn ist der Begriff »esoterisch« der nach innen gerichteten religiösen Erfahrung nahe. Hat demgegenüber nicht gerade das Populär-Werden von Esoterik und Spiritualität zu einem Tabubruch geführt? Es ist, als hätte die Geheimlehre ihr Geheimnis verloren! Sind wir heute nicht im Begriff, Spiritualität, die ihrem Wesen nach Verborgenes meint und selbst teils verborgen bleibt, zu verraten und zu vermarkten? Werden heute nicht die verschiedenartigsten Traditionen ohne die nötige Ehrfurcht miteinander vermischt?[18] Sind sie überhaupt untereinander »kompatibel«? Oft

---

16 Vgl. die Einleitung.
17 Die Ausdrücke »esoterisch« und »exoterisch« gehen zurück auf die griechischen Begriffe *esoterikos* (nach innen gerichtet, der allgemeinen Öffentlichkeit nicht zugänglich) und *exoterikos* (auswärtig, für Laien verständlich). Vgl. Wolz-Gottwald in: Metzler-Philosophie-Lexikon 1999, S. 158. Vgl. auch Rotzetter 2000, S. 141f.
18 Und war nicht bereits dieses ehrfurchtslose Vermischen ein Hauptproblem der einstigen Gnostiker, die bis heute esoterische Lehren speisen?

werden Praktik und Technik gleichgesetzt mit dem spirituellen Geschehen selbst.

Spirituelle Praktiken, Bewusstseinserweiterung und Meditation sind bisweilen Hinführung. Sie helfen, Alltägliches loszulassen. Und doch muss auf den rechten Augenblick, den Kairos, schlussendlich gewartet werden. *Spiritualität ist mehr als Praktik. Sie ist Erfahrung mit einem ewig Anderen.* Sie ist nicht planbar, bleibt unverfügbar und bedeutet im Letzten ein Ergriffensein vom Geheimnis »Gott«. In dieser Unverfügbarkeit ist Spiritualität Gnadengeschehen, Offenbarungsgeschehen.

1.1.3 Eine für Spiritualität offene Psychotherapie

Hat Spiritualität, haben spirituelle Erfahrungen erlaubterweise Raum in einer Psychotherapie? Verheißungsvolle Annäherungen zwischen Psychologie und Religion, Psychotherapie und Seelsorge dürfen nicht darüber hinwegtäuschen, dass Ängste und Abwehr gegenüber der jeweils anderen Disziplin groß sind.

Nach wie vor sprengen viele Therapien den Raum der Immanenz kaum. Doch in der therapeutischen Arbeit mit schwer kranken Menschen kann eine Therapeutin[19] nicht einfach alles ausklammern, was in Richtung Spiritualität zielt. Es ist nicht primär die Therapeutin, welche diese Dimension einbringt. Es ist der *Schicksalsaspekt der Krankheit*, der mit letzten Fragen, tiefsten Sehnsüchten und äußersten Anfechtungen konfrontiert: *Warum gerade ich, ich habe nichts Böses getan? Warum jetzt? Warum so heimtückisch? Was macht mich wieder gesund? Was hat das Leben für einen Sinn? Was kommt nach dem Tod?* Existenzielle Fragen schreien nach existenziellen Antworten, ob religiös ausgedrückt oder nicht. Nach Antworten, die unverfügbar einfach sind, werden oder ausstehen. Der Leidensdruck ist groß, die Zeit zu letzten Reifungsschritten oft

---

19 Weibliche oder männliche Sprachformen? Ich bin der Diskussion müde, wünsche erlaubtes Frau- und erlaubtes Mannsein. Spontan spreche ich einmal in weiblicher, dann in männlicher Sprachform.

kurz bemessen. Umso mehr drängt es von innen her in spirituelle Dimensionen hinein. Wie damit therapeutisch umgehen, ohne zu manipulieren, ohne zu überfahren? So lautet die Anfrage an jede Therapeutin.

Als Therapeutinnen, Ärzte und Seelsorger bringen wir neben unserem fachspezifischen Wissen und unseren Methoden auch uns selbst ein. Unsere Nähe oder Distanz zum Spirituellen, eigene Blockaden, Ängste und Zweifel fließen unweigerlich ein. Was dem einen zu viel Spiritualität ist, ist dem anderen zu wenig. Wie weit wir als Begleiter fähig sind, uns auf existenzielle Nöte und religiöse Bedürfnisse von Patienten und Patientinnen einzulassen, hängt auch ab von unseren eigenen Sehnsüchten und Prägungen. Was wir ausstrahlen, unser Sensorium für das Unausgesprochene, hat mit uns und unseren tiefsten Erfahrungen zu tun.

Dennoch orientiert sich Therapie nicht an der Therapeutin! Ich bin in der spirituellen Begleitung nicht aufgefordert, ein Feuer, das in mir ist, weiterzugeben, sondern hinzuschauen, wo es im Patienten dunkel ist. Und ich halte – im Rahmen meiner Kräfte und Grenzen – mit dem Leidenden sein Dunkel für eine Weile aus. Ich kämpfe selbst um Hoffnung, dass in ihm zu gegebener Stunde ein Licht aufgehe. Mein therapeutischer Zugang zu Menschen geschieht nicht über die Frage nach ihrer Religionszugehörigkeit, wohl aber, indem ich frage: »*Woran leiden Sie? Wonach sehnen Sie sich im Innersten? Was spendet Ihnen Mut und Durchhaltekraft?*« Und all dies mit Blick auf das, was, ausgesprochen oder unausgesprochen, *gerade jetzt* drängt. Die Suche nach dem, was im Einzelfall, Stunde um Stunde, lindert, befreit, tröstet und auf innere Weise ein Stück weit heiler macht, ist Kunst und Handwerk in einem. Spiritualität am Krankenbett *orientiert sich am Patienten*. In einen therapeutischen Rahmen einfließend, darf Spiritualität nicht einer bestimmten Schule, Methode oder Geistesrichtung verpflichtet sein. Sie nimmt ihr Maß an der einzelnen Begegnung.

Ich kann es nicht vermeiden, dass dort, wo Menschen meine Religiosität ausdrücklich suchen, meine Nähe zu Theologie und christlichem Glaubensgut, zu bestimmten Liedern, Gebeten oder Texten mitschwingt. *Authentisch sein* heißt, ich selbst und damit nicht mehr neutral zu sein. Nicht subjektlos muss ich sein, sondern in Intention und Ausstrahlung transparent. Als Therapeutin habe ich mich der Bewusstwerdung verschrieben: Was motiviert, was lähmt mich, wo bin ich allergisch? Nur so stellt sich jene Atmosphäre der Freiheit ein, in der Patienten erlaubterweise ähnliche, andere oder überhaupt keine spirituellen Bedürfnisse haben dürfen.

So darf ich in meiner Spitaltätigkeit *Menschen verschiedenster Wesensart und Herkunft* begleiten: jüngere wie ältere, Christen und Muslime, Kirchennahe wie Kirchenferne und Atheisten. Sie kommen zu mir oft verzweifelt ob ihrer Diagnose »Krebs«. Ich betreue Kranke, die wieder ins Leben zurückkehren, neben anderen, die auf ihren Tod zugehen; Menschen, die eine therapeutische oder spirituelle Begleitung ausdrücklich wünschen, nebst Menschen, die »*es einfach einmal mit mir versuchen möchten*« oder die, wie sie sagen, »*nur Musik und Entspannung, aber keine Psychologie und schon gar keine Religion*« wollen. Mit manchen rede ich, mit anderen mache ich Körperwahrnehmungsübungen und Klangreisen,[20] vor allem aber höre ich zu. Bisweilen fällt das Wort Gott, bisweilen nicht. Gespräche über letzte Dinge beginnen häufig damit, dass Patienten und Patientinnen mich fragen: »*Warum verstehen Sie das?*« »*Waren Sie auch schon krank?*« Oder: »*Ich spüre, dass Sie religiös sind. Warum?*« Mein Finden zum Wort hilft ihnen, sich selbst in ihren Ängsten, Gefühlen, Sehnsüchten zu spüren, sich selbst zu glauben.

---

20 Vgl. I.1.2.8.

1.2 Spiritualität: ein Geschehen an der Grenze

1.2.1 Einladung von ganz ferne

Spiritualität ist Erfahrung im Zwischen – zwischen einem Menschen und einem Transzendenten. Menschen sind dafür offen oder nicht. Am grundsätzlichen Angebot von der anderen Seite ändert dies nichts – vergleichbar einem Haus mit Fenstern, die wir öffnen oder schließen, ja sogar mittels Fensterläden verriegeln können. Keinem Hausbewohner käme es in den Sinn, bei geschlossenen Läden davon auszugehen, dass die Welt außerhalb zu existieren aufhörte. Und selbst wenn er davon ausginge, würde ihn das Geschrei auf der Straße, der Lärm des Helikopters und das Vibrieren der Fensterscheiben einholen. Spiritualität ist **Berührung mit einer andersartigen Realität**, zu der der Mensch Ja sagen kann oder Nein.

Frau Laube, eine feinfühlig wirkende Frau, erzählt mir bei unserer ersten Begegnung, wie wichtig es für sie sei, für Menschen da zu sein, und was alles sie tue für ihre Töchter und Freundinnen. Ich stelle ihr meine Arbeit vor und erkläre, dass Entspannung zu Musik, eine sogenannte Klangreise, Körper und Seele helfe, zur Ruhe zu kommen. Ob sie dies erfahren möchte? »Ja, gerne. Nur das Telefon müssen wir eingeschalten lassen, damit ich erreichbar bin.« Ich antworte, genau dies sei zentral: für die Dauer der Entspannung das Telefon auf besetzt schalten und sich ganz sich selbst zuwenden. Frau Laube überlegt und willigt ein. – Nach der Klangreise ist sie berührt, einfach still und »bei sich«. Die spirituelle Atmosphäre ist spürbar. Dann die Worte: »Es war wie eine himmlische Musik, eine **Einladung von ganz ferne, die ich erst richtig hören lernen muss.«** – Genau dies: Spiritualität hat mit Hinhören zu tun und mit einer Einladung von ganz fern.

1.2.2 Der faszinierend gefährliche Grenzbereich – Ambivalenz

Warum fällt das Hinhören so schwer? Der Drang nach Betriebsamkeit, Stress und das große Zerstreuungsangebot machen es uns leicht, den Ruf von innen zu überhören. Hinzu kommt, dass wir zwar hören wollen und doch auch *nicht*, denn der Ruf ist unbedingt und die Grenze, von wo er kommt, angstbesetzt. Hier ist der *Ort, wo das nackte Ich sich von einem Unfassbaren berührt bis überwältigt erfährt*. Dasselbe, das im Positiven fasziniert als ein Ergriffen- und Erweitert-Sein durch etwas Anderes oder Heiliges, ist auch erschreckend und bedrohlich. Ein wunderbar erlebtes Licht überwältigt im Sinne des Angenehmen wie des Unverkraftbaren. Es zieht an und blendet. Der numinose Klang durchflutet und ist zugleich unintegrierbares Zuviel. Die gebietende Stimme im Traum lässt ein Letztgültiges positiv erahnen, aber auch davor erschaudern. In der spirituellen Erfahrung ist der nicht sichtbare Bereich unausweichlich nahe gekommen. Was daran ist »wahr«, was Phantasie oder Projektion? Das Sinnenjenseitige ist fast sinnliche Erfahrung. Das Ich verliert sich zunächst in diesem Übersteigenden, um später erfahren zu dürfen, dass es sich darin neu und erweitert gefunden (oder gewonnen) hat. Was ist naheliegender, als dass der Mensch diesen Grenzbereich zugleich sehnsüchtig sucht als auch sehr fürchtet. *»Da werde ich zerstört«, schreit mich ein Mann im Anschluss an eine tiefe Erfahrung an. Minuten später, ergriffen von einem Wunderbaren, fasst er meine Hand, schüttelt den Kopf und sagt: »Ach, so faszinierend gefährlich!«*

Begleiter, seien sie nun Arzt, Therapeutin oder Priester und Seelsorger, müssen mit solchen Ambivalenzen leben lernen. Sie sind, ähnlich dem Schamanen, *Mittler* zwischen zwei Welten und werden bisweilen gar einbezogen: *Eine Patientin streichelt mir nach einer Klangreise die Hand und sagt: »Soo schön.« Später, erschrocken darüber, dass sie die Fassung verloren hat, sagt sie: »Sie sind eine Hexe.«* Mit diesem etymologisch aufschlussreichen Begriff traf sie intuitiv die Gestalt des Grenzgängers (Hexe, engl. *hag* = Hag- oder Zaunreiterin).

1.2.3 Relativierung im Ich – Zwischen Urangst und Urvertrauen

Spiritualität bricht die psychischen Strukturen auf. Im Grenzbereich ist der Mensch nicht mehr Herr im eigenen Haus, nicht mehr unangefochtenes Zentrum seiner selbst. Die Wahrnehmung kann sich entsprechend verändern, d. h. sie ist dann nicht mehr gleichermaßen ans Ich gebunden. In meinem Buch *Zwischen Urangst und Urvertrauen* (2009) spreche ich von unserer alltäglichen Erlebnisweise als einer ich-bezogenen Wahrnehmungsweise. Ich-bezogen meint subjektgebunden, auf eine eigene Mitte bezogen. ***Der Mensch erlebt als Subjekt,*** auch wo er sich dessen nicht bewusst ist: Er schützt sich, isst für sich, bewegt sich. Er fühlt mit und in der eigenen Haut, sieht mit seinen Augen und aus seinem Blickwinkel. In der gewohnten Wahrnehmung erlebt er die Außenwelt in Relation zu sich selbst: dort der andere, hier ich. Wir messen die Größe eines Raumes, die Unendlichkeit des Kosmos, die Gestalt eines Tieres bewusst oder unbewusst an unseren *eigenen* Maßen. Dieses Aus-sich-selbst-heraus-Wahrnehmen meint nicht »egoistisch« und auch nicht im landläufigen Sinne »subjektiv«. Ich-bezogen meint subjektgebunden und umschreibt die mit allem Menschsein einhergehende Erlebnisweise, ich selbst und *Eigener* zu sein. Ich-Bezogenheit ist immer auch Eingrenzung.

Dieser alltäglichen, ich-bezogenen oder subjekthaften Wahrnehmungsweise stelle ich eine ganz andere Wahrnehmungsweise gegenüber.[21] Unser Leben und unsere Entwicklung spielen sich im Spannungsfeld zwischen zweierlei Erlebnisweisen ab. So selbstverständlich dem Menschen das Erleben aus dem Stand im Eigenen erscheint, so fremd, anziehend und zugleich bedrohlich erfährt er in spirituellen Erfahrungen das ganz Andere. Sogar sich selbst nimmt er darin anders wahr: auf tiefere Weise bezogen und doch frei; eins und doch Eigener. Umschrieben etwa wie folgt: *»Da war ein großes Sein. Es gab keine Wünsche mehr.«* – *»Ich war so voll, dass ich ganz leer*

---

21 Ich spreche auch von einer ganzheitlichen Wahrnehmungsweise. Vgl. auch I.1.2.8.

war, wusste nicht mehr, ob mein Zentrum in mir drin oder außerhalb sei, ob es mein Herz ist, das schlägt, oder die Erde.« *Ein Mann sah, gleichsam aus der Perspektive des Weltalls, eine große Kugel vor sich. Das sei »das Weltganze«.*
Spirituelle Erfahrungen sprengen die Grenzen des normalen subjekthaften Erlebens und relativieren die Sicht im Ich. Was ICH dachte, sah, hörte und mit Feuereifer verteidigte, ist nur das Eine. Neben mir, über mir und *in* mir ist ein Anderes, ungeahnt Größeres wirksam.

1.2.4 »Ich war außerhalb aller Angst«

Im subjektgebundenen Erleben wird auf vielfältige Weise *Angst* durchlebt: Angst, bedroht oder ohnmächtig, beschämend nichtig oder verloren zu sein. Ich werde oft gefragt, was Angst sei, und muss sagen: **Angst findet einfach statt.** Im Letzten ist sie Existenzangst, reine Körperreaktion: Schaudern, Frieren, Schwitzen, Zittern. Dann spreche ich von **Urangst.** Ungefragt, unerwartet bemächtigt sie sich unserer Seele. Todesangst beispielsweise, die Angst vor dem Sterben oder die Angst vor einem Patientendasein in Ohnmacht und Verlassenheit ergreift auch Menschen, die rational keinen Grund zur Angst sehen. Angst ist immer irrational. Ob ich will oder nicht: sie bricht über mich herein und entschwindet wieder.

Und doch *ist Angst nur im subjektgebundenen Erleben möglich.* Warum? Nur wo ein Interesse im Eigenen existiert, gibt es auch das Besorgt-Sein um dieses Eigene. Mensch sein heißt Subjekt sein, in allem, was ich tue und bin, persönlich akzentuiert, aber auch hinfällig zu sein. Subjektgebundenes Erleben ist begrenztes, interessiertes, emotional beteiligtes, eben persönliches Erleben. Das Risiko zu scheitern, ja zu sterben, und damit eine permanente Angstbereitschaft sind der ständige schattenhafte Begleiter des Ichs.[22] Angst entsteht im Zusammenhang

---

22 Aus dieser Perspektive wird nachvollziehbar, was die ignatianische Spiritualität mit dem Gesetz des Leerwerdens meint (Jalics 1999, S. 146) oder was der Buddhismus mit dem Freiwerden von Durst und

mit der frühesten Bewusstseinsentwicklung, genauer gesagt mit dem immer bewussteren Ankommen des Menschen bei sich selbst und seinen Sinnen. Urangst ist älter als das ausgereifte Ich, ist eine Frühform von Subjekterfahrung. Schon Ungeborene und Tiere können Angst empfinden. Doch außerhalb dieser auf das Eigene bezogenen Erlebnisweise war und ist Angst kein Thema: eine Aussage, die wir rational kaum nachvollziehen, höchstens – wie in spirituellen Gipfelerlebnissen – *erfahren* können. Frau Annen, eine junge, kultivierte Frau, umschrieb ihre Erfahrung während einer Klangreise wie folgt: »*Es war unvorstellbar, ich war wie außerhalb aller Angst.*«

1.2.5 »Bald verzweifelt – bald überglücklich« – Wackelkontakt?

Seins-Zustände sind in dieser Welt nicht von Dauer. Es sind augenblickshafte Durchblicke in Träumen und Gipfelerfahrungen, in Klangreisen, Meditationen, Begegnungen und Alltagserfahrungen. So schwer es fällt – man muss danach wieder in die Niederungen der Realität zurückkehren, *das Unbeschreibbare entschwindet*. Ich betrachte dies als *Gesetzmäßigkeit spiritueller Erfahrung* und spreche von einem *Wackelkontakt zwischen Mensch und Gott*. Im Falle von Schwerkranken halten solche Erfahrungen länger an, weil sich diese Menschen ohnehin schon im Grenzbereich zweier Welten befinden.

So Frau Annen, die Mitglied der Organisation Exit[23] *ist. Sie fragt verzweifelt, wie sie sich jetzt umbringen könne.* »*Das ist kein Leben so, das ist Beleidigung, das will ich nicht!*« *Mit-verzweifelt erwidere ich ihren Blick. Mein Herz bebt, Gedanken schießen mir durch den Kopf. Sie kann sich im Spital nicht umbringen, das geht nicht. Und ich würde das auch nicht gut finden. Doch warum nicht? Schließlich finde ich Worte:* »*Sie sind verzweifelt, weil Sie nichts mehr tun können, was Ihnen lieb*

---

vom durch diesen bedingten Anhaften, letztlich als Befreiung von Bindung an die Welt, anstrebt (vgl. Siebenrock 1998).
23 Exit ist eine organisierte Freitodbegleitung und setzt sich ein für die Legalisierung der aktiven Sterbehilfe.

war. Mir gefällt das Wort Zumutung besser als Beleidigung: Ihr Leben ist zur brutal harten Zumutung geworden. Stimmt das?« »Genau, es ist Zumutung. Es ist brutal.« Ihr Tonfall wird ruhiger, offenbar fühlt sie sich verstanden. Sie erfasst meine Hand und sagt: »Schön, dass Sie nicht verschönern. Die Ärzte verbergen sich hinter den Prognosen.« – »Sie meinen, in der Krankheit »drin« zu sein, zu fühlen, ist noch einmal etwas anderes?« »Genau. Doch warum gefällt Ihnen Zumutung besser als Beleidigung?« »Weil Sie in ihrem Fühlen etwas Schwieriges vollbringen. Aushalten, Fühlen ist Leistung. Da hat Ihnen das Schicksal etwas zugemutet, darin sind Sie Persönlichkeit und nicht Marionette.« Frau Annen schaut mich fast schelmisch lächelnd an. Nachdenken.

*Dann, mit einem Ruck durch den Körper und wieder von ihrem Ich in Besitz genommen, wiederholt sie: »Umbringen will ich mich dennoch, wissen Sie, ich will diesen Zustand nicht.« Ich atme schwer und sage: »Ich kann dazu nichts sagen. Vermutlich wäre ich in Ihrer Situation ähnlich verzweifelt. Falls es Ihnen ernst ist, müssten Sie dies allerdings zu Hause tun. Doch ich meine, es gäbe eine **Alternative zu Ihrem erbärmlichen Zustand**. Darüber kann ich Ihnen kaum etwas erzählen. Das können Sie nur von innen her erfahren, etwa über eine tiefe Entspannung und Klangreise. Wollen Sie dies versuchen?« Frau Annen ist interessiert.*

Ich leite also eine Entspannung an. Körperteil um Körperteil wird angesprochen. Mit feinsten Tönen einer Leier begleite ich meine Worte, bis schließlich nur noch Leierklänge zwischen uns sind. Schon während der Klangreise spüre ich Intensität, Scheu, ja eigentliche Spiritualität im Raum. Nach der Musik habe ich das Bedürfnis, schweigend hierzubleiben. Ob das gemeinsame Schweigen für sie gut sei? »Ja.« Über eine halbe Stunde sind wir still. Frau Annen liegt mit ausgebreiteten Armen und ruhigem Atem fast reglos da.

Am Abend dankt sie mir mit Tränen: »Ich war wie abgehoben, weit weg und zugleich tief da. Meine körperlichen Grenzen waren wie weg, keine Schmerzen, keine Wut, keine Angst. Was das wohl war?« Sie habe solche Zustände auch schon erlebt in ihrer Ausbildung zur Körpertherapeutin. Doch dieses Erlebnis sei nochmals anders gewesen, schön. Sie weint. Ich frage, ob es irgendwie heilig gewesen sei. »Ja, doch warum?« Ob sie etwas anfangen könne mit dem Begriff »Gott«? Ob Gott dabei war in dieser Erfahrung? Fast schreit sie auf: »Ja, das war das Spezielle.« Dann stockend: »Es war ER. So weit, so groß!« – »Großartig?« Nicken. Frau Annen ist ergriffen, schmerzfrei, und dies über Tage. Suizid ist kein Thema mehr. Im Gegenteil: »In diesem Großartigen geht das nicht, ich weiß nicht, warum, aber das tut man dann einfach nicht«, gesteht sie.

Nächste Woche: Frau Annen muss in ein Pflegeheim. Erneutes Thema: Suizid. Verzweifelt dreht sie sich hin und her. Gestern sei sie fast gestorben vor Angst und Schmerzen. Sie könne doch nicht so jung ins Pflegeheim, wo alle nur ihr abgestandenes Süppchen schlürfen. – Wir schauen uns wortlos an. »Sie würden auch nicht in ein Pflegeheim wollen! Aber vielleicht meinen Sie, ich solle den anderen Zustand fragen, was der mir sagt. Meinen Sie, das geht auch im Pflegeheim?« – Wieder lässt sich Frau Annen auf eine Musikerfahrung ein. Wieder ist sie ergriffen. Kommentar: »Einmal mehr verstehe ich nicht. Aber es gibt eine Lösung, das kommt schon gut.« Und leise: »Das war mehr als Ich. ER.« Andächtiges Schweigen.

Abrupt beginnt sie herumzuhantieren, etwas zu suchen. »Ich hatte einen schönen Konfirmationsspruch.« Welches denn ihre jetzigen Worte für einen solchen Spruch wären? »Trost, sei getrost. Das klingt zwar altmodisch, aber solche Sprüche müssen genau so klingen.« Ob ich ihr diese Worte sagen und sie ähnlich wie bei einem Segen berühren dürfe? »Oh ja.« Wie ein zum Gutenacht-Ritual bereites Kind legt sie sich hin. Danach ist sie erneut ergriffen, dankt und sagt: »Gott ist groß. Und doch ist Gott so im Kleinen drin wie jetzt in diesem Segen. Gott ist alles, aber Gott ist auch nichts. Ich werde ihn nie begreifen, aber ich habe sein Wort gehört: Sei getrost.« – Wieder lebt Frau Annen über Tage in veränderter Befindlichkeit und im Vertrauen. Der Wackelkontakt zu Gott ist erneut hergestellt.

Längst nicht alle spirituellen Erfahrungen sind von solch anhaltender Wirkung. Und nur wenige Menschen erleben so bewusst wie Frau Annen, was dabei geschieht. Und doch sind spirituelle Erfahrungen Antworten von innen. Sie sind Annäherung an eine andere Qualität von Sein, Drin-Sein und Bezogensein. Sie spenden Zuversicht und bewirken immer wieder Umwendung im Wechselbad zwischen Urangst und Urvertrauen.

1.2.6 Übergangsbefindlichkeit: Niemandsland zwischen zwei Realitäten

Das Spirituelle muss als Geschehen in einem (inneren) Grenzbereich begriffen werden: Ort, wo das menschliche Ich sich einst heranbildete, Ort, wo es verlöscht, Ort aber auch, in den der loslassende Mensch sich fallen lässt, ins scheinbar Leere hinein. In der Bibel wird uns dieses Niemandsland als *Wüste* geschildert, in der der Mensch Entbehrung erleidet und Versuchung erfährt. In der Geschichte von Frau Holle ereignet sich ein Sprung in den Brunnen, im Märchen von der weißen Schlange muss der Held bis ans Ende der Welt gehen, um einen Apfel vom Baum des Lebens zu holen. Auch Menschen unserer Tage werden in nächtlichen Träumen in ein Niemands- oder Grenzland geführt. So etwa träumen Patienten in Zuständen ohne körperliche Abwehrstoffe bisweilen von polaren Landschaften oder asiatischen Dörfern, wo sie real nie waren. Sie sehen gefährliche Geistwesen ebenso wie wunderbare Farben. Zu »verstehen«[24] oder zu hören, dass ein solches Erleben gerade Ausdruck ihrer Ich-Ferne und in ihrem Zustand normal ist, ermutigt. Auch meditative Versenkung oder holotropes Atmen führen das Ich hinter seine wache Ich-Präsenz zurück in eine *Grenz- oder Übergangsbefindlichkeit*. Oft führen sie darüber hinaus in Zustände absoluten Einsseins oder in die Erfahrung von letzter Bezogenheit.

---

24 Vgl. die Tabelle und die Bildzuordnung in Renz 2009, S. 80–81.

Entwicklungspsychologisch betrachtet, waren es die Anfänge des Lebens mit ihrer allmählichen Bewusstseinsentwicklung, die sich durch solche Zustände auszeichneten. Mitten im Leben sind es Ausnahmezustände, Gipfelerlebnisse, Krisen und Grenzerfahrungen, in denen solche Befindlichkeiten reaktiviert werden. Vor allem ist es die Todesnähe, welche den Menschen wieder durch jene Befindlichkeiten hindurchführt. Das Denken bleibt teilweise auf der Strecke, Ich-Funktionen des Kontrollierens und Verdrängens fallen aus. Schreckliches und Wunderbares sind hier nahe beieinander. Der Standort zwischen den zweierlei Wahrnehmungsweisen ist nicht nur schön (»high«), wie bisweilen suggeriert wird. Das Schöne ist erst nach aller Ambivalenz, hinter einem Übergangsbereich »ganz« da. Der Weg dahin führt mitunter durch schlimme Ängste. Bevor nämlich Zustände *jenseits* aller Angst erfahren werden, sind die Ängste gerade entfesselt und haben apokalyptische Dimensionen. *Ein Mann sah beim Erblinden seines Auges nur noch schwarz. Lange Zeit war alles schwarz, bevor dieses Schwarz in ein vertrauensvolles Licht eingebettet wurde. – Viele Sterbende fallen ins Bodenlose, rufen und halten sich fest, bevor sie Zustände von (innerer) Schwerelosigkeit und Glückseligkeit erfahren dürfen.*

Der Grenzbereich dazwischen ist ein *Niemandsland*. Hier ist offen, wer oder was die Szene beherrscht: gute oder böse Mächte, die Realität, Albträume und Projektionen oder eine besondere heilige Atmosphäre. Es ist offen, ob aus der ich-bezogenen alltäglichen Wahrnehmung heraus erlebt wird oder aber zeit- und gegenstandslos. Entsprechend diffus, vermischt, aber auch wechselnd sind Erfahrungen von Raum und Zeit. **Der Grenzbereich ist ein Ort, wo Gegensätze, Formen und Bilder entstehen, aber auch sich auflösen.** Hier (so nahe beim Göttlich-Numinosen) wird das Unfassbare annähernd fassbar, erfahrbar. Gegensätzliche Qualitäten wie gut und böse, bekömmlich und bedrohlich, verschlingend und rettend sind nahe beieinander. Der Grenzbereich ist sowohl Übergang in die subjekthafte Wahrnehmung hinein wie auch Durchgang beim

Verlassen derselben: Schwelle, Tor oder – biblisch gesprochen – Flammenschwert (Gen 3,24) zwischen dem Bereich des Ichs und einem Ewigen.

1.2.7 Sterbephasen (Kübler-Ross) oder spirituelles Geschehen (Renz)?

Auch Sterben ist Übergang und Grenzbereich. Auch hier ereignet sich Grenzerfahrung. Elisabeth Kübler-Ross, Pionierin im Bereich Sterbebegleitung, spricht von fünf Phasen im Sterbeprozess: Nicht-Wahrhaben-Wollen, Zorn, Feilschen, Depression, Zustimmung. Nach meinen Erfahrungen sind das zwar immer wiederkehrende Themen und zu bewältigende Schritte innerhalb der Krankheitsverarbeitung und Einwilligung in die Situation, so wie sie ist. Sie machen aber nicht das Eigentliche des Sterbeprozesses aus, das vielmehr ein spirituelles – nicht länger linear zu denkendes – Geschehen ist. Sichtbar wird das in der Annäherung an ganz andere – nicht länger im Kausalen sich abspielende – Bewusstseinszustände. Sterben ist ein Geschehen-Lassen und nicht mehr ein Tun vom Ich her. Die Tage, ja bisweilen Wochen der Todesnähe sind gekennzeichnet von diesem Lassen, was ein Ringen um Einwilligung nicht ausschließt. Doch erst dahinter (jenseits des Ich-Seins) beginnt das Eigentliche.[25] Der Prozess kann umschrieben werden als *Wandlung*, und dies in einem Ausmaß, wie wir uns das schwer vorstellen können. Das Erleben von Zeit und begrenztem Raum, von Linearität und Kausalität verändert und verliert sich. Die eigene Körperhaftigkeit und irgendwann sogar die sozialen Beziehungen treten in den Hindergrund. Sinneseindrücke erhalten den Vorgeschmack des Ewigen und werden als intensiv beschrieben: Musik, Farbe, Berührung. Rundum kündigt sich

---

25 Wenn sich das im Zuge unseres Zeitgeistes, der die Selbstbestimmung so hochhält, in Richtung *mehr* Hadern, Kampf und *weniger* Loslassen, Friede verschiebt, so besagt das nichts gegen die grundsätzliche Bedeutung des Spirituellen in der Sterbephase. Ein solches wird nur – leider – verkürzt.

nun die »Grenzerfahrung Gott«, die »Grenzerfahrung Sein« an. Statt zu sprechen, schweigt der Sterbende. Statt sehen oder denken zu wollen, *ist* er einfach (da). Sein Geheimnis ist inwendig. Die Mobilität nimmt ab, alle Selbstbestimmung kommt an ihr Ende. Genau da, am Ort der Einwilligung in die Ohnmacht und Kreatürlichkeit, *geschieht* »es«, selbst wenn man rein phänomenologisch und von Beobachtungen mit Sterbenden her zu verstehen sucht ... das Geheimnis des Jenseits offenlassend.

Statt von Sterbephasen spreche ich von verschiedenen Bewusstseinszuständen. Es gibt im Sterben so etwas *wie eine innere Schwelle* und folgerichtig einen Zustand davor (vor dieser Schwelle), ein Hindurch (über diese Schwelle) und ein Danach (nach oder außerhalb dieser Schwelle, aber noch im Irdischen).

Im Davor wird dem Ich alles genommen: Mobilität, Selbstbestimmung, Pläne und Erwartungen, alle Identität im Ich, alles, was einst wichtig war – gute Momente bis zur nächsten Hiobsbotschaft nicht ausgeschlossen.

Irgendwann wird nicht mehr entschieden, geplant, gewollt (vom Ich aus), sondern nur noch durchlebt. *Im Hindurch* ist es, als wären Emotionen entfesselt, Angst zeigt sich als reine Körperreaktion: ein Schaudern, Schwitzen, Frieren, Zittern. Der Ausdruck »Hindurch« sagt es selbst: hier geht es darum, dass Menschen innerlich nicht stehen bleiben, sondern hindurch- und weitergehen, noch tiefer loslassen in ein Unbekanntes hinein. Die Türe zurück ist wie geschlossen und die nach vorne noch nicht offen. Hier ist Beistand und sind psychologische Kenntnisse wichtig.

Dann aber – und das muss ich Patienten und Angehörigen immer und immer wieder erklären, öffnet es sich. *Im Danach* ist selbst alle Angst wie weg. Schmerzen erübrigen sich. Sterbende sind nicht mehr im Ich und dessen Bedürfnissen gegenwärtig, sondern im Sein und entsprechend glücklich. Begleitete Sterbeprozesse sind darum auch für Hinterbliebene Gnade, weil sie bewusst miterleben können, dass hinter, unter oder außerhalb aller menschlichen Not etwas sehr Schönes – Friede – ist.[26]

Frau Meister, Wirtin und todkrank, äußert sich enttäuscht: Man habe ihr gesagt, dass sie keine Schmerzen haben müsse. Das stimme nicht. Und die nächtlichen Ängste halte sie nicht aus! Wütend schreit sie mich an. Wie ich ihr erkläre, dass nach meiner Erfahrung Schmerzen und Angst in Abhängigkeit stünden zu unserer Wahrnehmung und Durchgangsrealität seien, horcht sie auf. Sie möchte das verstehen. Am Ende unseres Gespräches fasst sie es in ihre Worte: »Schmerzen kann man mit allen Medikamenten nicht für immer wegschaffen. Wenn ich Schmerzen habe, so zwingt mich das loszulassen. Dann bin ich empfänglich für Medikamente, aber auch bereit zu sterben. Dann gibt es einen Zustand ohne Schmerz und Angst. ... Vielleicht Schlaf, vielleicht Sein, vielleicht Gott. Ängste können monstergroß sein, aber sie verschwinden wieder. Loslassen hilft und braucht Mut. Ich muss nichts mehr begreifen. Vielleicht muss jemand bei mir sein.« Eine Woche später, nach einer erneuten Angst- und Schmerzattacke, bestätigt Frau Meister: »Genau so war es. Zu wissen, dass Ängste und Schmerzen wieder vergehen, half. Irgendwie konnte ich loslassen – und es war schön, schmerzfrei.« Mit Scheu ergänzt sie: »Das war spirituell.«

1.2.8 Das Medium Musik – auditive Phasen des Lebens

Grenzzustände sind »hörende« – auditive – Zustände. Gemeint sind Lebenssituationen, wo der Mensch über das Ohr *angeschlossen* ist an die Welt als Ganzes, im Unterschied zum optischen und rationalen Erfassen, resp. *Sich-Auseinandersetzen*. Der Mensch im Mutterleib, im Sterben, im Koma und insgesamt in tiefen Regressionen und Grenzerfahrungen ist solchermaßen hörend angeschlossen an ein Klangganzes. Alle Umgebung ist Schwingung – Klang. Der Mensch in auditiven Phasen

---

26 Mehr dazu vgl. Renz 2008b.

hört *anders* und *anderes*, ist »drin« (in der Welt) statt »daneben« (neben der Um-Welt), ist seiend statt Ich-bestimmt.[27]

Drin-sein heißt ohnmächtig sein – als ein Angewiesener. Die so oder anders gelagerte Stimmung und Klangatmosphäre, der als mehr oder minder transparent und authentisch erlebte Stimmtonfall einer Bezugs- oder Betreuungsperson führen zu einer so oder anders gelagerten Welt- und Selbsterfahrung, beim heranreifenden Kind genauso wie beim seinerseits ohnmächtigen Schwerkranken. Die Qualität der Stimmung oder Schwingungsumgebung[28] ist entscheidend. Doppelbotschaften – und damit Unbewusstheiten – irritieren. Bei Kindern kommt es erhöht zu psychischen Schädigungen, bei Schwerkranken zu Gefühlskollisionen und emotionaler Verlassenheit, bei Sterbenden entfällt alle Reaktion.

Dieses Angewiesensein im Akustischen wird zur Chance für die (rezeptive) Musiktherapie.[29] Dem Medium Musik kommt in der Begleitung von Menschen, die sich in Grenzzuständen und damit in auditiven Lebensphasen befinden, besondere Be-

---

27 Vgl. zum sich verändernden Musikerleben Renz 2008b und 2009. – Luban-Plozza formuliert: »Es ist klar nachweisbar, dass unsere Wahrnehmung der Umwelt schon intrauterin über den akustischen Weg beginnt.« Er spricht von einer ur-auditiven Phase, weil »der werdende Mensch noch keinerlei Möglichkeiten hat, seine Eindrücke visuell zu ergänzen, daher sind alle diese Erlebnisse als Klänge und Geräusche [ich ergänze: auch als Rhythmen, Stimme, Melodie, als Spannweite vom numinosen Lärm bis zur Totenstille] in unserem Gedächtnis gespeichert. In dieser Phase wird allen Anzeichen nach schon der eigentliche Kodex der klanglichen Ausdrucksebene etabliert, der nachher die gesamte präverbale Lebensperiode begleitet. Schon in diesem Existenzstadium entwickelt sich eindeutig die Fähigkeit, den Gefühlsinhalt der verschiedenen Wahrnehmungen der Sprache zu erkennen, dies zweifelsohne nach ihrem melodischen Gehalt« (2000, S. 839). Ich verweise auch auf Papousek 1994.
28 Zum Begriff vgl. Renz 2009.
29 Warum nur rezeptive Musiktherapie (ich arbeite bei Schwerkranken zu 90% nur rezeptiv)? Schwerkranke haben nur mehr selten das Bedürfnis zu musizieren, doch umso mehr sind sie angewiesen auf Führung, auf Selektion in ihrem Hörend-Sein.

deutung zu. Musik erreicht das sonst Unerreichbare im Menschen, das narzisstisch Gehütete und Gefangene, das Depressiv-Desolate, das Abgespalten-Unintegrierbare. Bei Patienten sowie in Kursen ereignet sich über Musikerfahrung wie von *innen*, was zuvor im Gespräch nicht begriffen wurde. Musik beruhigt. Sie unterwandert Angst, Verweigerung und oft gar Schmerzen. Musik ist Resonanzraum primärer Art. Mit C. G. Jung gesprochen: Musik »gelangt zu tiefem archetypischen Material, zu dem wir in unserer analytischen Arbeit nur selten gelangen.«[30] *Musik*[31] *öffnet einen Zugang zum sonst tief Verborgenen – auch zum Spirituellen.* Im vorliegenden Projekt haben nicht weniger als 98 von 135 Patienten eine spirituelle Erfahrung im Rahmen einer *Klangreise*[32] oder einer bewusst erfahrenen Stille resp. Andacht, die ihrerseits als »Musik« gedeutet wurde, gehabt. Musik hat für mich die Bedeutung eines

30 Aus einem Gespräch mit der Musiktherapeutin Margaret Tilly; zitiert nach Luban-Plozza 2000, S. 839.
31 Musik, wie sie in der Musiktherapie verwendet wird, beschränkt sich nicht auf Musik als von Brahms, Mozart oder Jan Garbarek geschaffene Kunst und auch nicht auf Improvisation. Musik wirkt bei schwerkranken Patienten tiefer und anders: etwa als Ton und Melodie, als Klang in seinem umhüllenden Charakter, als archaischer Rhythmus in seinem belebenden oder verlässlichen Aspekt.
32 *Eine Klangreise* beginnt mit einer durch die Therapeutin angeleiteten körperlichen Entspannung und mit Körperwahrnehmungsübungen und geht mehr und mehr über in ausschließlich musikalische Impulse. Bisweilen fließen im Sinne eines Angebots auch Bildanregungen ein. Ich lade ein (bei geschlossenen Augen), sich (innerlich) umzuschauen: »Wo befinde ich mich? Wie sieht es hier aus? Tue ich etwas, wenn ja was? Sind andere Menschen, Lebewesen, wichtige Gegenstände da?« Bildanregungen müssen immer offen, reichhaltig bis gegensätzlich sein, um Manipulationen zu vermeiden ... Nach der Entspannung spielt die Therapeutin ein gezielt ausgewähltes Instrument oder mehrere. Die Klientin (Patientin) lässt sich ein auf das, was gerade an Gefühlsqualität, Körperempfindung und Bild kommt. Sie ist Zuschauerin ihrer selbst! Wird daraus eine eigentliche aktive Imagination (der Begriff stammt von C. G. Jung), so hat das Erlebte die Tiefe eines Traumes: Bilder solcher Klangreisen sind nicht »gemacht«, sondern »es« geschieht, und dies immer unerwartet.

bewusstseinsfernen Mediums, das älteste Sehnsüchte oder auch Verletzungen in Bewusstseinsnähe bringen kann. Die verschiedenen Medien wirken unterschiedlich tief, mit je eigenen Chancen und Schwierigkeiten.

Bewusstseinsnähere und -fernere Medien:[33]
Wort: Die Wortebene ist dem Bewusstsein nahe. Über Wortfindung gelingt Bewusstwerdung.
Bild: Auf der Bild-, Symbol- und Traumebene geschieht Gestaltfindung. Energien werden bildhaft sichtbar, gestalthaft konkret.
Körper: Auf der Körper- und Berührungsebene werden Energien, Verletzungen und ihre Heilungen spürbar und damit unverdrängbar »eigen«-tlich.
Musik ist noch unfassbarer als die Körperebene. Musik kann man nicht berühren, halten. Sie bleibt – wie alles Geistige – flüchtig. Aber Ungehörtes und Unerhörtes wird – wenn oft auch wortlos – hörbar.
Spiritualität: Nochmals bewusstseinsferner ist die Spiritualität. Diese Erfahrung umkreist das Unfassbare an sich und gibt uns eine Ahnung von dessen Existenz.

1.2.9 Beat: Das innere Kind in seiner Sprache erreichen

Leiden kann wortlos sein, so abgründig, dass es keine Worte dafür gibt und nie gab. Viele dieser wortlosen Leiden entstammen einer Zeit, da das Kind noch keine Worte für etwas damals Erlebtes fand (existenzielle Verlassenheit, Hunger, Hohn, Krieg, Gewalt).[34] Weil solche abgründigen bis traumatischen Seeleninhalte namenlos blieben, entgeht uns auch, dass solche Verletzungen häufiger sind als allgemein angenommen. Die

---

33 Die Auflistung erhebt nicht den Anspruch auf Vollständigkeit; sie erfasst z.B. Aromatherapien, Lichttherapien nicht. Sie ist ein heuristisches Hilfsmittel (vgl. 1.2.9) und will zur weiteren Reflexion anregen.
34 Vgl. Wirtz 1991, Herman 2003, Huber 2003.

Erinnerungsspuren, die wortlos in Seele und Körper eingeprägt sind, machen sich später, in Zuständen von Ohnmacht und Krankheit, wie ein nächtlicher Spuk, ein Agieren im Körper oder eine nicht zu beruhigende Angstbereitschaft bemerkbar. Darum sind schwer kranke Patienten nicht nur krank, sondern überdies häufig nochmals vom Traumatischen dieser Atmosphäre eingeholt: ohnmächtig, ausgeliefert, beschämend nackt. Ihre Unfähigkeit, für das Notwendigste wie Essen oder Sich-sauber-Halten zu sorgen, wird zur seelischen Tragödie oder zum Anlass für eine Angstattacke.

Weil mir dieses Phänomen so häufig begegnet, kann ich diesen Patienten guten Gewissens sagen: *»Was Sie erleben, ist normal. Es gehört zum Dasein vieler Patienten.«* Schon das erleichtert. Psychotherapie am Krankenbett muss nicht Ursachen von Ängsten und Verletzungen aufspüren. Wichtig ist die Gegenwart: Wie gelingt Linderung, Beruhigung und Befreiung aus Zuständen solcher Angst? In dieser Frage gilt für mich die ***Regel: Je tiefer ein Trauma, umso tiefer müssen die Zeichen der Erlösung greifen. Das im Grenzbereich Gefangene kann nur in einer Sprache des Grenzbereiches befreit werden.*** Im Wortlosen greifen keine Worte. Vielleicht aber erreicht ein Traum oder unterwandert eine entsprechende Musik das in einer alten Not Blockierte. Vielleicht wird ein stimmig eingesetztes religiöses Zeichen wie Segen, Krankensalbung, Kommunion zum Gefäß einer seelischen Heilung. Die Frage lautet: ***Welches Zeichen wird vom inneren Kind verstanden? Welche Sprache erreicht den Körper und das Unbewusste des Patienten?*** Das Spirituelle liegt dann in der Atmosphäre des Zeichens. Und es schwingt mit in der Echtheit einer Beziehung. So vermag eine spirituelle Erfahrung das namenlos Schreckliche wortlos zu entkräften und zu korrigieren.

Zeichen und Sprache allein reichen aber nicht aus, wenn ich selbst dabei nur Funktionärin und nicht meinerseits Glaubende bin. So wird der Schrei oder das stumme Leiden solcher Patienten zur Anfrage an mich persönlich: Glaube ich wirklich an eine Kraft, die in solchen Zeichen wirksam wird? Glaube ich, dass sie schützen, aufrichten und aus Ängsten befreien kann? Glaube ich selbst jetzt daran, Auge in Auge mit solchermaßen leidenden Menschen?

Zwischen **Herrn Köppel** *und mir hat sich ein guter Kontakt angebahnt. Eine erste Klangreise erlebt er als schön: »Eine unbeschreibbare Stimmung – Glückseligkeit«, umschreibt er es und schätzt es, dass wir einfach schweigen. Tags darauf: Eine zweite Entspannung – diesmal zu Monochord – holt Trauer über seinen Zustand und dann Gefühle von Einsamkeit und Kälte hervor: so schlimm, dass er mich nur unter der Bedingung wiedersehen möchte, dass ich keine Musik mehr spiele. Ich verspreche es. Was sonst hochkäme, wäre nicht zum Aushalten, fügt er bei. Was habe ich da wohl ausgelöst?*

Monate später kommt er nochmals ins Spital. Ich dürfe wieder kommen, aber nur zum Reden. Eine gute Begegnung. Beim nächsten Besuch erklärt er sich sogar einverstanden mit einer kurzen Entspannung zur melodischen Musik der Bogenharfe.[35] *Vor allem liebt er Gespräche über Gott und die Welt. Diese seien religiös auf eine Weise, die er, ursprünglich katholisch, bisher nicht gekannt habe.*

Eines Morgens möchte er mich in eine Not, von der er sonst mit niemandem spricht, einweihen: Er habe **schlimme Träume** *von einem bösen Sog einer schlimmen Frau. Der Sog zerstückle ihn, wie ein Trichter. Erst am Schluss, wenn er schon meine, am Ende zu sein, komme unerwartet Rettung. Er könne das nicht verstehen, doch am Schluss des Traumes sei er wieder ganz, nein – mehr noch – heil. Denselben Traum habe er schon als Kind gehabt. »Warum träume ich jetzt erneut so? Jede Nacht erwache ich schweißgebadet.«*

»Grenzbefindlichkeit«, denke ich, »traumatische Befindlichkeit von irgendwann, die ihn krankheitsbedingt wieder einholt.« Ich frage, wie man ihn als Kind genannt habe. »Beat«. Ob er mir aus seiner Kindheit erzählen könne, ob es da einen

---

35 Das melodische Element »entgrenzt« nicht gleichermaßen wie die obertonreichen, fast stehenden Klänge des Monochords.

Ort oder einen Menschen gegeben habe, bei dem er sich wohlgefühlt habe? »Oh ja, auf Vaters Knie, da war die Welt gut! Gar nicht gern – ich weiß nicht warum – war ich in der Küche der Tante im oberen Stock. Da war ich immer auf der Lauer.« *Ich bin erschüttert und frage nach einer Weile:* »Können Sie sich vorstellen, dass Sie als Herr Köppel, der Sie heute sind, nochmals mit mir in jene Küche gehen zu dem Beat von damals, um ihn zu schützen?« »Ja, ich weiß allerdings nicht, wie.« »Wir würden es selbstverständlich nur innerlich tun«, *versuche ich zu erklären.* »Wenn Sie mögen, so schließen Sie die Augen und stellen sich vor, wie wir gemeinsam auf Beat zugehen. Geht das?« »Ja. Jetzt sind wir bei ihm, aber er hat Angst«, *sagt er.* »Für mich gibt es etwas wie Gott, das stärker ist als alle Angst. Früher hat man Menschen gesegnet, um ihnen Gottes Schutz zuzusprechen. Möchte Beat das auch?« *Herr Köppel bejaht. Ich – fast erschrocken über meinen Mut – horche in mich hinein, um bei meiner ernsthaften Überzeugung anzukommen, dass ein Schutz in Gott aus dieser Angst zu befreien vermag und dass segnende Berührung schützend beim Gegenüber ankommen kann. Nun sehe ich innerlich einen kleinen, schwitzenden Jungen vor mir. Ich fasse Mut und spreche mit geschlossenen Augen in die gespannte Atmosphäre hinein:* »Hoi, Beat. Wir sind da, der heutige Herr Köppel, der ein eindrückliches Leben geführt hat, und ich, Frau Renz. Wir sind gekommen, um dich aus dieser Küche zu befreien und dich zu segnen. Beat, du bist geschützt. Was immer an Schlimmem geschieht, es geht an dir vorbei. Im Innersten bist du geschützt. Hörst du mich?« »Sagen Sie das bitte noch einmal«, *bittet Herr Köppel, immer noch mit geschlossenen Augen.* »Beat hört genau hin, aber er kommt nicht heraus.« *Ich frage, ob er möchte, dass ich für Beat ein Kreuzzeichen auf seine Stirn mache zum Zeichen dafür, dass er geschützt sei.* »Oh ja.« *Also schließe ich erneut die Augen. Mich erfasst der Ernst der Stunde, mir wird eng im Hals. Es ist, wie wenn ich die Not des Kindes spüren würde. Nochmals fasse ich Mut, kündige die Berührung an und zeichne Herrn Köppel dann das Kreuz unmissverständlich klar auf seine Stirn. Dazu die Worte: »Beat, du bist geschützt, auch in dieser schrecklichen Küche, auch in aller Angst gibt es einen Segen von Gott her.« Und an den heutigen Patienten gerichtet, frage ich, ob er als Zeichen dafür, dass ihm ernst sei, etwas sagen oder ein vertrautes Gebet beten möchte? »Ja.« Er beginnt gleich: »Vater unser ...«. Das Gebet klingt aus, es folgen Harfentöne, dann Stille, bis Herr Köppel leise sagt: »Jetzt ist es schön, Beat sitzt auf Vaters Knie. So ist die Küche nicht mehr schlimm.« Ich bin erleichtert und sage: »Wir lassen das Bild weiterwirken.« – Zehn Nächte vergehen ohne weitere Albträume.*

Erneut werde ich gerufen wegen Herrn Köppels Angstattacken. Er erwache schweißgebadet und rufe verwirrt um Hilfe. Dieselben Träume, doch jetzt sehe er die Küche genauer und auch die Frau. Dann sehe er nur noch rot. Wir wiederholen das Segensritual und segnen diesmal auch die (innerlich gesehene) Küche. Zum Schluss wünscht er die Kommunion. Ich sage dazu: »In Christus ist das Böse überwunden. Das meine ich nicht nur als Idee, sondern das glaube ich wirklich. Es gibt etwas, das stärker ist als alles Böse, das uns hilft, innerlich wie neu und auf neuem Boden zu stehen. Von innen her sind Sie dann geschützt.« Herr Köppel: »Es wirkt, ich spüre es.« Er wird andächtig still. Ich empfinde eine wunderbare Atmosphäre im Raum, wo zuvor Spannung war, und spreche das aus. »Ja, stimmt«, meint er und schläft ein. – Die Albträume sind für längere Zeit gebannt.

Heilendes Ritual oder Manipulation? Was für Herr Köppel regelrecht erlösend war, kann für andere Patienten grundfalsch, Beeinflussung oder Hokospokus[36] sein. Wie gelingt es, das eine vom anderen zu trennen? Herauszuspüren, wer was

---

36 Über die Herkunft dieses Wortes liegen unterschiedliche Erklärungen vor. War es nur eine im 16. Jahrhundert bezeugte Zauberformel fahrender Schüler (Duden Etymologie) oder stand dahinter – noch älter – eine nie verstandene Formulierung aus dem Hochgebet der katholischen Messliturgie: Hoc est enim corpus meum?

wann braucht? Einerseits kann mit religiösen Riten und Zeichen nicht vorsichtig genug umgegangen werden. Ich muss nachfragen, wer mein Gegenüber ist, welcher Art seine religiöse Verwurzelung und seine jetzigen Bedürfnisse sind. Andererseits ist es bedauerlich, wenn vor lauter Vorsicht und innerer Entfremdung der Mut zu Sakramenten, zu Segen und Salbung fehlt, wenn eine Religion und ihre Tradition leer werden oder hohl, bar aller mystischen Innerlichkeit. Viele Verzweifelte bleiben dann mit ihrem Hunger und ihrer Angst alleingelassen, unerreichbar für die Methoden der Ratio. Wir beklagen den Mangel an Spiritualität von Kirchenräumen, theologischen Ausbildungsstätten, Gottesdiensten, ja selbst von Klostergemeinschaften. Fehlt die Stimmung? Der Mut? Oder schon die Ahnung, worum es geht? Spiritualität entsteht nicht einfach so, sondern im Zusammenwirken von Authentizität und Gnade. Spiritualität kommt auf, wo Menschen sich in genau ihrer Situation und Verfassung vor einem ewig Größeren einfinden und für dessen Wirken offen werden. Spiritualität ist dann ein Geschehen, für das es kaum Worte gibt.

1.2.10 Atmosphäre der Ehrfurcht

Herr Ibrahimi ist ein ausstrahlender todkranker Muslim. Noch kann er es nicht glauben. Das Leben zu verlängern, ist trotzdem kein Thema in seiner Ehrfurcht vor Gott als Schöpfer. Sprachschwierigkeiten erschweren unseren Dialog. Umso eindrücklicher ist die Atmosphäre unserer Begegnungen:

Ich trete ins Zimmer ein. Herr Ibrahimi liegt da, den Blick nach oben gerichtet. Er schaut mich an, blickt wieder nach oben. Ich spüre Gebetsstimmung. Ich nicke und schaue meinerseits nach oben. Frau Ibrahimi tritt ein, lächelt und setzt sich. Ohne dass es ausgesprochen wird, bin ich offenbar erlaubt. Es folgen Worte auf Arabisch, dann übersetzt seine Frau: »Sie glauben; das spürt er. Wir glauben auch.« Ob er in diese Stimmung hinein eine leise Musik wünsche? Ich spiele Harfentöne. »Ja, Musik gut«, sagt er. Ich zeige nun auf meine Augen, schließe sie und beide schließen sie auch. Zu dritt hören wir. Ein für mich intensives, spirituelles Dasein ist spürbar. Herr Ibrahimi öffnet die Augen und sagt: »Tip top.« Ich verabschiede mich. – Dreimal begegnen wir uns so, dreimal dieselbe Atmosphäre und der Kommentar: »Tip top.« Mehr geschah nicht, Herr Ibrahimi starb unvermittelt an einer inneren Blutung. Und doch lehrte mich diese Erfahrung: So wenig gesprochen wurde, so viel an Verbundenheit inmitten aller Fremdheit war dennoch da. *Frau Ibrahimi dankte ihrerseits.*

Spiritualität ist ein atmosphärisches Geschehen. Nüchtern betrachtet geschah nichts – und doch waren wir drei Menschen still ergriffen von einem **qualitativen Mehr**. Darin fanden wir uns. Ehrfurcht ist der Schlüssel zum Eintritt in die Gläubigkeit anderer. Ehrfurcht inmitten bleibender Fremdheit verbindet und lässt das wahrhaft Spirituelle sich entfalten.

1.3 Hoffnung auf Heil – Aushalten im Heillosen

1.3.1 Herr Bellwald: erlaubte Hoffnung

Hoffnung oder Illusion? Hoffnung und Heilung sind für Menschen, die in einem Spital arbeiten, gefährliche Worte. Fast alle Patienten hoffen, gesund zu werden. Zwei Drittel aller Krebskranken, mit denen ich arbeite, hoffen auf ein Wunder. Die Wunderberichte der Bibel haben für heutige Menschen eine fatale Wirkung: *»Warum soll es Wunder nicht auch heute geben? Warum nicht an mir? Ich hätte es doch verdient …?«* Häufig muss ich mit den Kranken zusammen **von unrealistischer zu geläuterter Hoffnung finden**: zu einer Hoffnung, die sowohl für eine Rückkehr ins Leben wie auch für einen baldigen Tod offen ist. Ein langer Weg, der nicht selten mit der Erlaubnis zur Hoffnung beginnt:

Herr Bellwald hat vor wenigen Tagen seine Diagnose erhalten: Krebs mit Metastasen. Die Krankheit sei sehr fortgeschritten. »Das ist ein Todesurteil, das ist inakzeptabel«, meint seine

Frau. »*Wie beurteilen Sie die Lage, Frau Doktor?*« *Ich sei keine Ärztin, könne ihr das im Detail nicht sagen, wisse aber vom Arzt, dass die Lage ernst sei.* »*Und ich weiß, dass Ihre Reaktion, nicht glauben zu können, normal ist: Alles klingt vorerst wie ein Märchen.*« »*Genau, ich kann es nicht glauben. Es ist ein schlechter Witz.*« *Herr Bellwald schüttelt nur den Kopf. Ich führe aus:* »*Für die Angehörigen ist es meist noch unglaublicher als für die Patienten, die irgendwann körperlich spüren, dass etwas nicht stimmt.*« *Herr Bellwald nickt. Seine Frau wehrt ab:* »*Hör auf, es ist ein Witz. Es wird doch wieder gut, Frau Doktor?*« *Offenbar ist nichts anderes möglich, spüre ich.* »*Sie müssen Hoffnung haben dürfen.*« »*Zum Glück. Sie sind die Erste, die das sagt.*« *Ich ergänze:* »*Hören Sie mir genau zu: Es gibt zwei Möglichkeiten: erstens, dass Ihr Körper gut auf die Chemotherapie reagiert, dann haben Sie nochmals eine Zeit mit guter Lebensqualität vor sich.*« »*Ah*«, *sagen beide erleichtert.* »*Es gibt aber auch die Möglichkeit, dass die Therapien nicht wie erwünscht helfen. Ihre Krankheit ist ernst. Versuchen Sie, beide Möglichkeiten im Auge zu behalten und das Beste zu hoffen.*« *Herr und Frau Bellwald nicken und sind offen für Körperwahrnehmungsübungen und Entspannung.*

Monate später wird Herr Bellwald erneut hospitalisiert. Jetzt ist die Krankheit unübersehbar. »*Es stimmte, ich hatte nochmals eine gute Zeit zu Hause, und zugleich spüre ich den nahen Tod*«, *sagt er.* »*Es tat gut, zu verdrängen*«, *ergänzt seine Frau.* »*Doch jetzt?*« *Manchmal verzweifelt, dann wieder erstaunlich gelassen blicken beide dem Ableben von Herrn Bellwald entgegen. Ich kann ihnen diesen Weg nicht abnehmen, sondern nur mit Anteilnahme dabei sein. – Nach dem Tod ihres Gatten ruft mich Frau Bellwald an: Die zweite Möglichkeit sei eingetroffen. Und doch – ohne Hoffnung hätte sie das nicht durchgestanden. Sie danke für die erlaubte Hoffnung.*

Dieser Satz beschäftigte mich nachhaltig. Haben wir vor lauter Diagnosen, Erfahrungswerten und nüchtern beobachteten Krankheitsverläufen die Kraft der Hoffnung verloren? Ist Hoffnung a priori unrealistisch? »Positives Denken hilft«, postulieren die einen. »Positives Denken macht krank«[37] – so die These anderer. Zwischen den Extremen geht es m. E. vor allem darum, *gleichzeitig der Hoffnung verpflichtet wie auch offen zu sein*. Nur so kann das geschenkte Leben nochmals echt gelebt und der nahende Tod schlussendlich sogar als »gut« erlebt werden. Anders ausgedrückt, scheint es mir gerade wichtig, dass sich die »Antriebskraft Hoffnung« wie ein roter Faden durch einen Krankheitsprozess hindurchzieht, dass sich aber die Konkretisierung, das »Worauf darf ich hoffen?« wandeln darf.

Von der Hoffnung, gesund zu werden, zur Hoffnung auf eine nochmals gute Zeit.
Von der Hoffnung auf Leben zur Hoffnung auf ein gutes Sterben.
Von der Hoffnung für mich selbst zur Hoffnung über mich hinaus.

Es gibt ein Recht auf Hoffnung, ja eine Pflicht zur Hoffnung. Und dies sogar mitten im Gang unserer Zeit und Welt und mitten in den Kranken- und Sterbezimmern eines Spitals.

1.3.2 Spiritualität und die Frage nach dem, was heilt

Die Bibel ist voller Bilder von Heil. Aber wie werden Bilder der Bibel zu Bildern der eigenen Seele? Wie finden Menschen inmitten von Verzweiflung und Schmerz, Menschen, welche schon gar nicht mehr fähig sind, loszulassen oder zu meditieren, dennoch zu Erfahrungen von Trost und echter Hoffnung? Worte von einem Gott des Heils kommen bei ihnen an wie ein Hohn, und wir Helfer, Therapeutinnen und Seelsorger entsprechend – so ähnlich wie bei Hiob und seinen Freunden. In den Worten einer schwerkranken Frau: *»Mit der Bibel müssen Sie mir nicht kommen. In meiner Bibel steht dasselbe wie in der Ihrigen. Rezepte lassen Sie am besten zu Hause.«* Die Frage lautet: Wie finden wir von der Theorie über das Leiden zu Ant-

---

37 Scheich 2001.

worten *im* Leiden? Wie gelingt es, sich inmitten des Leidens berühren zu lassen vom Heilsamen?

Was bedeutet Heilsein? Heilsein meint etwas anderes als medizinisches Gesundsein oder einfach Glücklichsein. Heilsein umschreibt einen inneren Zustand, der etwas mit Spiritualität, mit der Nähe zu einem ewig Anderen[38] zu tun hat, einen Zustand, der von uns Menschen immer nur annäherungsweise erfasst werden kann. Heilsein ist ein Grenzbegriff. Er verweist auf eine tiefe Form des Bei-Sich-Seins und zugleich Mehr-als-Ich-Seins. *Heilsein ist der Gegenentwurf zu Zuständen des Gespalten- oder narzisstisch Abgekapselt-Seins*,[39] der Gegenentwurf auch zum Entfremdet-, Gefangen- und Getriebensein. Patienten und Patientinnen sagen: »*Ich war noch nie so sehr ich selbst, obschon ich krank bin.*« »*Ich bin neu lebendig, wie neu geboren, ich riskiere alles.*« »*Ich liebe den Baum draußen, ich liebe meinen Mann, wie ich nie geliebt habe.*«

Die Medien unserer Tage sind überflutet von unterschiedlichsten Heilsangeboten: von Wellness bis Rebirthing. Psychotherapie und Medizin, Esoterik, Naturheilkunde und spirituelle Schulen laufen sich gegenseitig den Rang ab. Selbst innerhalb der spirituellen Angebote bestehen Unterschiede, spielen sich Macht- und Religionskriege ab.

Meine Arbeit am Spital weist mich auf einen pragmatischen Weg: Die Frage nach dem konkret Heilsamen kann nicht genug ernst genommen werden. In jedem Einzelfall frage ich: Was heilt, was tröstet *jetzt*, was hilft für die nächste Nacht, was erreicht diesen Menschen in genau *seiner* Lebenslage? Es darf nicht um meine Überzeugung gehen, nicht um Forschungsziele, nicht um Erfolg und auch nicht darum, für diesen oder jenen Gott zu werben. *Statt Gott wie eine Ware anzupreisen, muss ich fragen: Was braucht dieser Mensch?* Was macht Menschen heil? Diese Frage im Auge, bin ich Anwältin der Kranken und nicht

---

38 Neutestamentlich formuliert: mit dem Kommen des Reiches Gottes, der (inneren) Königsherrschaft Gottes.

39 Vgl. Renz 2008a: Zustand der Sonderung.

Verkäuferin einer bestimmten Heilsmethode oder Glaubensrichtung. Zu glauben heißt nicht, Gott zu verteidigen oder für ihn Vorarbeit zu leisten. Was wäre das für ein erbärmliches Gottesbild? Zu glauben heißt: zu vertrauen, auch ohne Zeiten oder Weisen Seines Wirkens zu kennen. Inmitten von Krankheit glauben heißt: Und sei es noch so schlimm – ich wende mich nochmals an IHN, nochmals dem Leben, den Menschen, der Zukunft zu. Es heißt manchmal, einen Bibeltext gerade nicht zu verwenden, und andere Male, Kranke zu segnen und ihnen heilige Worte zu erschließen. In dieser Verbindung von Religiosität und Zweifel, von Ernst, Offenheit und Lebensfreude darf ich immer wieder erleben: Es gibt jenes Unfassbare, das Menschen tief hilft und mitten ins Unheil ein Stück Heil-Sein bringt.

Der Todeskampf von **Frau Neukomm**, *85-jährig, ist hart: Was will hier noch durchgestanden werden?, frage ich mich. Ansonsten unansprechbar, reagiert sie auf Musik mit vertiefter Atmung und ebenso auf den Satz: »Gehen Sie einfach weiter, denken Sie, es wird schon gut.«*[40] *Verdauungsgeräusche signalisieren Entspannung. Ihr Mann bemerkt: »Ja, meine Frau ist religiös.« Ich empfinde Andacht und frage, ob wir gemeinsam ein Gebet beten wollen. Der Mann beginnt gleich: »Unser Vater ...« Die Frau, obwohl seit Tagen unansprechbar, wackelt mit dem Kiefer, als würde sie mitbeten. »Möchten Sie den Segen?«, frage ich. »Jahh.« Ihr Mann staunt. Ich frage, ob seiner Frau ein bestimmter Text besonders lieb gewesen sei. »Ja, der mit dem Verbrecher am Kreuz.« Große Intensität im Raum. Ich fasse Mut und segne die Frau, indem ich ihre Stirn berühre. Dazu Worte aus jenem geliebten Bibeltext. Ich ergänze: »Vielleicht gilt das auch für uns, für Sie: Noch heute werden Sie mit IHM im Paradies sein.« Tränen kollern hinter ihren geschlossenen Augenlidern hervor. Ihr Mann sieht es und weint. Weitere Worte braucht sie nicht. Dem Gatten erkläre ich, dass seine*

---

40 Zur Bedeutung der therapeutischen Führung in Todeskampf und letzten Durchgängen vgl. Renz 2008b.

Frau jetzt kaum mehr leide, dass sie einfach noch ihre Zeit brauche. Wenige Stunden später stirbt sie friedlich.

Carola Kalt, *jung, gehörlos und wohl schon so geboren, liegt im Sterben. Was mir auffällt: Auf das Spiel meiner Oceandrum*[41] *reagiert sie mit hin- und herwiegenden Bewegungen. Danach schickt sie mich weg. Über Kontakte mit Angehörigen erfahre ich einiges über ihr tragisches Leben zwischen Isolation und Lebenshunger. Die Patientin könne sich unmöglich ins Sterben ergeben: Immer habe sie leben und schön sein wollen; immer habe sie um Liebe gebettelt. Bei meinem nächsten Besuch liegt die Taubstumme mit angespanntem Gesichtsausdruck da, die Schwester sitzt daneben, bereit, meine Worte in die Zeichensprache der Gehörlosen zu übersetzen. Doch Carola öffnet die Augen nicht mehr. Ich fühle Distanz: Carola scheint in ihrer Gehörlosigkeit unerreichbar zu sein. Was tun? Nichts sagen geht nicht: Zu groß ist die Spannung, zu verzerrt Carolas Gesicht. Schließlich überwinde ich mich und sage ins Leere hinein: »Carola, ich spreche dich an, obwohl du mich vielleicht nicht hörst: Falls du Angst hast, bleib nicht darin stehen, gehe einfach weiter.« Gespannte Stille. »Und – du wirst auf andere Weise schön sein.« Tiefes Atmen und Stöhnen. »Das hat Carola gehört und verstanden«, platzt ihre Schwester heraus und ergänzt: »Ich liebe dich ... Du wirst schön sein, du darfst gehen.« – »Rrrl.« Es ist, als ginge Carola weit weg, als fiele sie regelrecht in den terminalen*[42] *Zustand hinein. Tags darauf stirbt sie.*

---

41 Ein Instrument, das aussieht wie eine mit Metallkügelchen gefüllte Trommel und das bei sanftem Kippen klingt wie Meeresrauschen.
42 Der Begriff terminal (auch final) wird auf einer Palliativ- und Onkologiestation oft gebraucht. Ohne dass dieser Zustand genau definiert wird, gibt es doch Signale, die die letzte Etappe eines Lebens ankündigen: so etwa ein Eintauchen ins sogenannte Leberkoma, eine sich verändernde Atmung, schwächer durchblutete Extremitäten, ein sich entspannender Muskeltonus, bisweilen eine innere Blutung.

Jeder Mensch hat eigene Sehnsüchte nach Heil, eigene bewusste oder unbewusste Bilder von Heil. Jede Biographie ist eine eigene Geschichte zwischen Unheil und Heil. Und doch war den obigen Erfahrungen eines gemeinsam: etwas tief Spirituelles. Heile Befindlichkeiten sind nicht machbar, höchstens erfahrbar. Heilung ist nicht Besserung, sondern Wandlung. Heilung geschieht nie erwartet, sondern ist immer anders. Heilung gelingt nie umfassend, sondern immer bruchstückhaft. Doch im Erlebten wird das Ganze geschaut, wird etwas Numinoses erahnt, wird der Einzelne als Ganzer vom Ganzen ergriffen. Heilsein ist theologisch formuliert eine eschatologische Qualität, spricht von einem neuen Zustand, einem neuen, (sinnen-)jenseitigen Leben. Doch in ihrer Kraft greifen Erfahrungen von Heilsein schon ins Hier und Jetzt hinein. – Wie auch immer formuliert: Spirituelle Erfahrungen sind von enormer Wirkung. Sie führen den Menschen näher an sein Eigentliches heran.

1.3.3 Hoffnung »haben« oder »in der Hoffnung sein« – Anita

Die Sehnsucht nach Heilsein wurzelt in der Erfahrung, verwundet, nicht mehr ganz zu sein. Mitten in den Erfahrungen von unheilem Sein und unerfülltem Dasein hält etwas innerlich fest an einem ausstehenden und uns doch zugedachten Heil. Die Sehnsucht wird, obgleich (oder weil) nie ganz gestillt, genau so zum Motor für Bewusstwerdung und Entwicklung. Jalics bezeichnet die Sehnsucht nach Gott, nach dem Wesentlichen, nach der eigentlichen Heimat als »die Kraft, die zur Kontemplation und zur Stille führt«.[43]

Mittlerweile weit entfernt von einem Letzt-Heilenden, von Gott als Erfahrungsrealität, haben wir heutigen Menschen uns eingerichtet in einer Welt fern von Eden. Die Ursehnsucht wird von vielen gar nicht mehr gefühlt. Stattdessen verfangen wir uns in dem, was wir »haben« und besitzen, in Ersatzbefriedigungen, Absicherungen und Ablenkungen. Selbst Hoffnung

---

43 Jalics 1994, S. 206f.

möchten wir *haben* und haben sie so gerade nicht. ***Hoffnung ist kein Besitz*** – und Heil noch weniger.

Heil müssen wir suchen, aber wo? Welchem spirituellen Pfad der Heilssuche folgen? Welche Religion, welche Philosophie, welcher Kulturkreis, welche Schule, welcher Meister? Eine jüdische Bekannte antwortete schon vor Jahren: »*Derjenige Weg, der mich weiter suchen lässt.*« ***Sehnsucht will nicht billig gestillt, sondern aufrechterhalten werden.*** Nur die wache Sehnsucht ist fähig, uns auch im Dunkel Schritt um Schritt den Weg zu weisen.

Die aufrechterhaltene Sehnsucht nach Heilsein ist als Erstes Absage an die Resignation und damit bereits Anfang von Erfüllung: Indem ich mich entschließe, die Sehnsucht wach zu halten, ist etwas vom Neuen innerlich wie schon da. Dies ist eine häufige Erfahrung. Indem ich im Heillosen aushalte und dennoch hoffe, werde ich von dieser Hoffnung schon getragen. Manès Sperber zeichnet als Bild für das Leben eine Brücke, die es eigentlich gar nicht gibt, die sich vielmehr Stück für Stück aufbaut unter dem Schritt dessen, der den Mut hat, den Fuß über den Abgrund zu setzen.[44] So ist es mit der Hoffnung, die ich zwar nie besitzen, noch erklären kann, aber in der ich bisweilen *sein* oder auf der ich *stehen* kann und die dann aus mir spricht. Indem ich selbst in dieser hoffnungslosen Welt jenseits billiger Verharmlosung trotzdem auf Zukunft setze, ist die Gegenwart anders, zukunftsträchtiger geworden. Das meint auch die schwer verständliche Redeweise Jesu, wonach Sein Reich in seiner Person schon da ist.

Hoffen hat mit ***Wollen*** zu tun. Dorothee Sölle spricht vom Wollen als einem spirituellen Grundbegriff.[45] Hoffen ist mehr als Loslassen und etwas anderes als Vertrauen. Hoffen setzt eine aktive Bereitschaft voraus, trotz aller Ungewissheit noch immer auf Zukunft zu setzen und von ihr etwas zu erwarten – und sei es auch nur, indem man sich vom Blick eines Kindes

---

44 So nach Hommes (Hrsg.) 1980, S. 22.
45 Unveröffentlichter Vortrag, gehalten in Batschuns 2001.

oder von einer Aufgabe ins pulsierende Leben hineinholen lässt.

Eine junge Frau ist nach dem Tod ihres Gatten wie gelähmt. »Ich bleibe mit fünf Kindern zurück. Ich kämpfe jeden Morgen gegen den Wunsch, einfach nicht mehr aufstehen zu müssen. Der Möglichkeiten zum Schlussstrich gäbe es viele. Sobald dann eines der Kinder zu mir ans Bett kommt, weiß ich: Leben will ich. Hoffen will ich. Um dieser Kinder willen muss das Leben weitergehen. Dann habe ich die Kraft für den ganzen Tag.«

Hoffen hat auch mit **Erleiden** zu tun, sie findet zu ihrer Glaubhaftigkeit erst durch die Erfahrung von Hoffnungslosigkeit und Verzweiflung hindurch. Der Hoffende will *trotzdem hoffen* und kann sich die Lösung doch nicht ertrotzen. Inmitten der Verzweiflung wird sie geboren.

*Notfallmäßig trete ich abends ans Bett von **Anita Glanzmann**, einer auf den Tod kranken Frau um die Fünfzig. Lang war unser gemeinsamer Weg bis hierher. So sagen wir uns »Du«. Anita hat schlimme Schmerzen, ekelerregende Geschwulste, Erstickungsnot und eine fast autonom gewordene Verzweiflung. Unmöglich, sich da noch zu entspannen! Ich versuche bald dies, bald jenes. Worte, die früher trugen, sind heute leer. Dass ich meine Telefonnummer auf dem Nachttisch deponiere, damit sie mich diese Nacht anrufen kann, beruhigt für drei Minuten. Ein kleiner Freudenschimmer ist in ihrem Gesicht. »Anita, jetzt geht es nicht um die Kraft für die nächsten Tage, sondern für die nächsten Minuten, den nächsten Atemzug. Ich möchte, soweit ich kann, mit-aushalten, Du bist mir nicht gleichgültig.« Dann ist alles wieder wie zuvor. Wir harren in die Nacht hinein aus. Nichts bewegt sich, die Atmosphäre ist gespenstisch und doch nicht tot. Auch ich spüre in mir schreckliche Leere aufkommen. Hals und Luftröhre werden eng – bis plötzlich tief aus mir hervorbricht: »**Anita, denk einmal: Jede Minute, die du einfach aushältst und durchstehst, wird zum Segen für Natalie und Karin**« (ihre heranwachsenden Kinder, um die sie sich große Sorgen macht). Anita atmet, es vergehen fünf Minuten, während deren es sich in ihr mehr und mehr ent-*

spannt. Die Stimmung ist verändert, etwas Neues darin geboren: Hoffnung. Ich dürfe jetzt gehen, meint Anita.

Drei Tage später, wieder gelassener und mit weniger Schmerzen, kommentiert Anita: »*Es war sooo wichtig, dass ich gerade nicht starb in jener Nacht. Das wäre für die Familie ein Tod des Schreckens gewesen. Das hätten die Kinder nicht verkraftet. Ich habe die Nacht überlebt mit deinen Worten. Immer wieder dachte ich an den Satz und konnte dann atmen.*« *– Selbst in den Stunden vor dem Tod kehrten Anitas Atemprobleme nicht mehr in dieser Unerbittlichkeit zurück. Die Kraft der Mutterliebe hatte hier die Erstarrung der Todesangst durchbrochen.*

Die nächtliche Erfahrung mit Anita hatte eine Nachgeschichte, ein Gespräch tags darauf, in welchem mir nochmals bewusster wurde, dass »in der Hoffnung sein« etwas anderes bedeutet als Hoffnung »haben«. Ich hatte mich verabredet zu einem privaten Gespräch mit Dorothee Sölle und stand noch unter dem Eindruck der dramatischen Nacht. Ich erzählte. Sie war beeindruckt, vor allem von der Art und Weise, wie es zum Ausweg aus der unaushaltbaren Ohnmacht, zum Punkt der Wende gekommen war. Dann tauschten wir verschiedenste andere Erfahrungen aus, bis plötzlich Frau Sölle mir ins Wort fiel: »Was Sie vorhin erzählten, das mit dem Satz vom Segen für die Kinder, geht so nicht: *Ein solches Versprechen können Sie ja nicht durchhalten, das können Sie nicht einhalten.*« Ich gab meinerseits – ohne lange zu überlegen – zur Antwort: »*Genau das ist mein Job, in der Hoffnung* (wie auch immer sie dann formuliert wird) *selbst immer neu anzukommen.* Hier z. B. in der Hoffnung, dass etwas von dieser Mutter, ihrer Persönlichkeit und Ausstrahlung ihre Kinder tief erreiche. Das Problem ist nicht, in der Hoffnung zu sein, sondern immer wieder darin anzukommen. Mit viel Disziplin, durch eigene Verzweiflung, Unlust und geistige Widerstände hindurch, muss ich mich dieser Aufgabe jede Woche stellen, meist mehrmals täglich.« Das interessierte Frau Sölle. Wir beide kamen zur Verbindung von Realitätsnähe, die nicht vorschnell mystisch überhöht werden darf, einerseits und einer dennoch der immer neuen Hoffnung zugewandten Haltung andererseits. Gelingt es, in der Hoffnung zu sein, ja, dann sind die Kräfte, die Ausstrahlung, die Überzeugungskraft des Glaubens einfach da. Früher nannte man das »im Geist sein«, »in Vollmacht reden«, »die Liebe leben«. *Anzukommen* in der Hoffnung ist bleibende Aufgabe und Gnade, das Drin-*Sein* wohl eher Ausnahme als Regel.

1.3.4 Sehnsucht aufrechterhalten – dem Prozess trauen

Über Hoffnung kann man letztlich nicht unbeteiligt, nicht ohne Herzblut reden. Hoffnung wird bezeugt. Das ist Chance und Crux für alle, die es mit Hoffnung zu tun haben. So lässt mich auch die Frage nicht mehr los: »Wie löse ich ein, wovon ich rede? Wie löse ich es ein in Zeiten, da ich selbst flachliege?« Eine definitive Antwort auf diese Frage gibt es nicht. Doch genau darin liegt die Herausforderung des Hoffens.

Dies wurde mir vor vielen Jahren in einem Gespräch mit meiner Schwester Ursula Renz klar, die sich damals soeben zu einem Doktorat in Philosophie entschieden hatte. Wir sprachen über die inneren Konflikte im Umgang mit eigenen Erwartungen an unser Leben wie auch angesichts der Probleme dieser Welt: Darf man erwarten, dass sich unsere Sehnsüchte erfüllen, oder müssen Unwägbarkeiten und Ungerechtigkeiten als Maß der Realität akzeptiert werden? Es gehe nicht darum, das eine *oder* das andere zu tun, meinte sie, sondern darum, *die Spannung zwischen beiden Extremen aufrechtzuerhalten*. Das sei die einzig adäquate, die einzig wahrhafte Haltung in ernst zu nehmenden Konflikten. Das Setzen auf die Möglichkeit substanzieller Fortschritte entbinde nicht vom realistischen Hinsehen in die Abgründe und Schattenseiten der Welt, die Einsicht in die Kontingenzen und unkontrollierbaren Zusammenhänge, aber auch nicht davon, trotzdem die eigene Hoffnung und Sehnsucht aufrechtzuerhalten. Mir verschlug es fast die Sprache, bis ich realisierte, dass von genau diesem Aufrechterhalten der Spannung zwischen Realismus und Sehnsucht die Dynamik echten Hoffens ausgeht. Der Wille, diese Spannung aufrechtzuerhalten, weder in zynischem Pessimismus zu verharren noch vorschnell in naiven Optimismus abzuwandern, macht *Hoffnung als Prozess* wesentlich aus. Und erst *aus* dieser Spannung heraus entstehen kreative Lösungen.

Ähnliches gilt auch in Leidenssituationen von Patienten und Patientinnen. Nur im Wahrhaben des Schrecklichen und im bewussten Aushalten kommt es zu jener äußersten Spannung, in der sich das Neue von innen her wie eine *Frucht des Prozesses* konstelliert. Hier geschieht Wandlung, hier wird Zukunftweisendes geboren. Weil an der Leidsituation gewachsen, wird dieses Neue konfliktfähig, d.h. dem Leiden selbst gewachsen sein.

1.3.5 Herr Haug: Lethargie ist kein Haus, um sich darin einzurichten

Leiden kann in Hoffnung münden – oder es kann den Menschen »verstümmeln«[46], es kann lethargisch oder zynisch machen. Bewusst aushalten, Spannung aufrechterhalten sind Worte, die nicht masochistisch interpretiert werden dürfen. Im Gegenteil: Sie setzen auf ein Potenzial im Leiden, das neue Antworten und Kräfte hervorbringt, wo sonst Menschen oft nur dumpf vor sich hinvegetieren. *Leiden wird dort kreativ,* wo Menschen unverschönert aushalten und zugleich dem Prozess, dem Leben oder Gott (wie immer sie das formulieren) schlussendlich mehr zutrauen. In den Worten eines sterbenden Mannes: »*Indem ich mich so entscheide (für eine Hoffnung wider alle Hoffnung), bin ich selbst auch mehr als mein dahinvegetierender Körper.*«

Wege der Hoffnung beginnen damit, dass wir überhaupt erst ***ankommen am Ort des Leidens,*** bei unseren tiefen Sehnsüchten und unserem eigentlichen Schmerz. Wir müssen überhaupt erst

---

46 Sölle 1993.

spüren, dass uns etwas fehlt, was auch zum Leben und zu uns gehören möchte. Im Leiden am Verlorenen beginnt eine Suchbewegung. Umgekehrt formuliert: *Es gibt kein Heil an mir selbst, meiner Sehnsucht, meiner Prägung, am Verlorenen und Leidenden in mir vorbei.* Flucht kann zwar vorübergehend Raum zum Verschnaufen verschaffen. Sie kann als Phase der Selbsttäuschung sogar bekömmlich sein. Verdrängung und Flucht sind bisweilen wichtig und erlaubt, aber sie sind keine dauerhafte Antwort auf das Leiden. Das Bewusstsein, etwas zu verdrängen, und damit auch die Sehnsucht nach echter Lösung müssen wach bleiben.

Fürs Zweite heißt es: *Aushalten ... und nochmals aushalten*, was nichts zu tun hat mit einer Mystifizierung des Leidens, sehr viel hingegen mit der Bereitschaft, zu fühlen und so (innerlich) lebendig zu bleiben: nicht unterwürfig, nicht mich und mein Ego über das Schicksal erhebend, sondern durchaus rebellisch, aber im Letzten nicht verweigernd. Jalics[47], seinerseits der ignatianischen Spiritualität nahestehend, fordert als sechsten Schritt seiner kontemplativen Exerzitien die Bereitschaft zum Leiden, nicht im Sinne »exotischer oder masochistischer Qualen«, sondern um die Dunkelheit der Seele durchzugehen[48] (zu durchwandern).

Solchem Hindurchgehen wohnen Aktivität und eine Komponente der Hoffnung inne. In der depressiven Verstimmung von Patienten kann dies damit beginnen, dass sie – irgendwann selbst des Versinkens überdrüssig – zum *Punkt ihrer Wut* kommen. Sie ringen mit Gott und ihrem Schicksal. *Frau Oertli, krankheitsbedingt zur Tetraplegikerin geworden, gehörte zu jenen wenigen, die es sich verbaten, anders als lieb von Gott zu reden. Vier Wochen litt sie in frommer Ergebenheit vor sich hin und konnte nicht sterben. Eines Morgens treffe ich sie an mit*

---

47 Vgl. Jalics 1994, S. 217–223.
48 Vgl. hierzu auch das archetypische Motiv vom Abstieg in die Unterwelt, etwa im sumerischen Mythos der Inanna in der Deutung von Brinton Perera 1985, oder die Bedeutung von Unterwelt bei Kassel 1986. Oder als biblisches Beispiel: Jona (vgl. Steffen 1982).

hochrotem Kopf. Die Stimmung ist gespannt. »Sind sie wütend?«, frage ich. »Ja!« »Wie gut, dass diese Wut herauskommen kann«, rühme ich sie. »Gehen Sie einfach erlaubterweise durch ihre Gefühle hindurch. Gott ist dabei.« – Dies leitet den Sterbeprozess ein, vorerst in Form extremer Ängste. *»Gehen Sie einfach weiter.« Zwei Tage später, nach einer Erfahrung wunderbaren Getragenseins, kann sie friedlich sterben.*

Dem Setzen auf den Prozess wohnt bereits Hoffnung inne. Müdigkeit oder Lethargie sind dann nicht länger nur ein um sich greifendes Phantom, sondern ein Gegenüber, mit dem man kämpfen kann.[49] Indem ich kämpfen *will*, wird Kampf – und somit auch Sieg – möglich.

Herr Haug *ist seit 20 Jahren krebskrank und wird wohl noch viele Jahre vor sich haben. Es geht ihm seit Jahren schlecht. Dauernde Übelkeit – ein langsam wachsender Tumor. Er sei austherapiert und möchte sterben und doch auch nicht. Bleierne Schwere liegt im Raum. Nichts als fortrennen möchte ich, wenn ich das Zimmer betrete, um nicht selbst depressiv zu werden. Und doch ist schon der Beginn der Beziehung eine Anfrage an mich: Lasse ich mich ein? Riskiere ich mich? Nach langen Gesprächen mit Herrn Haug über seine Befindlichkeit der inneren Heimatlosigkeit schlage ich ihm eine Klangreise vor. Er wird dabei tief ruhig, erlebt sich wie abgehoben und schwerelos: »**Ich fühlte eine große Liebe**, ich war in warmer, wohliger Hülle und tief geliebt.« Diese Erfahrung ist – wie mir später bewusst wird – eine Initiation und Antwort auf seine Heimatlosigkeit.*

Frau Haug klagt ihrerseits, sie halte diesen Zustand nicht aus. Sie denke immer, schlimmer könne es nicht werden, und doch werde es dann auf eine Weise schlimmer, wie sie die Phantasie dafür schon gar nicht mehr habe. Ich begreife sie nur

---

49 Vgl. Tobias in der Tobit-Legende: Der Vater ist lebensmüde, an seiner Stelle tritt der Sohn den Kampf mit dem verschlingenden Fisch an. Genau dort findet er zu dem, was schlussendlich heilt. Vgl. Drewermann 1985.

allzu gut, spüre bei ihr nicht bleierne Schwere, sondern Verzweiflung ohne Ende. Ich versuche, ihr beizustehen, so gut ich kann. Wir reden, wir überdenken ihre konkrete Alltagsbewältigung, wir weinen, schreien. Ich gehe mit ihr im Park spazieren. Es tut ihr gut. Heimlich pflücke ich ein paar Blumen, um ihrem Mann etwas Farbe ins Zimmer zu bringen: Zeichen für eine Anteilnahme, die stärker ist als Gleichgültigkeit. Im übrigen geschieht einfach nichts.

*Die bleierne Schwere sitzt noch in mir, als ich schon zu Hause bin. Was kann man denn tun in einer solchen Situation? Und natürlich die ständige Frage: Wo ist Gott? Herr Haug hat längst aufgehört, die Frage nach Gott zu stellen. Nur noch um sich greifende Lethargie. Ich ertappe mich, wie es aus mir heraus beim Kochen und Abwaschen, einfach so, den Kopf schüttelt und aufschreit: »Das hält einer nicht aus! Verstehe ich nicht! Ist so etwas überhaupt aushaltbar?« Plötzlich wandelt sich etwas in mir: Nicht mehr vorab Hilflosigkeit und Mitleid, sondern **Achtung vor diesen beiden Menschen** spüre ich! Das will ich den beiden morgen mitteilen, weiß ich plötzlich.*

*Ich gehe hin. Sie glauben mir und sind berührt. In mir geschieht aber noch mehr: Plötzlich **ergreift mich ein Entschluss**: eine Kraft, die glauben will. Ob religiös formuliert oder nicht – der Entscheid heißt: Ich will einfach glauben, dass an Tiefpunkten des Lebens etwas kreativ hervorbricht. Noch habe ich meinen Gedanken nicht mitgeteilt, wie er schon wortlos angekommen zu sein scheint: »Sie stehen heute anders da«, sagt unvermittelt Frau Haug. »Haben Sie Hoffnung?« »Ja – begründen kann ich sie zwar nicht. Hoffnung ist irrational. Aber wissen Sie, ich will einfach in irgendeiner Form auf etwas Besseres hoffen.« Ein mildes Lächeln kommt mir entgegen, dann Tränen und ergriffenes Schweigen.*

Herr Haug kann nach Hause gehen. Vier Monate später sehen wir uns wieder im Spital. Nach wie vor geht es ihm schlecht und ihr nicht viel besser. Und doch ist ein seltsames Strahlen in beider Gesicht. Als ich versuche, dem Grund dieser friedlichen Ausstrahlung nachzuspüren, fällt mir Frau Haug ins Wort:

»Wir haben uns so auf Sie gefreut und viel an Sie gedacht. Bestimmt hundertmal hatte ich Ihre Telefonnummer in der Hand, um Sie anzurufen, tat es dann doch nicht. Nur schon der Gedanke an unsere Begegnungen gab Kraft. Wie halten Sie das eigentlich aus?« An den krankheitsbedingten Vorgaben seines Lebens und dieser Ehe hat sich nichts verändert. Und doch ist etwas anders als vor vier Monaten. Ganz langsam, unspürbar gewachsen wie eine kleine Insel der Hoffnung. Für mich ein kleines Wunder.

Was war da geschehen? Wie kam der Umschwung zustande? Das Einzige, was wir alle drei, jeder auf seine Weise, taten, war: aushalten und dabei bleiben, ohne zu überspielen. Dass innerlich etwas in Bewegung kam, mochte damit zusammenhängen, dass Herr und Frau Haug – etwa in Gesprächen, im Schweigen, in Klangreisen – immer wieder offen blieben auf etwas Besseres, Rettendes, auf Bewegung hin. Es kam nicht zur Verhärtung im Trotz und damit nicht zur inneren und äußeren Unerreichbarkeit. Im Gegenteil: Sie ließen sich berühren von meinem Aufschrei, von der Kraft des sich in mir konstellierten »Ich gebe nicht auf, es wird anders«: eine Hoffnung, die ihrerseits nie gemacht, sondern geschenkt ist. So kam es sogar zu einer Verbündung im Hoffen, zu einer *Solidarität, die nie so groß ist wie in Tiefpunkten des Leidens*. Ich fragte ihnen nach und sie mir. – *Ein Jahr später erhielt ich einen Brief von Frau Haug: Ihrem Mann gehe es »einigermaßen«, sie wolle mit ihm sein, sie vergesse nie die Kraft unseres Zusammenseins.*

Hoffnung im Hoffnungslosen? Eine Anfrage auch an unsere Zeit! Das beginnende Jahrtausend ist eine *Zeit larvierter Hoffnungslosigkeit und des Sich-Einrichtens darin.* Die latente Hoffnungslosigkeit, die sich verbirgt etwa hinter einer Sucht, hinter der Flucht in Genuss, Konsum und künstlich verlängerte Jugend, wird dabei meist gar nicht als solche wahrgenommen. Erst wo dieses Sich-Einrichten nicht mehr gelingt, wo man selbst oder mit einem nahen Angehörigen vor einem unausweichlichen Leiden steht, tut sich für viele ein Abgrund der Sinnlosigkeit und Verzweiflung auf. Wovon man sich Heilung erhoffen soll, weiß man eigentlich nicht, versucht es bald mit diesem, bald mit jenem Arzt, Therapeuten, Astrologen oder Meditationsmeister. Man probiert aus, was auf dem Jahrmarkt der Heilsangebote gerade zu finden ist – von einer Technik zur nächsten.

Wage ich dennoch, auf Prozesse zu setzen? Im Hoffnungslosen eine Anfrage zu sehen und mich dem Dunkel zu stellen, hinzuhören, mich einzufühlen? Hoffnungslosigkeit steckt an, doch ebenso die gewagte echte Hoffnung. Wage ich es, am Tiefpunkt nochmals der Versuchung zur Resignation und Eigenmächtigkeit abzusagen und hoffen zu »wollen«? Hilde Domin formuliert: »Nicht müde werden / sondern dem Wunder / leise / wie einem Vogel / die Hand hinhalten.«[50]

1.3.6 Einer allein kann nie genug hoffen

Anlässlich einer Feier zu seinem 70. Geburtstag wurde Johann Baptist Metz gefragt, was er unter Kirche verstehe, worauf er in unvergesslicher Spontaneität antwortete: »Einer allein kann nie genug hoffen.« Mich überkam zuerst Trauer, weil mir bewusst wurde, wie wenig von diesem Hoffnungsgeist in unseren entleerten Kirchen zu spüren ist. Je länger je mehr aber packte mich der Gedanke: Wäre *Solidarität im Ringen um Hoffnung* nicht eminent wichtig im menschlichen Miteinander? Wäre solches Sich-Verbünden in einer Hoffnung nicht zentrale Aufgabe der Kirchen, ja wesentliches Potenzial des Christentums (1 Petr 3,15) und von Religion schlechthin?

Kirche als Gefäß der Hoffnung hätte dann eine ähnliche Funktion wie die therapeutische Beziehung für den Einzelnen: Sie wäre Gemeinschaft, die einem letzten Gelingen verpflichtet ist, und dies in aller Offenheit bezüglich der Konkretisierung solcher Heilserwartung. Solche der Hoffnung verpflichtete Gemeinschaft und Beziehung macht stark. Sie hält durch, wo jeder Einzelkämpfer auf der Strecke bleibt. Menschen kön-

---

50 Domin 1979, S. 36.

nen einander Hoffnung weder geben noch zureden. Sie können aber ihre Nöte, Visionen und Gnadenerfahrungen miteinander teilen und aneinander wieder zur Hoffnung finden. Gemeinschaften der Hoffnung sind ein Raum, wo gemeinsam gewartet, gekämpft, geschwiegen, gelitten und gebetet wird, wo Menschen stellvertretend hoffen und einander, wenn's sein muss, auch ein Stück weit durchtragen. Wir brauchen eine neue, aus unseren Nöten geborene Sprache, Musik und Spiritualität der Hoffnung.

Beziehungen im Zeichen der Hoffnung sind mehr als Begegnung zwischen »Ich und Du«. Hier entsteht ein *Wir*, was mehr ist als die Summe von Eins und Eins. Hier findet Befruchtung statt. Im Wir-Gefühl, das wir Solidarität nennen, wird die neue Hoffnung geboren: vielleicht in Form einer konkreten Antwort auf eine offene Frage oder als Kraft für den nächsten Tag bis hin zur Begeisterung für eine neue Vision von Zukunft. Solch neu geborene Hoffnung kann ihrerseits schon spirituelle Erfahrung sein, sehnlichst erwartet, aber nie aus eigener Kraft gemacht. Hoffnung ersteht, wenn die Zeit reif ist, aus einer unfassbaren inneren oder gemeinsamen Mitte heraus. Hoffnung ist Gnade.

Die Erfahrungen im Spital haben mir gezeigt, dass Sterbende bisweilen wunderbare Erfahrungen des Getragenseins durch ihre Familien und Freunde machen dürfen. Was aber machen Sterbende *ohne* Begleitung und *ohne* entsprechende pflegerische und ärztliche Hilfe? Wie kommt Hoffnung auf in Leidenden *ohne* einfühlsame Mitkämpfer? Was machen allein zurückgelassene Mütter und Väter *ohne* gelingende Hilfe? Was machen traumatisierte Kinder, was machen von Kriegserfahrung Gezeichnete und Schwerkranke ohne wahrhaft liebende Nächste? Der Schrei ist längst verstummt. Es mag vor allem unter den Sterbenden vereinzelt Menschen geben, die wie eine Therese von Lisieux einen mystischen Draht zu einem Unfassbaren haben und daraus auch ohne äußeren Beistand Stunde um Stunde Kraft schöpfen. Doch das sind Ausnahmen, die Regel besagt anderes: ***Schwere Not und Leiden sind ohne die Er-***

fahrung menschlicher Solidarität wachen Geistes auf Dauer nicht durchzustehen, ohne sich im Hoffnungslosen zu verlieren. Hoffnung ist und bleibt auf Gemeinschaft angewiesen. Sie entsteht im geteilten Leid und erstarkt bald im einen, bald im anderen Menschen. So wie ich heute vielleicht einen anderen zu tragen imstande bin, bin ich morgen selbst so verzweifelt, dass keine ehrliche Hoffnung in mir aufkommt. Nur im Raum gemeinsamen Hoffens und dank Menschen, mit denen ich im Geiste verbündet bin, falle ich dann nicht selbst ins Bodenlose.

Psychotherapie ist ein Raum der Hoffnung, in dem Wandlungsprozesse möglich werden. Sie bietet Raum und Struktur, die bergen und durchtragen helfen, wo Menschen an die Grenzen ihrer Funktionstüchtigkeit gekommen sind. Therapeutische Strukturen erlauben, tiefer als sonst loszulassen. Therapie ist Raum für Resonanz, Schonraum zum Experimentieren und damit auch kreatives Gefäß, in dem neue Hoffnung keimen kann.

Für Gaetano Benedetti[51] ist die therapeutische Beziehung Raum des Hoffens und Neuwerdens. Hoffnung ist ein therapeutisches Grundprinzip,[52] eine in allem heilenden Handeln tragende Grundkraft, letztlich eine spirituelle Erfahrung, die in eine metaphysische Dimension verweist.[53] Aus der Fülle seiner Erfahrungen hat Benedetti ein therapeutisches Konzept vorgelegt, das sich auszeichnet durch ein Plädoyer größtmöglichen therapeutischen Sich-Einfühlens. *Das Konzept »Psychotherapie« setzt auf gelingende Beziehung.*

---

51 Vgl. Benedetti 1992.
52 Vgl. Bernhard-Hegglin 1999, S. 12.
53 Vgl. Bernhard-Hegglin 2000, S. 112 und 151.

1.4 Spiritualität ist ein Beziehungsgeschehen

1.4.1 Spiritualität – Bewusstseinserweiterung oder mehr?

Spiritualität sei Bewusstseinserweiterung. Da erlebe man, was sonst nie zu erleben sei. Mit dieser Argumentation versuchte ein kirchlicher Veranstalter mich als Referentin und Seminarleiterin zu gewinnen. »Für mich ist Spiritualität mehr als das. Es geht nicht um ein abenteuerliches Erleben, nicht um das Ich, sondern um Beziehung und Bezogensein auf etwas Größeres«, erwiderte ich. Das sei gut und recht, doch die Teilnehmer wünschten Bewusstseinserweiterung. Wir fanden uns nicht. – Macht es wirklich einen so großen Unterschied aus, ob wir einfach in Tiefenerfahrung und erweitertes Bewusstsein eintauchen wollen oder aber uns einlassen auf ein ganz Anderes, das uns – wenn es sein darf – an der Grenze berührt? Warum ist es so wichtig, Spiritualität als ein *Mehr* denn nur Binnenerfahrung in mir selbst zu erkennen? Das vorliegende Kapitel beantwortet diese Frage *psychologisch*: weil der narzisstisch geprägte westliche Mensch sonst gerade nicht aus seiner Prägung herausfindet. Jede Erfahrung mit einem Anderen würde umgedeutet als Aufblähung im Eigenen. Statt – mit Martin Bubers Grundworten gesprochen – im »Ich – Du«[54] zu erleben, wird in der Projektion ein »Ich – Es« wahrgenommen. Dabei wird zum Objekt gemacht und »benutzt«, was eigenständig, ja sogar – als Substanz des Göttlichen – dem Menschen gänzlich entzogen bleiben will.

Doch auch vom Wesen der Sache her muss gefragt werden: *Ist Spiritualität monistisch oder dialogisch?* Geht es um ein Sein oder um Beziehung oder um beides in einem?[55] Sowohl über das Zustandekommen spiritueller Erfahrung wie über Inhalte von Erfahrungen wird heftig spekuliert und diskutiert. Mit »Erleuchtungsmaschinen« suchen Forscher herauszufinden, wie

---

54 Buber 1983, S. 6.
55 Vgl. auch Teil II: Inhalte von spirituellen Erfahrungen.

und in welchem Teil des Gehirns religiöse Vorstellungen entstehen. Doch trotz des Einsatzes raffinierter Technik entziehen sich Glauben, Spiritualität und Meditation der intellektuellen Erklärung. Was ist echtes mystisches Erleben? Weder Medizin noch Theologie, weder Hirnforschung, Neurobiologie und Psychiatrie noch die Erforschung außersinnlicher Bewusstseinszustände können letztgültige Aussagen machen über das Zustandekommen, über die Erfahrbarkeit oder Nichterfahrbarkeit solcher Phänomene.[56] Das gilt erst recht für die Qualität von Erfahrungen und deren *Inhalte*. Geht es darin letztlich um *Einheit* oder um *Beziehung?* Um ein *Sein* oder ein *»Du«?*

Was ein Kollektiv als Spiritualität definiert, hat zunächst einmal mit dem Zeitgeist zu tun. Heute wird von Wellness-Angeboten für die Seele, von einer Einladung zur Entgrenzung oder von spirituellen Praktiken gesprochen. In der pluralistischen und sich weitgehend am hinduistischen Denken orientierenden Religionsphilosophie des 20. Jahrhunderts werden Spiritualität und Mystik definiert als Erfahrung des letztlich Einen, das im Kern aller Wesen ist. In kritischer Würdigung dieses monistischen Ansatzes führt der in der ignatianischen Spiritualität beheimatete Jesuit Christian Rutishauser doch darüber hinaus. Er setzt den Akzent christlicher Mystik nicht bei der Erleuchtung, sondern bei der personalen Vereinigung mit *Gott als einem Anderen* an und damit in einer dialogisch-personalen Spiritualität, die überdies auch der Welt zugewandt ist.

Mein Zugang zu Spiritualität ist zuallererst persönlich geprägt, etwa durch Träume von großer Tiefe. *Führung* ist für mich kein Fremdwort, auch wenn – der Gesetzmäßigkeit des Wackelkontaktes folgend – oftmals nicht da. Ich kenne Gottferne ebenso wie Gottnähe, das Spirituelle ebenso wie den Widerstand und die immense Angst davor, ja das Erschaudern ob einem letzten Geheimnis. Ich kenne von mir selbst beide Erfahrungsqualitäten, das Seiende sowie die Beziehung, und darin wohl mein eigenes mehr oder weniger gelingendes Bezo-

---

56 Vgl. Schnabel 2002, S. 31f.

gensein auf ein Letztes hin. Und ich kann in allem nicht anders, als mich und die mir anvertrauten Menschen primär *erlaubt*, in einem zweiten Schritt aber auch *angesprochen* und *gefordert* zu wissen.

Mein Zugang zu Spiritualität ist aber auch – undogmatisch – hervorgegangen aus der therapeutischen und spirituellen Begleitung von Menschen in Leid, Krankheit und Todesnähe. Mit ihnen begebe ich mich Tag um Tag auf die Suche nach inneren Antworten und tiefen Kraftquellen, nach dem, was diesen bedrängten Menschen von innen wie von außen als letzt-tragend, rettend, erlösend entgegenkommt. An solch äußersten Grenzen ist das Spirituelle – als Sehnsucht und Leiden an dem, was *nicht ist*, wie auch als Erfahrung mit dem, was *ist* (gesteigerte Sinneserfahrung, verklärte Liebeserfahrung) – so nahe wie kaum sonstwo – auch wenn dies nie machbar noch planbar ist und sogar offen bleibt, ob Patienten ihre Erfahrung als solche annehmen können! Gott kann man weder beweisen noch widerlegen, weder seine Existenz noch seine Nicht-Existenz vernünftig nachvollziehen. Das ist auch nicht Aufgabe von Therapie und Seelsorge am Krankenbett. Was man hingegen konkret miterleben und bezeugen kann, ist: dass Menschen Erfahrungen machen, die sie mit einem Größeren in Verbindung bringen. Was sie erleben, ist mehr als Bewusstseinserweiterung; es ist unmerklich ein dialogisches Geschehen, das Inhalt hat (Kap. II) und Wirkung zeigt (I.2) und das als solches entdeckt werden will.

1.4.2 Barbara: Gleichgültigkeit oder Aushalten von Gefühlen?

Barbara ist jene jüngere Patientin, die nach einer spirituellen Initialerfahrung[57] das Leben liebte wie nie zuvor. Die Erfahrung von damals wirke noch nach, sagt sie mir heute, Wochen später, mit seltsam klirrender Stimme. Sie erklärt und erklärt, derweil ich kaum Raum habe zum Atmen. Wo aber sind ihre

---

57 Vgl. I.1.1.1.

Gefühle, zu denen sie eben erst gefunden hatte, als sie das Leben zu lieben begann?

Erst als sie – durch eine Infektion geschwächt – nicht mehr denken mag, wird es ruhig in ihr. Ob sie doch sterben müsse – oder vielleicht nochmals leben dürfe? In der Behutsamkeit ihrer Frage liegt etwas von jener jungen Liebe zum Leben. Ich frage zurück, ob sie es aushalte, dies nicht zu wissen? Barbara streichelt mich, weint, wischt die Tränen ab, nimmt Fassung an und weist sich und mich zurecht: »Weinen tut man nicht.« Und ich solle jetzt gehen.

Am nächsten Tag lässt die Station mir ausrichten, Barbara warte sehnlichst auf mich. Zärtlichste Gefühle bei real hohem Fieber. – Drei Tage später brüskiert sie mich erneut mit der schroffen Anweisung, ich solle jetzt gehen. Was verbirgt sich hinter so viel Ambivalenz? Und wie soll ich damit umgehen? Bald bin ich eingeschüchtert und möchte mich nur vor ihr schützen, bald gehe ich trotz allem verbindlich auf sie zu. Einmal spreche ich sie auf ihr widersprüchliches Beziehungsverhalten an. Sie blickt mich kurz an und wendet ihren Blick wieder ab. Gefühle scheinen gefährlich zu sein.

*Die Grundfrage »Leben oder sterben?« holt sie wieder ein. Ihre derzeitige Antwort darauf heißt Gleichgültigkeit. Sie liebe den Gleichmut im buddhistischen Sinne. Alles sei gleichermaßen gültig, wertfrei, einfach frei. Zum Beispiel jetzt: Lebendig oder tot, sie wisse nicht mehr, was ihr lieber sei. Barbara versucht zu lächeln, ihr Gesicht verzerrt sich zu einer Fratze. Ihre Stimme ist schrill. Als würde sie nicht fühlen, wovon sie redet. Ich fasse Mut und sage ihr: »Teils glaube ich dir, teils nicht.« Erschreckter Blick. »Ich glaube dir, dass es wunderbare spirituelle Zustände gibt, wo man einfach frei ist, Friede hat und das mit Gleichgültigkeit umschreiben könnte. Ich habe solches auch schon erlebt.« Sie unterbricht: »Also kennst du es doch. Warum glaubst du mir nicht?« »**Ich glaube nicht, dass es bei dir um die Erfahrung von Gleichgültigkeit geht, sondern um die Schwierigkeit, Gefühle zu ertragen.** Wenn du fühlst, wie sehr du plötzlich das Leben liebst, schmerzt es umso mehr, davon*

*Abschied nehmen zu müssen. Und du spürst ja auch, dass du uns – z.B. mir – gerade nicht gleichgültig bist. Ich habe mit dir alles erlebt, nur nicht Gleichgültigkeit: große Nähe, Zärtlichkeit und daneben große Ablehnung und Angst. Ich meine, Not und Verzweiflung zu spüren in deinem Abwägen, was nun besser sein soll: leben oder sterben. Ich empfinde ein Hin- und Hergerissensein zwischen zwei Gefühlen, aber nicht Gleichgültigkeit.« »Stimmt, **Gefühle sind schwierig**. Darüber muss ich nachdenken«, kommentiert sie trocken.*

*Nächster Besuch: Barbara hat 40 Grad Fieber, will aber trotzdem über Gleichgültigkeit reden. Vonseiten ihrer Ärztin habe ich in der Zwischenzeit erfahren, dass diese Patientin eine Unverträglichkeit gegenüber fast sämtlichen medikamentösen Therapien gezeigt habe. Sie sei ratlos, auch die jetzige Infektion sei nicht in den Griff zu kriegen. Ich spreche dies vor der Patientin aus und kommentiere: »Dein Körper signalisiert dir **alles andere als Gleichgültigkeit**. Es ist ihm gerade nicht gleichgültig, was man mit ihm macht.« Barbara nickt, denkt nach, wird rot und sagt: »Stimmt: **Ich koche vor Wut**.« Ich lobe ihr Aushalten dieser schwierigen Emotion und verdeutliche, wie verständlich ihre Wut sei. Barbaras Gesicht wird noch röter. Der Schweiß trieft herunter. Zwei Stunden später ist ihr Fieber zurückgegangen. Die Ärztin schöpft Hoffnung. Nochmals darf Barbara leben. Sie kehrt heim und wird sogar eingeholt von Lebensfreude. Natur und Musik beglücken sie. Auch Beziehungen wie diejenige zu ihrer Freundin oder zu mir seien schön. Selbst ihr Körper sei so übel nicht.*

Monate später steht Barbara wieder mit klirrender Stimme vor mir. Gefühle sind kein Thema mehr. Sie ziehe weg in ihre Heimatstadt und in die Nähe eines Meditationszentrums. Regelmäßiges Meditieren bringe Ruhe. Sie möchte sich verabschieden. Ein Dreivierteljahr später höre ich, dass Barbara tot sei.

Solche und ähnliche Erfahrungen mit Patienten und Patientinnen stimmen mich nachdenklich: Bringt Gleichgültigkeit, so wie Barbara sie verstand, Ruhe? Ich muss die Antwort offenlassen und kann vor allem nichts darüber sagen, was dieses

Ideal für einen *östlichen* Menschen bedeutet. Vom eigentlichen Hinduismus und Buddhismus verstehen wir vermutlich sehr wenig. Das Problem liegt m. E. in der allzu *leichtsinnigen Adaption* des Fernöstlichen in einen anderen Kulturkreis mit grundlegend anders geprägten Menschen. Meditation kann Menschen auch in unserer Zivilisation zu mehr Ruhe und Zentrierung führen. Hellhörig werde ich aber dort, wo meditative Gelassenheit verwechselt wird mit Verdrängung von Gefühlen oder mit einem mehr angeeigneten als innerlich gewachsenen Frei-Sein. Ist es wirklich *»erlöste« Freiheit*? Täuschen sich Menschen darin nicht etwas vor? Wie oft wird im Spirituellen ein Abgehoben-Sein gesucht – fern von aller Körperlichkeit, Emotion und sozialen Beziehungen. Wo ist die Grenze zwischen Flucht und Finden? Flucht einerseits vor dem verbindlichen Aspekt der Spiritualität selbst? Flucht andererseits vor der Welt? Nicht jede Ruhe ist Selbstbescheidung im Sinne eines Loslassens von Ehrgeiz. Wo verbirgt sich hinter dem positiv umgedeuteten Bedürfnis nach Ruhe (*shanti*) eine Angst vor dem gefühlten, gelebten und fordernden Leben?[58] Und warum diese Angst?

1.4.3 Beziehung ist riskant

Beziehung ist Eingeständnis von Abhängigkeit und Bedürftigkeit. Wer seine Sehnsucht nach Beziehung und damit auch seine Einsamkeit zu fühlen wagt, spürt, dass er sich selbst nicht genug ist. Seine Beziehungssehnsucht macht ihn verletzlich.

Sich auf Beziehung einzulassen, ist riskant. Wir riskieren, enttäuscht zu werden oder das, was wir lieben, zu verlieren. Als Liebende werden wir mehr eingebunden, als uns vielleicht lieb ist. Wir kommen nicht mehr los davon. Auch das ist nicht jedermanns Sache.

Was für die Beziehung unter Menschen gilt, gilt noch mehr im Gegenüber Gottes. *»Mich auf eine Beziehung zu Gott ein-*

---

58 Vgl. zu diesem Abschnitt auch Mette 2002, die selbst Indologin ist.

lassen ist das größte Risiko des Lebens«, sagte mir eine für mein Empfinden weise Frau, *»denn das ist Beziehung zu einem Unbegreiflichen und Grenzenlosen. Ein Abenteuer, dessen Ausgang – vom Menschen her gedacht – völlig offen ist.«*
Warum dennoch »Gott«? *»Jetzt an Gott zu glauben, ist idiotisch«, formulierte eine Patientin. »Ich schreie ihn in meiner Verzweiflung an, und er gibt keine Antwort. Aber ohne Gott ist alles noch schrecklicher: hohl. Wenn ich mich dann doch zu ihm durchringe, geht es mir besser. Ich schlafe besser, liege besser, fühle Frieden: als wäre eine leise Antwort da.«*
Die Ungewissheit will bleiben. Wir können unsererseits nicht festlegen, was die Beziehung zu diesem Unfassbaren uns »bringen« soll, welchen Gott wir als Beziehungspartner annehmen können und welchen nicht. Dort, wo Patienten fixiert waren auf genau *ihren* Gott (ihr Gottesbild), fanden sie ihn meistens nicht. Festgefahren in ihrem Denken über Gott, konnten und durften sie ihn als den ewig Unfassbaren nicht an sich heranlassen, geschweige denn erfahren.

1.4.4 Narzisstisch gefangen oder offen für ein »Mehr«

Es beginnt schon im Zwischenmenschlichen: *Was steht unserer Beziehungsfähigkeit im Weg?* Andernorts (Renz 2008a: Erlösung aus Prägung) zeige ich auf, wie es zur narzisstischen Abkapselung des Menschen kommt und was ihn daran hindert, von Ich zu Du auf sein Gegenüber einzugehen. An der Wurzel dieser Beziehungsnot, die jeder von uns irgendwie kennt, liegen Spuren frühester Prägung von Angst und Ohnmacht als kleines (werdendes) Ich im Gegenüber einer bedrohlich machtvollen und großen Umgebung (Renz 2009: Zwischen Urangst und Urvertrauen). Wir haben gelernt, uns abzusichern und einzukapseln und innerhalb dieser Mauern von Abwehr ein möglichst imposantes Ich mit subjektgebundener, egozentrischer Selbst- und Weltsicht aufzubauen. Das schützte den Menschen zwar davor, fühlen und mitfühlen zu müssen, wurde aber auch zum Markenzeichen der abendländischen Zivilisation.

Leider ist durch diese übersteigerte Ich-Zentrierung und damit die Vorherrschaft von Machtdenken und Ratio (vgl. Renz 2008a: Stichwort Sonderung) auch der *Zugang zum Spirituellen blockiert*. Alle Beziehung, alle Erfahrung, alle Gnade wird narzisstisch umgedeutet: Das Du wird zur Sache, die das narzisstische Ich sich nützlich macht. Die spirituelle Botschaft fließt in eigene Größenphantasien ein: Nicht wie von außen, nicht gnadenhaft kommt einem dann Heilung zu, sondern sozusagen aus eigener Kraft. Selbst wenn hintergründig eine Angst vor der eigenen Nichtigkeit oder eine Prägung des Habens solches Verhalten bestimmen,[59] zeigt sich das vordergründig so, dass sich die Welt um das auf sich zentrierte Ich, dessen Empfindungen und Bedürfnisse zu drehen hat. Jeder von uns kennt dieses Phänomen. In milder Form ist es längst salonfähig geworden. Wie aber damit umgehen, wenn es so ausgeprägt ist, dass ein Gegenüber kaum eine Luke im Panzer findet? Bleibt ein narzisstisch geprägter Mensch ohne Chance, je offen zu werden auf das hin, was ihn von seiner Angst erlöst?

Die narzisstische Schale eines Menschen ist ihm zunächst ein Schutz. Dahinter verbirgt sich ein Leiden, letztlich eine Angst vor Ohnmacht und immer neuer Verletzung. Abgenabelt vom fließenden Leben, wächst ein unstillbarer Hunger nach dem Verlorenen. Es ist, als ginge das prickelnde Leben, die Intensität einer Begegnung, die Erfüllung im Spirituellen an solchen Menschen gerade vorbei. Leben wie hinter Glas![60] Umso größer die Gier, die Eifersucht und damit wieder die Abwehr. *Erst wo wir Narzissmus – liebevoll – als Leiden und inneres Gefängnis begreifen, besteht eine Chance zur Öffnung.*

---

59 Renz 2008a.
60 Zum Phänomen Narzissmus vgl. Asper 1987.

1.4.5 Eine Spiritualität, die Zukunft gibt, muss auf Beziehung hin offen sein

Herr Umiker ist schreckhaft und lärmempfindlich. Geringer Lärm im Korridor ist ihm schon zu viel. Ein für uns alle schwieriger Patient! Mir kommt der Gedanke, dass sich hinter seiner Sensibilität und dem ständigen Drang, alles zu kontrollieren, eine älteste Angst und Erfahrungsspuren früher schwingungsmäßiger Bedrohtheit verbergen könnten. Ohnmacht schlechthin! Charakteristisch ist auch Herr Umikers Redefluss. Eine Dreiviertelstunde lang redet er heute von allem, was ihn irritiere, bis ich endlich zu meinem ersten Satz komme: »Herr Umiker, Sie sind vielleicht so schreckhaft, weil Sie sich im Reden und Tun wenig spüren.« Erschreckter Blick. »Ich würde mit Ihnen gerne eine Übung machen, in der Sie nichts anderes tun müssen als Ihr ›Bei-Sich-Sein‹ spüren: Ihren Atem spüren, Ihre Kleider, Ihre Bewegungen. Sie schauen und hören sich selbst dabei einfach zu.« Herr Umiker ist einverstanden. Sorgfältig spürt er den Brustraum, den Atem, zunächst mit geschlossenen, dann mit offenen Augen. Er kommt selbst auf die Idee, dies bis zu meinem nächsten Besuch zu üben.

*Beim nächsten Mal geht es darum, gleichzeitig zu atmen und zu schauen, zu atmen und sich zu bewegen. Es klappt. Herr Umiker mag auch die hinzukommende Musik. Je mehr er (sich) hört, umso dosierter wird sein Reden, umso wesentlicher werden seine Worte. Ich staune. Er habe Angst vor dem Tod und ... vor dem, was davor sei. Da sei man total ohnmächtig. »Ich **will** keine Ohnmacht«, fährt er in heftigem Tonfall fort. Da ich selbst um den Zusammenhang zwischen Ohnmacht und Lärmsensibilität weiß, bestätige ich: »Ja, Ohnmacht kann grässlich sein, und doch kommen Sie sozusagen nicht darum herum.« – Was er tun könne? – »Sich spüren«, antworte ich, »dann merken Sie, dass Sie nicht einfach identisch sind mit Ihrem ohnmächtigen Körper.« Ich leite ihn an: »Sie liegen jetzt gekrümmt da, schauen sich zu, wie es dennoch irgendwie ein- und ausatmet. Und jetzt spüren Sie einfach dem Gedanken nach, dass*

Sie nicht nur Ihr gekrümmtes Dasein sind, sondern auch mehr.« »*Mehr? Was heißt mehr?*« »**Der Mensch ist immer mehr**«, *wiederhole ich. Dieser Gedanke fasziniert Herrn Umiker. Nachdenklich liegt er da.*

Für mich hat mit dieser Stunde ein in sich selbst eingekapseltes Dasein eine kleine Öffnung erhalten: Herr Umiker ist häufiger still. Er lässt auch die Wahrheit über seinen todgeweihten, ohnmächtigen Zustand an sich herankommen. Und er kann offenlassen, ob es mit ihm noch Tage oder Wochen daure. Gott und letzte Fragen sind kein Thema zwischen uns, und doch nickt er mir ausdrucksvoll zu, als ich sage: »*Es ist anderswo geschrieben.*« »*Ja*«, *bestätigt er. Er darf für seine letzte Zeit nochmals nach Hause gehen und freut sich auf seine Frau. Ich nehme auch dies als Zeichen seiner Öffnung auf Beziehung hin.*

Bei Herrn Umiker mag der herannahende Tod das Seine zu einer eigentlich spirituellen Öffnung beigetragen haben. Sein spürendes Ankommen bei sich selbst führte ihn wortlos in die Nähe des Eigentlichen. Er trat ein in einen Seinszustand, in dem nicht mehr das verängstigte, um sich kreisende Ich die Szene beherrschte. Damit war er auch von seiner Angst vor Ohnmacht etwas erlöst. Wie aber gelingt solches mitten im Leben, wie gelingt es im Kollektiv? Ich meine, dass aus dem Leiden unserer Zivilisation an den Auswüchsen unserer Egozentrik und unseres Machtdenkens eine Spiritualität der Beziehung überhaupt erst geboren werden muss. Dahin zu finden erachte ich als Schicksalsfrage zumindest an die von der abendländischen Kultur geprägte Welt.

C. G. Jung hat diese Einsicht im frühen 20. Jahrhundert formuliert als Frage, ob der Mensch auf Unendliches bezogen sei oder nicht. Ich frage vorerst bescheidener: Ist er überhaupt bezogen (echt beziehungsfähig), oder bleibt er im Kreisen um sich selbst gefangen? Ist er fähig, sich dialogisch auf ein Du einzulassen, oder ist der Mensch, die Umwelt, die Liebe ihm zur Sache geworden, derer man sich nach Belieben bedient? Ist er fähig, auf einer anderen Ebene als derjenigen von Macht resp. Ohnmacht zu funktionieren? Seit der Erstauflage dieses Buches hat sich diese Frage in meiner Erfahrungswelt zugespitzt. Darum erhält eine Spiritualität der Beziehung, des Bezogenseins für mich brennende Aktualität – und darin auch der Akzent von Bewusstheit, Personalität und Versöhnungsfähigkeit. Das ist mehr als ein Rückzug in ein ozeanisches Urgefühl oder als eine Methode des Entwerdens.

In allem Ringen darf es auch nicht darum gehen, die Erfahrung von Einssein und jene von letzter Beziehung gegeneinander auszuspielen. Beide Aspekte sind Teil des Äußersten und zugleich Innersten. Ist in der Erfahrung von Sein wirklich alle Identität, Beziehung und Gegenüber-Erfahrung überwunden? Und ist umgekehrt in der Gegenüber-Erfahrung, personal und evolutiv resp. endzeitlich betrachtet, wirklich alle Einheitserfahrung überboten? Das Erste schließt das Zweite nicht aus und umgekehrt. Das Personale kann sich erfüllen im Gegenstandslosen, das Gegenstandslose im Bezogenen. Die Frage nach dem Letzten kann im Letzten gerade nicht beantwortet werden und lässt uns die Frage nach der menschlichen Offenheit auf Transzendenz hin übersehen.

Wie eingangs angedeutet, ist die Kernfrage eine psychologische. Es geht *nicht* um »Sein versus Beziehung«, um »Gott als Seiendes versus Beziehungspartner«. Sondern die Frage lautet: Kann ich mich einlassen, oder muss ich mich unbewusst permanent vor dem Risiko einer Begegnung und damit vor dem Leben schlechthin schützen? Jede wirkliche spirituelle Erfahrung – ob inhaltlich mehr im Monistischen oder Dualistischen beheimatet – ist Berührung und führt zur Erschütterung im Ich. Bin ich berührbar? Bin ich relativierbar und offen dafür, dass ich genauso mit neuer Würde und als Gewandelte(r) aus einer spirituellen Erfahrung hervorgehe? Überspitzt formuliert, geht es um die Frage, ob der Mensch in seiner Abkapselung und Egozentrik verharrt oder sich aufbrechen lässt auf ein Mehr, einen Sinnüberschuss, ein neues In-der-Welt-Sein hin. Eine spirituelle Erfahrung beinhaltet etwas anderes, als was der missverständliche Begriff Selbsterfahrung nahelegt. Sie ist mehr als ein Transzendieren der Ich-Grenzen. Sie fordert ein Eingeständnis, dass ein unverfügbar Anderes im Spiel ist.

In der Berührung des Numinosen, im Bezug auf etwas, das den Menschen übersteigt, geschieht in der spirituellen Erfahrung ein wortloser *Dialog zwischen »Ich und einem äußersten Du resp. einem Seienden«*. Identität im Eigenen und Beziehung ergänzen, ja befruchten sich. Der Mensch kann dieses Gegenüber nie »besitzen« (sich kein Bild von ihm machen), wohl aber horchend und antwortend auf das, was er Gott nennt oder nicht, *bezogen sein*. Gott und Mensch sind darin zwei ewig *ungleiche* und doch in einem Gemeinsamen verbundene Partner, die sich in der Unantastbarkeit einer letzten Freiheit begegnen und doch sie selber bleiben.[61]

1.4.6 Was steht dem Offen-Werden im Weg?

Zahlreich sind die Hindernisse, die – nebst dem Phänomen Narzissmus – Patienten den Weg zur gelebten Spiritualität versperren: Verletzungen vonseiten des Elternhauses, der Schule, von Patriarchat und Autoritätspersonen, von Kirchen oder einzelner ihrer Repräsentanten.

Die religiöse **Frau Karger** *beschreibt: »Ich bin* **geschieden und darum ausgeschieden.***« Endlich kann sie den Tränen und dem Ärger Raum geben. Ich schlage ihr vor, ihre Verletzungen in Briefen an Gott niederzuschreiben. Ich würde als Zeugin für sie einstehen im Gegenüber Gottes. – Frau Karger will es versuchen. »Warum eigentlich sind Sie religiös?«, fragt sie. Spontan antworte ich: »Gott ist viel größer als die Kirche, und die wahre Kirche ist anders, als was Sie erlebt haben. Aus der wahren Kirche können Sie gar nicht herausfallen. Da sind Sie drin wie der Stern im Sternenmeer.« Erneut wird Frau Karger weich*

---

61 Das ist das Gesetz aller Dialogik (Buber, Herzka u. a.), hier erfahrbar als das Aufeinanderbezogen-Sein unvereinbarer und spannungsgeladener Gegensätze, worin jeder er selbst bleibt und wo doch gleichzeitig Wandlung geschieht.

und erfährt über Musik ein »großartig Fließendes«. Und sie sagt leise: »Nie rausfallen kann ich.« Ihre Enttäuschungszettel drückt sie mir anderntags in die Hand mit den Worten: »Diese gehen nun zu Gott.« »Und die Schmerzen? Haben sie nachgelassen?« frage ich. »Ja, warum fragen Sie?« »Weil Verzeihung weich macht und durchlässig für ›das Fließende‹. Spannungen sind dann an ihr Ende gekommen, und Schmerzmittel können besser wirken. Mir scheint, als hätten Sie Gott oder der Kirche verziehen.« Frau Karger nickt und weint.

*Bei **Birgit**, Mutter dreier Kinder, waren es frühe Missbrauchserfahrungen, die ihr Gottesbild getrübt hatten. Sie hatte jahrelang im Hinduismus zur Ruhe gefunden und mehrfach in einem Ashram gelebt. Nun litt sie daran, dass ihr Sohn seit drei Jahren nichts mehr von sich hören ließ. Er habe sich selbst in Thailand verloren ... Und neuerdings trage auch ihre Nähe zu fernöstlichen Religionen nicht mehr. Wie innerlich betrogen sei sie von ihrem letzten Besuch dort heimgekehrt. Meditieren tut sie aber noch immer. Ich frage: »Hast Du dabei auch schon Gott angesprochen, schon mal DU gesagt in die Stille hinein?« »Unmöglich, da kommen mir gleich schlimme Kindererfahrungen hoch, da höre ich gleich die Stimme des Pfarrers. Über alles können wir sprechen, aber darüber nicht.« Birgit zittert. Ihr Gesicht ist bleich. Ich bin erschüttert und meine, das Kind von damals vor mir zu haben. Über Monate geht es nur darum, der zitternden Birgit Raum und Resonanz zu geben.*

Zwei Jahre später sucht mich Birgit wieder auf. Erneutes Gespräch über ihre Erfahrungen in der Meditation und meinen damaligen Vorschlag, sich innerlich an ein DU zu wenden. Birgit ist fasziniert und kann doch nicht verstehen. Ich erzähle Birgit eine Geschichte: »Es war einmal ein Mann von großartigem Format. Er hatte einen Sohn, den er liebte, der aber bald einmal ungute Dinge trieb. Machte da der Vater etwas grundlegend falsch?«, schließe ich meine Geschichte. »Nicht unbedingt«, erwidert Birgit. Ich frage weiter: »Ist es richtig, wegen des zweifelhaften Verhaltens des Sohnes den Vater zu meiden?«

»Nein.« Ich übersetze: »Nimm den Vater als Jesus, der ja der Stifter deiner Herkunftsreligion ist. Stell dir vor: Mit seinem Vermächtnis – und Kirche gehört dazu – sei es wie mit jenem Sohn, der sich schlimm ›danebenbenommen‹ hat.« Mehr brauche ich nicht zu sagen. Birgit weint lange und fühlt sich offensichtlich an die Tragik um ihren eigenen Sohn erinnert.

Das Eis ist gebrochen. Genau jetzt kommt Birgit eine Erfahrung mit dem Sohn in Thailand zu Hilfe. Er habe ihr zum Geburtstag geschrieben, kämpfe seinerseits, und sie habe neue Hoffnung. Birgit will es nun versuchen mit diesem DU. Was sie denn tun solle? Ich antworte: »Genau das, was **ist***, vor Gott hinlegen: deine Tränen, Fragen. Wie wenn du sagen würdest: »Schau her, das bin ich, ich suche Dich.« – Zwei Monate später berichtet Birgit:* **»Da erhalte ich Antwort, Impulse, auch solche, die mir nicht passen!«**

Spirituelle Wege gehen nicht an (extremen) Gefühlen und Prägungen vorbei, wohl aber durch sie hindurch. Sie brauchen Zeit und innere Größe. Birgit wurde nochmals frei für neue und glaubwürdigere Erfahrungen in ihrer Herkunftsreligion. Birgit ist kein Einzelfall: Wo echte Wiederannäherung an die ureigene Religion gelingt, sind Menschen nach meinen Beobachtungen tief ergriffen wie selten sonst, weil heimgeholt in ihr Ureigenes. Solche Menschen werden auf neue Weise religiös und bleiben doch sie selbst. Der Weg über das Fremde darf zur Biographie gehören, doch ohne den Stachel des namenlosen Widerstandes und ohne das Tabu des ständig ausgesperrten Traumas. Im Widerstand konnte sich – psychologisch betrachtet – Religiosität nicht wirklich einstellen.

Religion kann im Sinn von *religio-religatio* verstanden werden als »Zurückgebundensein an einen letzten Grund« oder im Sinne von *re-legere* als »Wieder-Lesen eines alten, bekannten Textes«, was in der Interpretation von Kunzler auch Wieder-Lesen der eigenen Biographie heißen kann.[62] In eine Spiritualität der Not fließen beide Komponenten des Religiösen ein:

---

62 Vgl. Kunzler 1998, S. 27–28 (Hervorhebungen d. d. A.).

Eine Ursehnsucht nach Heil schreit nach gelebter Spiritualität *(religio)*. Und ebenso nötigt das Leiden am Erbe religiöser Tradition zum heilsamen Wiederlesen der eigenen Biographie – und dies so lange, bis endlich die eigene Wahrheit hervortreten darf.[63] Selbst das Fremde – im obigen Fall das Indische – hat nur so eine Chance, sich wirklich in seiner Wahrheit zu zeigen, weil es nicht (mehr) als Ersatzreligion oder Gegenposition fungieren muss, sondern, mit der nötigen Ehrfurcht vor dem unbekannt Anderen betrachtet, ganz es selbst bleiben darf. Es geht hier nicht um »richtige« oder »falsche« Religion, sondern um das, was als ureigen bezeichnet werden darf, und um das, was innerhalb einer Tradition als je heilend und heilig erfahren wird.

1.4.7 Urangst vor dem Zuviel, Gegenüberstörung – Herr Mahler

Unter den Blockaden, die einer spirituellen Öffnung im Wege stehen können, ist *eine* Form zu nennen, die draußen in der Welt kaum erkannt wird. Meine therapeutische Arbeit mit manchen Sterbenden hat mir diesbezüglich die Augen geöffnet. Es gibt Sterbende, die liegen da in äußerster Not und Verkrampfung, bisweilen mit aufgerissenen Augen. Oder sie starren in eine Ecke oder an die Decke und zittern, schwitzen oder versinken reglos. Schmerzmittel greifen wenig. Sie leiden an Symptomen, die niemand versteht. Was steckt dahinter?

Todkrank liegt **Herr Mahler** *da und kann nicht sterben. Seit drei Wochen schon kann er sich kaum bewegen, nicht mehr mit der Umwelt kommunizieren. Mir fällt auf, dass er, anders als andere Sterbende, fast ständig wach ist, geistig da, die Augen offen. Sein Blick ist unverändert nach oben gerichtet, die eine Hand den Griff über dem Bett festklammernd. Eine unbe-*

---

63 Kunzler wirft die Frage auf, ob Religion Urausstattung des Menschen oder Kulturgut sei, ob der Mensch eine »religiöse Natur« sei oder ob Religion als Interpretation des Daseins ein erst später dazugekommenes Kulturgut sei. Ich meine, beides: sowohl Urausstattung, Gabe als auch Gewordensein innerhalb der Tradition, Kulturgut (Renz 2009).

schreibbare Angst spricht aus den Augen. Im krampfhaften Festhalten am Griff verkörpert sich eine wohl äußerste Angst, sich zu verlieren oder zu Grunde zu gehen. Ich stehe sprachlos neben dem Bett und weiß nicht, ob er mich und meine Begrüßungsworte überhaupt hört. Frau Mahler ist ihrerseits verzweifelt. Ihr Mann reagiere überhaupt nicht auf die Schmerzmedikamente, alles nütze nichts. Und erst dieser Blick! Sie habe ihm ein Mobile hingehängt, damit seine Augen eine Abwechslung hätten, doch vergebens. Nur dass sie da sei, Tag und Nacht, das nehme er wahr. Das schaffe etwas Beruhigung.

Lange höre ich Frau Mahler zu: Sie habe ihren Mann gern gehabt, er sei graphisch und musikalisch genial gewesen, habe ein Auge für Raumkompositionen und Bilder gehabt und ein Ohr für erhabene Musik. Ich horche auf, derweil ein leichtes Stöhnen aus dem Patienten herauskommt, das einzige Lebenszeichen während 70 Minuten. Es mussten wichtige Worte gewesen sein. Noch weiß ich nichts zu sagen und bin wie erschlagen. **Was mag es sein, was Herr Mahler sieht, wovon ist er so »verfolgt«?**

Zu Hause, in der zufälligen Anwesenheit einer Berufskollegin, versuche ich in einer Einfühlungsübung, der rätselhaften Not von Herrn Mahler näherzukommen. Ich lege mich so hin, wie Herr Mahler daliegt: Die Hand – bald schon müde – nach oben greifend, den Blick unverändert zur Decke gerichtet. Eine Weile sehe ich gar nichts, ein schrecklich kaltes Nichts, die wenigen optischen Reize im Blickfeld haben sich längst aufgelöst. Ob da noch ein Mobile hängen würde oder nicht, ist belanglos. Was ich jetzt gewahre, ist **Grenze: Da ist Ich, und dort ist Nicht-Ich. Schon bei meiner Nase beginnend, erstreckt sich das Nicht-Ich ins Unendliche.** *Jetzt kommt der Impuls: Gegenüberstörung. Herr Mahler sieht das Unfassbare, ohne es zu sehen noch zu fassen. Darob ist er erstarrt. Urangst vor dem Numinosen! – Schon am nächsten Tag gehe ich zu Herrn Mahler. Wieder liegt er unverändert da, Schweiß perlt ihm von der Stirne. Ich erzähle ihm meine Erfahrung ... – und er stöhnt zum Erstaunen seiner Frau ein »Jaaaa«. Also erzähle ich es nochmals und erkläre: Das sei die früheste Angst, die ein Mensch erlebe,* *sobald er ein bisschen zum Ich werde, d.h. sobald es eine Trennung gebe zwischen Ich und Nicht-Ich. So entstünde für ihn dann so etwas wie ein schwingungsmäßiges Gegenüber.* »Rrrr«, *reagiert er. Ich habe Gänsehaut. Wie erschreckend konkret muss für Herrn Mahler Schwingung sein, wie bedrohlich die Grenze zum Nicht-Ich. Er scheint, wie ich aus den gestrigen Bemerkungen seiner Frau schließen kann, optisch und akustisch höchst sensibel zu sein, immer schon.*[64] *An ihn gerichtet, sage ich:* »Offenbar erleben Sie jetzt, im Sterben, dieselbe äußerste Angst.« *Nochmals kommt Reaktion. Die Spannung lässt momenthaft nach. Ich verdeutliche:* »Was Sie aushalten, ist schrecklich, aber auch genial. Sie haben mich viel gelehrt. Wenn Sie das so erleben, braucht es umso mehr Mut, sich vertrauensvoll loszulassen und nicht länger inmitten der Angst stehen zu bleiben. Vielleicht dürfen Sie jetzt auch aufhören zu denken (denken ist Bewältigungsform von Urangst).« *Herr Mahler atmet tief. Der Griff seiner Hand lockert sich, bevor er erneut greift. Verdauungsgeräusche folgen. Seine Frau sagt:* »Das hat er gehört. Ich verstehe es zwar nicht, aber es tut ihm sichtlich gut.« *Ich versuche, ihr zu erklären, was kaum erklärbar ist. Die Bibelstelle von Elija am Gottesberg Horeb (1 Kön 19,11–13) hilft mir dabei: Gott war nicht im Feuer noch im Beben noch im Sturm, obgleich all dies eine menschliche Erfahrungsweise des Numinosen sein kann. Nochmals schaue ich Herrn Mahler an:* »Das kann ich auch Ihnen sagen: Das Große, das Sie vermutlich schauen und hören, kann wie bei Elija am Gottesberg Horeb schlussendlich ganz zärtlich, säuselnd fein sein. Haben Sie einfach Mut.« *Er atmet tief und lässt erstmals den Griff über seinem Bett los.*

Zwei Tage später finde ich Herrn Mahler mit geschlossenen Augen vor. Jetzt schlafe er, meint seine Frau. Auch sie kann wie-

---

64 Vgl. die Aussage, er sei graphisch und musikalisch genial und habe einen Sinn für Raum und das Erhabene, was alles für eine hochgradige Sensibilität für Schwingungen spricht. Und diese führt, gepaart mit dem Genialen des früh erwachenden Bewusstseins, zu erhöhter Urangst vor dem Numinosen. Vgl. Renz 2009.

der schlafen und sich überhaupt erst richtig von ihrem Mann verabschieden. Tage später stirbt Herr Mahler in großem Frieden.

Was ist Gegenüberstörung? Schon vor Jahren fand ich zu diesem Wort in meinen Thesen zu den Anfängen menschlicher Bewusstwerdung, damals erschienen unter dem Titel: Zwischen Urangst und Urvertrauen.[65] Ich versuchte damals schon, eine irrationale, kaum erklärbare Ur-Irritierung als existenzielle Angst vor dem Numinosen und Irrationalen zu begreifen: ein Phänomen, das in unserem Kulturkreis besonders stark ausgeprägt zu sein scheint, jedenfalls zahlreiche kulturelle Eigenheiten erklärbar macht. Gott ist das Numinose, Grenzenlose schlechthin und wird genau in diesem Aspekt vom ansatzhaft vorhandenen Ich auch als bedrohlich erlebt. Diesem Unfassbaren – etwa in der mystischen Erfahrung – nahezukommen und von ihm – wie es sich im Sterben sensibler Menschen ereignen kann, fast hautnah berührt zu werden, ist vom Ich kaum zu verkraften: *Inbegriff des Zuviels*. Erst jenseits der Angstbarriere kann dieses äußerste Gegenüber als mild (bei Elija als ein sanftes, leises Säuseln) erfahren werden. Auch die verbreitete Angst vor spiritueller Erfahrung und deren irrationalem Aspekt wird so nochmals verständlich. Nicht nur biographische Verletzungen (Frau Karger, Birgit), auch Urerfahrungen mit dem Zuviel und das schlechthin unverkraftbare »Wesen Gott« stehen einem Offenwerden für spirituelle Erfahrung im Wege.

1.4.8 Nicht an der kulturspezifischen Subjektivität vorbei

Beim Dialog zwischen den Religionen geht es nicht nur darum, das einander Verbindende ebenso ernst zu nehmen wie das Trennende und einander dabei mit Respekt zu begegnen. Wie ich andernorts ausführe (Renz 2008a: Anstöße zum interreligiösen Dialog), hat das, worum eine Religion mit ihrer Mystik und Spiritualität kreist, immer auch zu tun mit ihrer kulturspe-

---

65 Erstmals erschienen 1996.

zifischen Eigenart und deren Prägungen. Neue spirituelle Impulse können nicht beliebig von außen übernommen werden, sondern müssen aus eigenem Urgrund und eigenen Heils-Sehnsüchten hervorgehen. Inhalte sind nicht beliebig austauschbar. So hat jede Religion für sich eine große Bewusstwerdungsarbeit zu leisten, die allem Dialog vorangehen muss.

Ich kann bestenfalls einiges aussagen über Prägungen und Heilssehnsüchte des in der westlichen Welt groß gewordenen Menschen, der in seinem Rucksack nicht nur das Erbe von 2000 Jahren Christentum, Judentum, Hellenismus u.a.m., sondern auch die Gaben der Aufklärung mit sich trägt. Darf man von Besonderheiten westlicher Prägung sprechen? Ich greife Stichworte heraus: Rationalität; Leistungsorientiertheit, aber auch Leistungsfähigkeit; Ansporn zu Mündigkeit, Bewusstwerdung und Verantwortung; Beziehungssuche neben Beziehungskrisen; Suche nach Identität, Selbstverwirklichung und Sinn. In all dem ist der westliche Mensch gekennzeichnet durch:

a) ein evolutives Drängen nach vorn und
b) eine ausgeprägte Subjekt- oder Ich-Bezogenheit und ein ausgeprägtes Bewusstsein von Individualität.

Entsprechend bedürfen wir auch einer Religion und Mystik, die eine Antwort zu geben vermag auf genau diese Vorgaben:

Zu a) Das evolutive Drängen ruft nach evolutiver Antwort, d.h. nach Entwicklung, Bewusstwerdung und sinnverheißenden Zielen. Aus solchen Vorgaben heraus wird Gott *als ein Wirkender*, etwa als Schöpfer, Berufender, als Gott des Weges und als Vollender gesehen.

Zu b) Eine ausgeprägte Subjekt-Bezogenheit kann sich negativ entwickeln in Richtung Egozentrik und Selbstsucht. Sie kann sich aber auch positiv erfüllen in Richtung von Personalität und echter Beziehungsfähigkeit. Das sind menschliche Qualitäten, die letztlich am Du Gottes werden: an einem Gott der Berufung, der Prophetie und des ethischen Anspruchs, an einem »Du«, dem gegenüber sich der Mensch verantwortet, mit dem er aber auch, wie die Erzväter Israels, ringt und feilscht. Die Gegenüberposition geht einher mit einem erhöhten Erleben von Vereinzelung, Angst und Kontingenz. Und sie mündet in den Schrei nach Sinnerfahrung, Würdigung und Halt im Überzufälligen.

Für westliche Menschen *ohne* massiv prägenden Angsthintergrund und *ohne* akutes schlimmes Leid mag es angehen, sich ihr Leben als zyklisches Werden und Vergehen vorzustellen: sich auflösend in ein Nichts, ohne nennenswertes Vermächtnis an die Zukunft. Eine spirituelle Erfahrung von wunderbarem Einssein[66] kann dann einfach begriffen werden als Auflösung ins Nichts. Wer hingegen – wie viele Spitalpatienten – die Abgründe des Lebens in sich selbst und außerhalb fühlt und aushält bis hin zur Verzweiflung, schreit in die dunkle Nacht hinein: »*Doch bitte nicht vergeblich!*« Wenn solchermaßen Leidende ihrerseits spirituelle Einheitserfahrungen erleben, zeichnen sich diese darin und darüber hinaus durch ein Bezogensein, etwa ein Dazugehören zu dieser letzten Substanz, aus.

Nur ein Gott, der den Menschen in seinem individuellen Gewordensein erkennt und würdigt,[67] der sein Stöhnen hört (Ex 2,24) und mit ihm fühlt – oder, christlich gesprochen, in seinem Sohn selbst menschlich gelitten hat und also Leiden und Ohnmacht kennt –, kann Antwort sein für den um Identität und Sinn ringenden Menschen. Apersonal kann sich diese Not höchstens auflösen, aber nicht gelöst werden. Der Theologe Roman Siebenrock formuliert dies so: »Eine Kultur der Subjektivität braucht einen Gott der Beziehung.«[68] Genau dies meint das Christentum mit seiner Rede vom *personalen Gott*. Personal meint ein personales Angesprochensein durch ein ewig Unverfügbares, nicht aber, dass man sich Gott verkürzt als Person denken müsste. Personal meint *Beziehung* und bleibt darin offen auf das Geheimnis Gott hin, das nie ausgelotet noch

---

66 Vgl. II.3.1.
67 Würdigung statt Strafe ist der Hintergrund eines letzten Gerichtes und wird von erstaunlich vielen Sterbenden schlussendlich auch so erahnt (Renz 2008b).
68 Mündliche Mitteilung.

in eine einzige Aussage hinein konkretisiert werden kann. Gottesbilder sind Teilansichten, Blitzaufnahmen aus einem bestimmten Blickwinkel. Der personal gedachte Gott, ein Gott der Beziehung und Bezogenheit, ist der Gegenentwurf zum Zufälligen und absolut Hinfälligen. Gegenentwurf auch zu einem Zukunftspessimismus und zu dessen Sinnleere.

1.4.9 Spiritualität aus der Liebe geboren

Eine theologisch noch so brillante Rede vom Gott der Liebe erreicht ihre Zuhörer nicht unbedingt. Hat das Bild vom lieben Gott ausgedient? Klaffen Theorie und Erfahrung auseinander? Was soll ich einem schreienden Patienten inmitten seiner Schmerzen oder einer Mutter, die eben ihr Kind verloren hat, vom lieben Gott erzählen? Dennoch steckt hinter dem Konzept eines Gottes der Liebe mehr als der harmlos lieb gezeichnete Gott der Kindertage. Solidarität und Liebe sind mehr als hohle Worte.

Psychotherapie hat substanziell nichts anderes zu bieten. Sie ist heilende Beziehung. Ihr Kern ist *Empathie*. Darüber – was Empathie ist und kann – wurde in Fachkreisen schon viel geschrieben. Das soll hier weder infrage gestellt noch wiederholt, sondern höchstens auf Extremsituationen menschlichen Leidens hin bedacht werden. Auch im Spital stellt sich bei den meisten – selbst kurzen – Therapien Empathie ein: Betroffenheit, Mitfühlen, Verstehen, einfühlendes Reagieren. Innerhalb meiner Projektarbeit gab es eine beträchtliche Zahl von Patientenprozessen (25 von 135), welche das Maß solcher therapeutischer Empathie nochmals sprengten und mich in ein existenzielles Mitgehen hineinwiesen, bisweilen so radikal, dass ich zwischendurch selbst wie »erledigt« oder »zerstört« war. War das richtig, war es wichtig? Ich fragte mich selbst mehrfach, wie es denn dazu komme, dass ich bisweilen in das Schicksal eines Menschen so einsteige, als wäre es das meinige. Es war Sympathie und doch mehr: meinerseits ein Ergriffensein von einer radikalen Qualität von Liebe und Solidarität, vom Gefühl

»Du bist mir nicht gleichgültig«. Es ist meistens unerklärlich: Warum ergreift mich diese Solidarität gerade jetzt? Warum bei genau diesem Patienten? Warum lässt mich der Impuls nicht los? Und in all dem irgendwie das Gefühl: Ich »muss« ihm Folge leisten! Solch tiefe Formen von Solidarität im Leiden ereignen sich nicht nur zwischen Therapeutin und Patienten. An Krankenbetten sind es vor allem nächste Angehörige, die bisweilen wie von innen her befähigt sind, still mitzugehen und stellvertretend durchzutragen.

Ich stehe vor Zimmer Nummer 6, in dem **Herr Boller** *liegt. Von früheren Begegnungen kenne ich diesen nüchtern-liebenswürdigen älteren Mann, den ich gern mochte. Jetzt liegt er mit Geschwulsten im Gesicht, blind und verpflastert da. Der Anblick fährt mir in die Knochen: Zehn Tage lang schaffe ich es nicht, ein zweites Mal in sein Zimmer zu gehen. Zu sehr tut er mir leid, alles Mitaushalten würde mich überfordern. Ich verdränge und verdränge.*

Eines Tages höre ich, seine Frau brauche Unterstützung. Ich spüre, dass ich nicht länger ausweichen darf, und will mich dieser Not aussetzen. Ich öffne die Türe. Ein schlimmer Geruch kommt mir entgegen. Der liebenswürdige Herr Boller liegt entstellt da. Seine Frau steht neben ihm. Das gibt mir Mut. Ihr Mann schlafe, doch meistens sei er wach und zittere. Höre ich richtig? Voll da, zitternd? Wut überkommt mich, Wut auf alles, auf das Schicksal, auf Gott. Wie hält man – wach und bei Sinnen – einen solchen Zustand aus? Mein Blick fällt auf die Frau, die, obgleich hilflos, auf großartige Weise einfach da ist. In mir ist plötzlich etwas wie erlöst, dankbar, dass es diese Frau gibt. Tränen überkommen mich, und ich sage: »Jetzt weiß ich, was Ihrem Mann hilft. Sie sind es. **Zusammen mit Ihnen hält er aus.**« »*Hhhh« ist die Reaktion seinerseits. Frau Boller weint vor Rührung.*

Meine Blockade hat sich aufgelöst; ich kann mich tiefer einlassen und versuche herauszufinden, was Herr Boller hört. Oh Schreck – alles! »Herr Boller, Sie hören ja alles, Sie erleben alles in ihrem Körper mit.« Er nickt hinter seinem verklebten Ge-

*sicht. »Das muss ja sein **wie in einem Gefängnis**.« »Ja.« Ich bin wie erschlagen und fühle mich zurückversetzt in eigene gefangene Momente. Ich suche Worte dafür, wie sich das anfühlt. »Stimmt das, fühlen Sie sich so?«, frage ich zurück. »Ja.« Tiefes Atmen. »Herr Boller, Sie machen mir höchsten Eindruck.« Dieser Satz scheint zu treffen: plötzlich spüre ich nicht nur Drückendes, sondern auch Kraft. »Herr Boller, es gibt neben dem Gefängniszustand noch eine andere Befindlichkeit, wo es hell und gut ist, wo man einfach ›ist‹. Verstehen kann man das nicht, aber es kann geschehen beim tiefen Loslassen.« Ich spüre, das Wort »Loslassen« greift nicht bei diesem nüchternen Mann mit seinen Handwerkerhänden. Erneut setze ich an: »Versuchen Sie, **in Gott hinein zu kapitulieren**. Dann wird es Ihnen plötzlich anders gehen, dann wird aus dem Gefängnis so etwas wie Licht.« »Hhhh.« Ich fahre fort: »Sie müssen nicht mehr verstehen wollen, spüren Sie nur einfach die Hand Ihrer Frau und das Bett, das Sie trotz allem trägt.« Sein Atem wird für zwei Minuten ruhig. Schläft er? Gleich folgt die nächste Angstattacke. Herr Boller zittert. Meine Glieder zittern mit. Ich will dennoch gegen seine Angst kämpfen. Darum sage ich: »Wir sind da, Ihre Frau und ich, Frau Renz. Kapitulieren Sie nochmals und nochmals. Denken Sie: ›Ich muss nicht mehr verstehen‹.« Dann lasse ich eine CD mit leiser Panflötenmusik abspielen. Wieder wird er ruhig und schläft ein.*

Am nächsten Tag ist seine Schwiegertochter bei ihm und wacht in ebenso tiefer Zuwendung. Wieder ist Herr Boller in völliger Panik. Er atmet stoßweise. Erneut werde ich wütend. Schließlich schaffe ich es, mit ihm bei den Worten und der Erfahrung von gestern anzukommen: Innerlich schreie ich Gott an, nach außen wiederhole ich: Kapitulieren – nicht mehr verstehen – jetzt nur ausatmen – nur einatmen – wir sind da. Er hört. Wir beide spüren dies. Vielleicht fünfzehn Mal wiederholt sich der Wechsel zwischen Beruhigung und erneuter Angst. Immer wieder sind wir da, mit Berührung, Wort und Stimme, bis endlich die Wachzustände seltener werden und Herr Boller einschläft. Diesmal wacht er nicht mehr auf. Schmerz- und Schlaf-

mittel greifen, es vergehen noch Stunden, und Herr Boller stirbt. – Später dankt mir die Schwiegertochter für meinen Einsatz. Es sei meine Sicherheit und Führung gewesen, die geholfen hätten.

War es Instinktsicherheit? War es *meine* Führung? War nicht auch *ich* geführt? Warum hatte ich es denn aus mir heraus so lange nicht geschafft, ins Zimmer zu treten? War es nicht vielmehr eine Kraft, die mir genau dort zukam, wo ich, ankommend bei den Gefühlen von Herrn Boller, meinerseits nur noch kapitulierte? Straffe Führung durch Prozesse hindurch kann wichtig sein, macht aber nicht das ganze Geheimnis solchen Wirkens aus. War es Empathie, war es *»existenzielles Mit-Sein«*?

Benedetti, der dieses Wort geprägt hat, legt damit ein therapeutisches Konzept vor, das sich auszeichnet durch ein Plädoyer für ein größtmögliches therapeutisches Sich-Einfühlen und Mitgehen. Er spricht von einer Dualisierung des Leidens, was mehr sei als nur Empathie, Intuition, Selbstversenkung, sondern gemeinsames und geteiltes Leid bis hin zur Möglichkeit, das Leid des Anderen auf sich zu nehmen und stellvertretend zu durchleiden.[69] Im Bekenntnis zu einem existenziellen Mit-Sein wird die Forderung nach der therapeutischen Abgrenzung etwas relativiert: Benedetti bekennt sich zur Abgrenzung, aber auch zum Erleiden von Entgrenzung, zur »Teil-Identifizierung«,[70] was dort geschehe, wo ein Therapeut Aspekte eines Leidens in sein eigenes Erleben und seine Sprache übernimmt, mitträgt und doch überschreitet.[71] Binswanger nennt es Tragung.[72]

---

69 Vgl. Bernhard-Hegglin 2000, S. 87–152; vgl. auch Renz 2008a, S. 147f.
70 Benedetti 2000: »Immer ist es jedenfalls ein wesentliches Problem, dem Kranken einen Teil unserer Person zu öffnen und zur Verfügung zu stellen und zugleich fähig zu sein, die andere Hälfte für uns zu behalten, bereit, sie gegen ihn zu verteidigen, sollte sein Suchen nach Symbiose maßlos sein« (S. 158).
71 Vgl. 1998, S. 77f.
72 Vgl. Bernhard-Hegglin 2000, S. 98.

Begriffe und Akzentsetzungen können verschieden sein. Jeder Therapeut, jede Therapeutin kann nur für sich selbst und von innen heraus das Maß eines Einsatzes bestimmen und verantworten. Jede Antwort auf die Frage »Wer/was ist es, das bewirkt?« ist – wie auch immer – persönliches Bekenntnis. Aus meiner eigenen Erfahrung kann ich nur feststellen: Es *gibt* jene Momente, da ein Drittes wirkt. Es kann sich eine Wende ereignen, wo wir menschlich betrachtet am Ende sind. Und es hat verschiedentlich Außerordentliches bewirkt, wo ich mich in ein existenzielles Mit-Sein hineingab. Beobachtungen wurden mir zu Glaubensfragen: Woher kam der Ruf, mich tief einzulassen, oder die Kraft, mich einzufühlen? Woher der Geistesblitz »Wenn das ich wäre«. Sind nicht auch wir Therapeut(inn)en dort, wo uns aus tiefer Intuition heraus bisweilen ein Volltreffer gelingt (bisweilen auch nicht), unsererseits Berührte, Geführte? Nicht selten sagen Patienten, wenn sie noch sprechen können: *»Das hat Gott getan«* oder *»Da war mehr dabei«*. Es ist für mich wichtig, nicht dastehen zu müssen als diejenige, die »es« im einen Fall aus eigenen Kräften geschafft oder – wo nichts in Bewegung kam – versagt hat. Ob ausgesprochen oder nicht: Erfolg und Scheitern wollen weitergeleitet werden an ein Drittes. Nur so können sich Helfer davor schützen, eines Tages im Scheitern nur dumm und im Erfolg größenwahnsinnig dazustehen. Die Gefahr der Inflation – der Grenzverwischung in Richtung eines göttlichen Heilers – ist an dieser Nahtstelle groß. Die Gefahr, den Mut zu verlieren oder sich zu schonen, statt sich als ganzer Mensch zu riskieren, wenn's sein soll, aber ebenso.

Es ist die Nähe zum Spirituellen, die einerseits die Gefahr der Grenzverwischung erklärt. Es ist aber dieselbe Nähe zum Spirituellen, die anderseits begründet, dass rein menschliche Liebe in eine Liebeserfahrung schlechthin mündet. In meinem Projekt machten ausnahmslos alle Menschen, bei denen ich mich extrem investiert hatte (25 Personen), ausgehend von der konkreten Liebeserfahrung eine eigentlich spirituelle Erfahrung. Das Erleben von zwischenmenschlicher Anteilnahme, von menschlicher Stärkung und Trost ging über in die Erfahrung: »Ich bin *per se* wichtig. Ich bin grundsätzlich geliebt und also liebenswert. Ich bin von Gott geliebt.«[73] Dass das menschlich Begrenzte ins Totale mündete: genau darin lag die heilende Erfahrung und das Moment des Spirituellen. 16 der insgesamt 25 bezeichneten ihre Erfahrung als Gotteserfahrung: Gott stieg in ihr Leiden ein.[74] – umschrieben etwa wie folgt: »*ER war mit dabei im Operationssaal. Ich war nicht allein*« oder: »*Ich hörte in der schrecklichen Nacht Ihre Worte, aber dann auch Seine Worte*«. Solche aus der Liebe geborene Spiritualität wirkte unverhältnismäßig lange nach. Nur bei einer Person verblasste die Erfahrung wieder, bei den übrigen 24 blieben nachhaltige Spuren. Entweder war die einmalige Erfahrung unvergesslich (2) oder sie wiederholte sich (10) oder sie blieb – was so nur bei Schwerkranken denkbar ist – tage- oder wochenlang als solche lebendig und auch für Dritte spürbar.

Tief erfahrene Solidarität im Leiden ist mehr als das, was man landläufig unter »solidarisch sein« versteht. Sie mündet in eine Erfahrung eines Nicht-Verloren-Seins und Geliebt-Seins am Tiefpunkt eines Leidens. Darin hat das existenzielle Mit-Sein Verweis-Charakter. Bruchstückhaft, wie die menschliche Liebeskraft immer ist, verweist sie doch auf eine Liebeskraft schlechthin. Es geschieht dort, wo der Mensch in der Gegenwart, die er lebt und erleidet, »gegenwartend«[75] auf Gott oder ein Letztes hin offen bleibt.

1.4.10 Spiritualität geschieht, wo ich gegenwärtig und offen bin

Spirituelle Erfahrung ereignet sich nur im Gegenwärtig-Sein: nicht besetzt von Vergangenem und nicht verplant von Zukünftigem und Gewolltem – im Wesen gesammelt. Jalics spricht

---

73 Jalics 1999: »Eine Gottesbegegnung besteht immer aus Gotteserkenntnis und Selbsterfahrung … Es gibt keine Begegnung mit Gott, die nicht zu gleicher Zeit eine Begegnung mit sich selbst wäre« (S. 33).
74 Vgl. II.2.4.
75 Vgl. Buber 1983, S. 13.

vom achtsamen Spüren.[76] Zugleich ereignet »es« sich nur im Offensein für den Kairos, im Offensein schlechthin. Beides ist so einfach nicht.

Offensein geht nicht ohne eine im Hintergrund mit-gedachte Beziehungsdimension. Offensein ist ein Beziehungswort. Gegenwärtig-offen-Sein meint Sein und Beziehung in einem.

> Wenn es nur einmal so ganz stille wäre.
> Wenn das Zufällige und Ungefähre
> verstummte und das nachbarliche Lachen,
> wenn das Geräusch, das meine Sinne machen,
> mich nicht so sehr verhinderte am Wachen –:
> Dann könnte ich in einem tausendfachen
> Gedanken bis an den Rand dich denken
> und dich besitzen (nur ein Lächeln lang),
> um dich an alles Leben zu verschenken
> wie ein Dank.
>
> Rainer Maria Rilke, Stundenbuch

1.5 Nicht an der Schuldfrage vorbei

1.5.1 Schuld ist Thema, ob wir wollen oder nicht

Schuldig werden hat mit Beziehung und mit gelebtem Leben zu tun. Verantwortung trägt man im Gegenüber von anderen und anderem. Wir tun uns schwer, Verantwortung zu übernehmen und das Schuldigwerden zu riskieren. Und echte Schuld zu fühlen, halten wir – individuell wie als Kollektiv – fast nicht aus. So wurde Schuld auch gesellschaftlich zu einem neuen Tabuthema. Aus einstiger Überbetonung menschlicher Schuldbeladenheit wurde Überdruss und Abwehr bis hin zum peinlichen Bagatellisieren. Von einem jahrhundertelang falsch praktizierten Glauben und aufoktroyierten Schuldbewusstsein haben

---

76 Jalics 1999.

sich die Menschen von heute emanzipiert – und dabei übersehen, dass wir uns zumindest von uns selbst, unseren Prägungen, Dunkelaspekten, Anfälligkeiten und Grenzen, nicht wegemanzipieren können. Wo spirituelle Wege das Bindende der Spiritualität meiden, komme ich nicht um den Verdacht einer Flucht vor Verbindlichkeit und Schuld herum. Schuldüberdruss ist ein häufig genanntes Motiv für die Abwanderung in östliche Spiritualität.

Was hat Schuld mit Spiritualität zu tun? Es gibt eine nicht angeschaute Schuld, die uns von unserem Inneren trennt und spirituelle Erfahrung gerade blockiert. Es gibt aber auch eine Spiritualität der Beziehung, die dem an einer Schuldthematik leidenden Menschen hilft: etwa als Erfahrung, im Gegenüber eines Unbedingten *sein zu dürfen, wie er ist* – im Außerordentlichen, Dienenden, Eigenbrötlerischen, Temperamentvollen oder Ernsten seines Wesens und auch im Schuldhaften seiner Biographie.

Das Thema Schuld stellte sich mir im Laufe meines Projektes in großer Widersprüchlichkeit dar: Im einen Zimmer lag ein Verbrecher, im Zimmer nebenan ein Patient mit quälenden Gewissensnöten, hinter denen sich keine wirkliche Schuld finden ließ; im dritten Zimmer eine Patientin, die mit größtem Leichtsinn über ernsthaft Ungutes hinwegsah, während ihre Bettnachbarin Tränen der Reue weinte und nur noch *einen* Wunsch hatte: Man möge ihr verzeihen, wo sie in ihrer kräftemäßigen Erschöpfung versagt habe. Opferbiographien neben »Täter«-Biographien und beides in einem. Suggerierte Schuldgefühle neben echter Schuld. Lebensgeschichten, die sich anhörten wie aneinandergereihte Nichtigkeiten und sich im Rückblick doch bündelten zur stillen Größe einer Persönlichkeit. Und gleich nebenan eine betonte Rechtschaffenheit, kalt und bar aller Großherzigkeit. Die Schuldfrage polarisiert, provoziert, mobilisiert.

1.5.2 »Wahrheit macht Euch frei«

Lohnt es sich, der Schuldfrage auszuweichen? Ist Verdrängen auf Dauer möglich? Was sagen Sterbende darüber? Gibt es Läuterung, Fegefeuer, Gericht oder nicht.[77] In den langen Jahren meiner therapeutisch-spirituellen Begleitung Schwerkranker habe ich mehrere Hundert Menschen im Sterben begleitet. Längst nicht bei allen war Schuld überhaupt Thema. An den äußersten Grenzen ihres Daseins finden viele auf geheimnisvoll-innere Weise zum Frieden mit sich selbst und ihrem Leben, die einen wissend um ihre Schuld, andere in bleibender Unbewusstheit bezüglich der Schuldfrage. Wo aber Schuld von innen her drängt, erlebe ich immer wieder, dass diese vor dem Sterben, wenn nicht verbal, so *auf symbolische Weise* bezeugt wurde. – *»Davonrennen geht nicht«, sagt eine Patientin geistesgegenwärtig, um gleich danach im bildhaften Erleben Dreck aus der Wohnung zu schaffen.* – Wieder andere können einfach nicht sterben, bis ihre Schuld mindestens teilweise angesprochen ist und Verzeihung irgendwie im Raum steht.

*Frau Opprecht liegt seit Wochen im Sterben, komatös, unansprechbar. Man erzählt mir ihre Lebensgeschichte und bittet mich, sie aufzusuchen. Sie sei in jungen Jahren von drei kleinen Kindern einfach davongelaufen, ohne je wiederzukommen. Was mit diesen Kindern weiter geschah, wusste niemand, auch sie nicht. Mir verschlägt es fast den Atem, als ich das höre. Und doch liegt jetzt vor mir die Patientin, vielleicht leidend, wartend. Niemand weiß, was in ihr vor sich geht. Bei meinem ersten Besuch sage ich zur komatös daliegenden Frau, wer ich sei. – Keine Reaktion. – Ich spüre in meiner Brust das schwere Gewicht von Schuld, sage aber nichts. Beim zweiten Besuch finde ich Worte: »Frau Opprecht, ich glaube, **Sie drückt eine Schuld.**« – »Hhhhh« – die erste Reaktion seit drei Wochen. Ich bin erschüttert und fahre fort: »Die Schuld drückt unheimlich stark.« – »Hhhhh.« – »Ich habe gehört von Ihren drei Kindern.*

---

77 Vgl. hierzu Renz 2008b.

Auch wir wissen nicht, wo sie sind und was aus ihnen geworden ist. Doch denken Sie, es gibt ein Wissen anderer Art. Irgendwann einmal werden Ihre Kinder verstehen, was damals in Ihnen war, warum Sie gingen. Und irgendwann einmal werden Ihre Kinder auch wissen, dass Sie heute leiden und es Ihnen leid tut.« – »Ahhhh.« Frau Opprecht, immer noch mit geschlossenen Augen, atmet tief. Verdauungsgeräusche folgen. Offenbar ist etwas in Bewegung gekommen. Ich verabschiede mich, indem ich meine Worte wiederhole. Drei Stunden später ist Frau Opprecht tot.

Herr Ungerer ist krankheitshalber von der Strafanstalt ins Spital verlagert worden. Ich erfahre: Mord. Ich trete in sein Zimmer und sehe vor mir ein schweißgebadetes Gesicht mit nervösen Augen. **Entspannung** *könne er sich vorstellen,* **aber sonst wolle er nichts.** *Seine Augen sind voller Misstrauen, jede meiner Bewegungen wird geprüft. Ich versichere ihm, nicht näher zu treten, und schiebe das große Musikinstrument schützend zwischen ihn und mich. Er beruhigt sich. Entspannung – Musik. Er schläft ein.*

Beim nächsten Mal ist es wichtig, dass ich während der Entspannung wegschaue. »Haben Sie Angst?« Keine Antwort. »Hören Sie: Selbst wenn Sie jetzt Angst hätten, wäre das normal. Viele Menschen in solch ohnmächtigen Zuständen haben Angst. Und noch etwas: **Auch für Sie gibt es einen Weg zu sterben.«** *Erschreckt schaut er mich erstmals an; ich sehe seine braunen Augen, die gleich darauf wieder weg sind: Er fixiert den Fernseher, der gar nicht läuft. Auf Entspannung und Musik reagiert er auch diesmal gut.*

Herr Ungerer gerät in Verwirrung. Er gibt Laute von sich, Satzfragmente, aber so undeutlich, dass man kein Wort versteht. Das ist ungewöhnlich: Normalerweise sind einzelne Worte von Verwirrten sehr deutlich. Vielleicht braucht er dies, um sich vor der eigenen Biographie zu schützen? Also spreche ich aus: »Herr Ungerer, ich höre, dass Sie sprechen, und verstehe zugleich kein Wort. Dies ist vielleicht gut so. Denken Sie, Sie sind geschützt.« Zum zweiten Mal erreicht mich ein von

Schreck gezeichneter Blick. Gleich darauf ist Herr Ungerer wieder weg und verwirrt.

Seine Schwester, die er offenbar ein Leben lang gehasst hat, kommt aufgelöst zu mir. Sie erzählt vom Kind, das er war, und von den Bemühungen der Familie, ihn zu erreichen. Er habe immer alles vertan und dabei doch nie Glück erfahren bis hin zu dem, was ich ja wohl wisse. »Meinen Sie, dass er jetzt noch bereut?«, fragt mich die Frau. Ich erzähle ihr von den Schreckreaktionen des Patienten, hinter denen ich Angst und ein schlechtes Gewissen vermute. Es gebe in der Tat gewisse Worte und Musik, die ihn erreichen würden. »Realisiert er wohl, dass ich zu ihm komme und ihn irgendwie doch nicht aufgegeben habe?« Ich schlage vor, gemeinsam zum Bruder zu gehen und zu versuchen, mit ihm in einen Kontakt zu kommen. Wir treten ans Bett des mittlerweile meist komatösen Patienten. »Herr Ungerer, ich bin Frau Renz, die Musiktherapeutin. Und bei mir ist Ihre Schwester Marianne. Marianne glaubt noch immer irgendwo an Sie.« – Keine Reaktion. Die Schwester ist enttäuscht. Ich versuche es nochmals: »Herr Ungerer, irgendwann und irgendwie ist auch für Sie Frieden möglich.« »Mhh.« Es folgt ein langes Ausatmen. Dieser Moment wird zur Gnadenstunde für die Schwester. Sie weint, dankt, ergreift die Hand ihres Bruders und sagt: »Du bist immer noch unser Peter, geh heim.« – Stunden später wird noch Herr Ungerers verschollene Frau zu ihm geführt. Auch hier eine kurze Reaktion. In der Nacht stirbt er still.

Ist es überhaupt möglich, angesichts eines solchen Sterbens in Ehrlichkeit Worte wie obige zu sagen? Woher die Kraft, woher die Legitimation, an einen solchen Menschen überhaupt zu glauben? Meine Erfahrung mit Sterbenden sagt mir: Genau jetzt ist nochmals die Chance da, unbemerkt und ohne Folgen von Ächtung Schuld an sich herankommen zu lassen, zu fühlen. Es waren die Schreckreaktionen von Herrn Ungerer und mein Eindruck von Angst und Leiden, die mir Mut und Legitimation gaben. Ich möchte die Frage umgekehrt stellen: Habe ich ein Recht, *nicht* an einen Menschen und nicht einmal an sein gutes

Sterben zu glauben, ihn »abzuschreiben«? Grün spricht, den Mönchsvater Evagrius zitierend, vom Heiligtum der Seele, in dem Gott selbst im Menschen wohnt. »Dort ist er ganz heil, dort ist er frei von allen menschlichen Erwartungen und Bedrängnissen, und dort ist er auch frei von der eigenen Schuld. Denn an diesem Ort hat die Schuld keinen Platz, da hat die Selbstverurteilung und Selbstzerstörung keinen Zutritt, da ist er wahrhaft erlöst, heil und ganz.«[78] Diese Glaubenswahrheit bestätigte sich auch in meinen Projekt-Erfahrungen: Keiner, der zu fühlen wagte und irgendwie offen war, fiel aus der Grunderfahrung eines letzten Erlaubt-Seins heraus. Alle, die sich betreffen ließen, machten in der einen oder anderen Form eine heilende – vielleicht spirituelle – Erfahrung. *Die Wahrheit eines Menschen ist größer als seine Schuld. Und sie gründet tiefer.*

Die genannten Beispiele sind Extrembeispiele. Echte Schuld war aber auch in normalen Biographien Thema. Im Rahmen meines Projektes durfte ich bei 40 Patienten und Patientinnen erleben, dass sie sich – jenseits von falschen Schuldgefühlen und Schuldzuweisungen – ihrer wahren Schuld stellten und eindrücklich erfuhren: *Schuldfähigkeit macht frei.* Die Erfahrung von Vergebung und die Verzeihung sich selbst gegenüber lässt leben und sterben. Natürlich geschah solches nicht einfach so, sondern unter dem Druck der Krankheit und mit Blick auf das Ende. Denn über allen hing das Damoklesschwert ihrer Krankheit. Manche von denen, die ins Leben zurückkehrten, fanden zum Entschluss: So kann es mit mir nicht weitergehen. Wonach drängte es in diesen Menschen? Warum waren sie plötzlich hellhörig in der Unterscheidung zwischen Stimmigkeit und Unstimmigkeit? Mir schien, als wäre eine Sehnsucht nach echterem und versöhnterem Dasein wachgerufen. Und was ist es, das schließlich zu lebendigerem Leben oder Sterben befreit? Ich fand zum Begriff »Wahrheit«, zu dem Johanneswort: Die Wahrheit macht euch frei (Joh 8,32).

---

78 Grün 1993, S. 77.

1.5.3 Herr Dober: Lebenslüge oder Suche nach tieferer Wahrheit?

Die Schuld eines Menschen ist Teil seiner Wahrheit. Bewusstwerdung der eigenen Schuld macht frei vom ständigen Vertuschen- oder sich unbewusst Rechtfertigen-Müssen. *Ziel eines Reifungsweges ist nicht Schuldlosigkeit, sondern Schuldfähigkeit.* Damit meine ich die Fähigkeit, mit der Tatsache begangener Schuld und eigener Begrenztheit zu leben und sich mitsamt seiner Schuld im Letzten als erlaubt und mit sich selbst versöhnt zu erfahren. Der schuldfähige Mensch weiß um seine Anfälligkeiten und ist immer neu bereit, sich seinen Schatten zu stellen. Schuldfähigkeit ist Ausdruck von Persönlichkeit und verbunden mit einem Sinn für Verantwortung. Schuldfähige Menschen stehen kraft ihrer eigenen bereits erfahrenen Versöhnung gewissermaßen mit einem Bein in einer versöhnteren Welt und sind selbst versöhnlicher. Ihr inneres Gewissen unterscheidet sie wesentlich von Menschen mit kindlichem Überich-Gewissen. Ersteres hat nicht den zwanghaften Eifer zum Perfekten, sondern ist menschlich und zugleich rückgebunden an eine innerste Wahrheit. Die Ausstrahlung solcher Menschen lässt sich zusammenfassen als: »*Hier stehe ich, dies bin ich, ich kann nicht anders.*« – »*Ja, es hat Konsequenzen, ja, ich bewirke.*« Dies gilt bis hin zur Art und Weise des Sterbens, welches bisweilen die letzte Aussage eines Menschen sein will.

Es sei offensichtlich, dass zwischen dem bereits im terminalen Zustand daliegenden Herrn Dober und seiner Frau etwas nicht stimme, wird mir gemeldet. Das Ärzteteam habe entschieden, dem Patienten weniger Dormikum zu geben, damit vielleicht eine Aussprache zwischen ihm und seiner Frau stattfinden könne. Ich werde beigezogen. Als ich ins Zimmer trete, finde ich Herrn Dober alleine vor. »Da liegt ein alter Weiser«, denke ich: ein ausstrahlender Mann mit verschmitztem Lächeln. Aber dann ist er wieder weit weg. Frau Dober tritt ein, eine eher herb wirkende Frau. Augenblicklich ist Herr Dober hellwach, sein Gesichtsausdruck hat sich verändert, er bekundet Schmerzen. Nach ein paar Gesprächsbrocken zwischen ihm und ihr erklärt mir Frau Dober ihr Problem: er habe Wutanfälle, dabei müsste er doch sterben können. Ich schaue die beiden an und frage schließlich Herrn Dober: »Soll ich alleine mit Ihrer Frau sprechen und dann für Sie eine Musik machen?« Er nickt.

Als wir zurückkehren, sitzt Herr Dober senkrecht aufgerichtet im Bett, mit schrecklicher Miene. »Ihnen scheint etwas aufzuliegen, sind Sie bedrückt?«, beginne ich. **»Ja, ich bin bedrückt**, *sie (die Frau) hat Ihnen wohl erzählt, dass ich eine Freundin hatte? Ich möchte, dass es auch mit Veronika ins Reine kommt, dass sie eine Todesanzeige erhält und etwas (Materielles) als Erinnerung an mich. Veronika war wichtig für mich. Hier konnte ich meine Sexualität leben. Du hast immer Nein gesagt. Das ist kein Leben, Sexualität ist wichtig. Ich fühlte mich abgewürgt.« Frau Dober will sich rechtfertigen. Sie habe Betrug erlebt. Sie habe wohl Fehler gemacht wie alle, aber nichts Ernsthaftes verbrochen. Ich interveniere: »Lassen Sie ihren Gatten ausreden. Ich werde schon reagieren. Überlegen Sie sich, was tief unten wahr ist an seinem Anliegen.« Er wiederholt nochmals und ist hellwach. Ob ich das verstehe? »Ich meine, ja.« Unser Blickkontakt ist gut. Nun wende ich mich der Frau zu: »Wie geht es Ihnen damit?« Sie weint. Es stimme, sie habe nicht mehr schlafen können mit ihm, nachdem er fremdgegangen sei. Er: »Schon vorher!« Ich unterbreche: »Jetzt ist sie am Sprechen«, und frage nochmals, wie es ihr jetzt gehe. »Ihm habe ich verziehen, der Frau kann ich niemals verzeihen. Und ihr etwas geben: niemals.« Gefühle formuliert sie keine. Ich wende mich wieder dem Patienten zu: »Haben Sie gehört, dass Ihre Frau sagt, es stimme und es tue ihr leid? Sehen Sie, dass sie weint?« »Ja«.* **Er wird weich** *und nimmt ihre Hand. »Aber Veronika ...«, setzt er nochmals an. Sie schüttelt den Kopf. Ich schlage vor, dass Frau Dober im Gedanken an Veronika einer Hilfsorganisation einen Betrag überweist und Veronika eine Todesanzeige schickt. Frau Dober nickt. Er hat es gesehen.*

Was geht in Herrn Dober vor, dass er plötzlich auf Eugen Drewermann zu sprechen kommt? Ob ich ihn kenne? Wie mein Urteil über ihn sei? Wie staune ich über den Feuereifer und hochkarätigen Geist, der nun aus dem todkranken Mann sprudelt! Herr Dober scheint ein radikaler Wahrheitssucher zu sein. Doch heute sei Drewermann nicht mehr derselbe. Die Stimme von Herrn Dober fällt ab. Was ihn traurig stimme, frage ich. »*Das Unversöhnliche*«, *platzt er heraus. Und zu seiner Frau:* »*Ich möchte Versöhnung.*« *Frau Dober nickt tonlos, ich empfinde Härte.*

Die Zeit rückt voran. Ein anderer Patient wartet. Das Mittagessen habe ich schon gestrichen. Und doch wünscht Herr Dober, dass wir unser Gespräch fortsetzen. Ich erkläre der Frau mein Zeitproblem und dass ich zu dem anderen Patienten gehen müsse. Sie möge derweil ein Stück Kuchen für mich holen. »*Was, Sie bleiben bei uns, statt Mittag zu essen?*« »*Ja, es gibt Dinge, wie Versöhnung, die wichtiger sind als alles andere.*« **Nun wird Frau Dobers Stimme weich**, *ein erstes Lächeln.*

40 Minuten später betrete ich zusammen mit Frau Dober wieder den Raum. Herr Dober sitzt gespannt da. Seine Frau ist nun zärtlich zu ihm: »*Kannst Du nicht schlafen?*« *und dann weinend:* »*August, ich habe mich dir verweigert.*« *Herr Dober ist gerührt. Ich frage, ob sie einander einen Wunsch mitgeben möchten.* »*Dass sie noch ein gutes Leben haben möge*«, *sagt er in feierlichem Ernst.* »*Dass er sieht, dass es mir leid tut*«, *stammelt seine Frau. Beide möchten nun, dass ich in diese Stunde hinein den Segen Gottes spreche und musiziere. Das mache ich gerne. Ob er die Krankensalbung wünsche, ob ich den Priester hinzurufen solle? Herr Dober, der die Krankensalbung bisher immer abgelehnt hat, nickt und leuchtet auf. Zusammen mit dem Priester findet* **eine Krankensalbung** *statt, wie ich sie nie vergessen werde. Während ich musiziere, nimmt der Sterbende selbst vom geweihten Öl, berührt seine Frau* **in größter Zärtlichkeit**, *um sie zu segnen. Und sie segnet ihn, indem sie ihn küsst. Beide sind zärtlich. Es folgen Kommunion und Segen. In feierlichem Ernst nimmt Herr Dober meine Hand, dankt. Dann dankt er dem Priester und zuletzt, innig, seiner Frau –* **und taucht ab***. Schlafend lebt er noch zwei Tage, soll aber nicht mehr erwacht sein.*

1.5.4 »Bin ich selbst schuld?« – Schuld als Bewältigungsmuster

Die *Medizin und Psychoonkologie* begegnen der Schuldfrage oft im Zusammenhang mit der Diagnose Krebs: sei es als Patientenfrage: *»Bin ich selbst schuld am Krebs, habe ich zu ungesund gelebt? War ich zu belastet, habe ich mich zu wenig von unserem Sohn, der Alkoholiker ist, abgegrenzt? Habe ich immer in mich hineingefressen, was ich hätte ausspeien müssen?«* oder als Komplikation zwischen Kranken und Angehörigen bis hin zur eigentlichen Schuldzuweisung: *»Der Ex-Mann ist schuld, dass unsere Tochter Krebs hat und sterben muss.«* Überhaupt ist bei Schicksalsschlägen die Schuldfrage allgegenwärtig: Kaum jemand, der sie nicht stellt. Bei vielen beginnt die Schuldfrage mit dem Vorwurf gegen den Arzt und mündet in denjenigen gegen Gott und damit ins Problem der Theodizee:[79] *»Wie kann ein guter Gott meine Krankheit zulassen? Er ist schuld; ich kann nicht mehr glauben.«* In meinem Projekt haben 108 von 135 Patienten die Gottesfrage gestellt. Wer stellte sie nicht? Die Studie ergab: a) Sterbende oder anderswie sprachlose und erschöpfte Menschen; b) (mittlerweile) Gelassene, die diese Frage früher gestellt hatten oder die einfach einwilligen konnten in ihr Ableben (darunter zwei Orthodoxe); c) eine fundamentalistisch religiöse Patientin und ein Muslim, die sich diese Frage bis zum Schluss verbaten.[80]

Warum steht sofort die Schuldfrage im Raum, wenn es Menschen schlecht geht? Die Bereitschaft, sich schuldig zu fühlen,

---

[79] Theodizee (griechisch: Rechtfertigung Gottes): die seit Hiob und Epikur immer wieder gesuchte Antwort auf die Frage, wie das Böse und das Leid in der Welt mit Gottes Allmacht und Allgüte in Einklang zu bringen sei. Epikur meint: Entweder will Gott das Übel in der Welt aufheben, aber er kann nicht; oder er kann, will aber nicht. Besonders Leibniz warf das Problem der Theodizee erneut auf. Zur Gottesfrage vgl. II.1.4, Die dunkle Nacht.

[80] Vgl. hierzu Kessler: Die Theodizeefrage ist dort unumgänglich, wo die Ursachen eines Leidens nicht auf eigenes Verschulden zurückgeführt werden. Sie ist gebunden an den Glauben an den Gott des Alten Testamentes und des Neuen Testamentes, der ein im Leiden naher und

hat tief verdrängte und irrationale Wurzeln. Schuld steht als Problem an, *wo wir in Ursache und Wirkung denken*, vermehrt also innerhalb einer dem Rationalen verpflichteten kulturellen Prägung. Der abendländische Mensch erlebt und denkt, ob er will oder nicht, kausal. Wenn es ihm schlecht geht, möchte er Abhilfe schaffen und sucht nach dem Grund für sein Übel. Eine Ohnmachtssituation ist vermeintlich nur halb so schlimm, wenn er einen Täter, einen Schuldigen ausmachen kann. Man kann etwas dagegen tun oder meint dies zumindest. Das Unverstehbare rückt in die Kategorie von Ursache und Wirkung. Auf dieser Ebene kann auch Schuld zur kausalen Antwort werden, wo immer etwas auf unfassbare Weise ungut ist. Im Falle eines realen Verursachers ist die Suche nach einem Schuldigen sinnvoll. Schuldige werden um der eigenen Entlastung willen aber auch dort instinktiv gesucht, wo die Schuldfrage nicht angebracht ist, etwa bei Schicksalsschlägen, Krankheit, angeborener Behinderung.

Wo für ein Pech *kein* Schuldiger real ausgemacht werden kann, und wo selbst Gott, das Schicksal, das Wetter usw. nicht dafür verantwortlich gemacht werden können, schreibt sich der Leidende die Schuld irrational selbst zu. Dies muss ein uralter Mechanismus sein, ein Reaktionsmuster, das auf die Anfänge menschlicher Bewusstseinsentwicklung zurückgeht. Das sogenannte primäre Schuldgefühl ist bereits ein Versuch der Verarbeitung einer unfassbaren Not. Das Kind oder der solchermaßen empfindende Mensch gibt dem namenlos Schrecklichen

> rettender Gott ist (vgl. 2000, S. 41–45). »Im Hinduismus und Buddhismus gibt es keine theodizee-ähnlichen Fragen, weil alles Leiden Auswirkung (karma) von Schuld der Leidenden selbst und von diesen selbst ... auszuleiden ist. Auch im Islam gibt es keine Theodizeefrage: Allah ist die höchste, unberechenbare Schicksalsmacht, der man sich nur unterwerfen kann ... Eine Theodizeefrage gibt es nicht im Dualismus ..., weil hier das Problem dadurch eliminiert wird, dass für alle Übel und Leiden ein zweites Prinzip, ein böser Gegengott oder ein von Gott abgespaltetes Böses, ursächlich ist. Eine Theodizeefrage gibt es auch nicht im Pantheismus, weil hier das Göttliche willenlos ohnmächtig mit der Welt verwoben ist ...« (ebd., S. 18).

Namen und Ursache, um es damit vermeintlich fassbarer und erträglicher zu machen. Ich spreche daher vom »Bewältigungsmuster Schuld«.[81]

In einem fast magischen Schulddenken verhaftet sind auch Menschen mit einer kindlichen Überich-Moral und Menschen, die stark in ihre Tradition eingebunden sind, etwa (über)fromme Patienten und Patientinnen, die sich schwer tun mit ihrem rigiden Gewissen und die geprägt sind von einer Kirche, die viel zu viel von Schuld und zu wenig von einem Gott der Leidenden und Entrechteten sprach.[82] So auch viele Südländer und Anderskulturelle. *»Entweder Arzt ist schuld oder Gott oder ich«*, sagte ein 50-jähriger Patient in gebrochenem Deutsch. Unmöglich konnte er das Leben annehmen als Glück *und* Pech, Werden *und* Vergehen. Der unterschiedliche Umgang mit Schicksalsschlägen und Schuld führt in Spitälern oft zu Kollisionen zwischen den Kulturen. In manchen Kulturen kämpft man bis ins Absurde gegen den Krebs, um den Tod dann im letzten Augenblick ergeben anzunehmen. Und selbst wo Patienten ihrerseits mit Reife und Vernunft ihre Krankheit akzeptieren, werden sie nicht selten in den letzten Lebenswochen erneut eingeholt vom Verdrängen ihrer Familie, welche bis zum Schluss kämpft und Schuldige im System sucht. Menschen – gleich welcher Herkunft – *finden nur heraus aus Fremdbestimmung und der ungelösten Schuldfrage, wenn sie Freiheit und Spiritualität, d.h. die eigene Gottesbeziehung, wagen.*

Frau Zürrer, gebürtige Italienerin, leidet neben ihrer Krankheit an einer Leere. Monochordmusik unterwandert diese Leere, so dass sie weinen und mit mir über ihre Schuldgefühle sprechen kann. »Ich bin immer zur Kirche gegangen. Was habe ich falsch gemacht? Warum habe ich Krebs?« Ich versuche mit ihr von der Ebene der Gedanken in die Ebene der Gefühle zu kommen. Auch ich könne Gott nicht verstehen, finde

---

81 Renz 2009, 163f.
82 Metz fordert ein leidempfindliches statt ein sündenempfindliches Christentum (1995, S. 81–102).

ihn nicht nur lieb, wie sie es als Kind gehört habe. Ich sei traurig und wütend. »Ja, wütend bin ich auch, **aber das Schlimmste ist, dass alles wie weit weg ist**, *sogar die Kommunion. Ich fühle nichts mehr dabei, früher war das anders.*« *Unser Gespräch gibt Frau Zürrer Raum für ihre Trauer, bis hin zu dem Punkt, wo ich sage:* »*Ich glaube, Gott ist auch traurig über Ihren Krebs. Auch ihm tut es weh, dass Sie Ihre Familie zurücklassen müssen.*« *Frau Zürrer schaut mich groß an und fragt:* »*Meinen Sie?*« »*Ja. An Ihrer Stelle würde ich Gott auch meine Wut und Enttäuschung zeigen und ihm meine Fragen stellen. Ich würde ihm zutrauen, dass er mich trotz allem hört. Er ist mehr als ein strafender Gott.*« *Frau Zürrer schaut mich skeptisch an.*

Bei meinem nächsten Besuch begrüßt sie mich mit den Worten: »*Es hat gewirkt.*« *Nie zuvor hätte sie sich erlaubt, Gott anzuschreien, doch jetzt habe sie das getan. Sie sei lebendiger seither. Und auch der Gedanke vom letzten Mal, dass es lieber sie treffe als ihre Enkelkinder, sei ihr erneut gekommen. Frau Zürrer wünscht die Kommunion. Ich bete:* »**Gott, wir glauben, dass Du das Leid kennst.** *Wir verstehen Dich nicht, aber ich glaube, dass Du schweigend bei Frau Zürrer bist, wo sie die Größe hat, sich Dir anzuvertrauen.*« *Nun betet Frau Zürrer innig auf Italienisch, empfängt die Kommunion, hört Musik und sagt andächtig:* »*Das war gut. Wie früher.*« »*Heißt das:* **Gott ist wieder nahe?**« »*Ja – keine Leere mehr.*« *Mich beeindruckte das Phänomen der Leere. Leere hieß hier: die göttliche Gegenwart nicht mehr fühlen zu können.*

1.5.5 »Ich lege mein Gesetz in sie hinein« (Jer 31,31–34)

Schuld und Schuldgefühl sind zweierlei. Es gibt Schuldgefühle, wo keine echte Schuld ist – und umgekehrt wirkliche Schuld, die nicht als solche gefühlt wird. Dazwischen steht die echte Schuldfähigkeit. Schuldgefühle schleichen sich auf vielfache Weise durch die Hintertür ein. Grün schreibt: »Zwar meinen manche, der Mensch würde sich nicht schuldig fühlen, aber wenn wir genauer hinsehen, stimmt das nicht. Er fühlt sich nicht als Übertreter von Geboten ... Aber er weiß heute, dass er sein Leben verfehlen kann, dass er oft genug im Zwiespalt zu seinem innersten Wesen lebt ... das Leben verweigert und sich gegenüber der inneren Stimme und gegenüber den Menschen verschließt, ... er findet sich ständigen Selbstvorwürfen ausgesetzt. Er zermartert sich den Kopf darüber, ob er alles richtig gemacht hat, was die anderen denken, ob er wohl vor den Leuten bestehen könne.«[83]

Wie ernst muss ich Schuldgefühle nehmen? Soll ich der Fährte folgen, in die der Patient mich mit seinen Äußerungen weist? Ob ein Schuldgefühl stimmig oder fehl am Platz sei, ob sich reale Schuld dahinter verbirgt oder nicht, kann ich im Voraus nicht wissen. Im gemeinsamen körpernahen Herantasten kristallisieren sich die Hintergründe (das Gesetz in mir) heraus:

*Frau Ehrsam, Juristin, wirkt mit ihren feinen Gesichtszügen, ihrer hohen Stirn und der betont evangelischen Gläubigkeit gewissenhaft auf mich. Sie werde nicht fertig mit ihrer Krankheit, die Warum-Frage sei allgegenwärtig. Ob sie am Ende doch selbst schuld sei am Krebs? Sie weint und verurteilt sich: »Ach, dieses Weinen, das nicht zu mir passt.« Ich interveniere: »Ihre Tränen sind vielleicht Ihre Perlen. Es mag komisch klingen, aber ich finde es schön, dass Sie sich nicht verhärten.« Frau Ehrsam errötet. Dann wieder sachlich: auch andere Gefühle kämen hoch: Wut. Wie sie denn das machen könne mit Gott? Ich rate ihr, **sich erlaubterweise Gott zu zeigen in dem, was sie fühle**: Tränen, Wut, ihre Warum-Frage. Und dann hinhorchen und spüren, was in ihr geschehe. Ich führe sie in eine Klangreise hinein, leite eine Körperwahrnehmung an mit dem Satz: »Spüren Sie nach, was Ihnen gut tut.« Frau Ehrsam äußert intensive Körpergefühle. Ihr Brustbein – genau dort, wo der Krebs sei – habe exakt gehört, was ich gesagt hätte: »**Erlaubterweise zeigen**«, wiederholt sie leise.*

83 Grün 1993, S. 33.

Der zweite Besuch: »*Das war wie ein Wunder.* **Gott kann hören**, *ich habe es ausprobiert. Klingt zwar seltsam, aber es war so. Und es tröstete. – Aber jetzt, wenn Sie Zeit haben, noch eine andere Frage: Ich lebe in ständigen Schuldgefühlen wegen meinem verstorbenen Vater, den ich zu wenig besucht habe, als er weit weg im Spital lag. Ich steckte mit meinem damals kranken Gatten und unserer Praxis in zu vielen Verpflichtungen drin.« Erneut weint sie. Ich empfehle ihr, dasselbe, was wir letztes Mal taten, nun auch mit ihrem toten Vater zu tun: ihn innerlich herbeiholen, mit ihm reden, ihm ihre Not zeigen. Noch in meiner Anwesenheit will sie das versuchen. Es gelingt ihr. Ihre Augen sind geschlossen – sie spricht, weint, erklärt, wird wütend ... als würde ihr Vater auf dem gegenüberliegenden Stuhl sitzen und zuhören. Manchmal stockt sie, dann helfe ich mit einer Frage oder einem Impuls nach. Dann meine Frage: »Was hören Sie? Was kommt Ihnen innerlich als Antwort entgegen?« Nun wird es seltsam still. Intensität breitet sich aus. Frau Ehrsam öffnet leicht die Augen und sagt ergriffen: »Kaum zu glauben, er hat mir einfach dreimal Mäuserl gesagt. Das war sein Kosename für mich. Er ist gar nicht böse.« – Seit dieser Erfahrung ist das peinigende Schuldgefühl von Frau Ehrsam wie weg.* **In einer Tiefenschicht ihrer selbst, tiefer liegend als alle Moral, hat sie erfahren, dass es nicht Schuld war, sondern Not.** *Und dass etwas in ihr um einen verstehenden, liebevollen Vater weiß.*

Frau Tanner, *eine alleinstehende gut 50-jährige Frau, sucht meinen Rat wegen einer schlimmer werdenden Darmentzündung. Von sich aus kommt sie auf die Frage,* **ob sie etwas nicht verdauen könne.** *Sie habe eine Beziehung zu einem verheirateten Mann. Ob ich das nicht in Ordnung finde? »Das kann es nicht sein,* **das tun ja alle!**«*, fährt sie fort, ohne eine Antwort von mir abzuwarten. Ich lasse mich auf diese Frage (auf die Ebene der Moral) gar nicht ein, sondern schlage Frau Tanner vor, die Augen zu schließen und all das ihrem Bauch zu erzählen. Der Bauch schmerze noch mehr, meint sie nach einer*

Weile. Entspannung. Dann verabschieden wir uns ohne weitere erklärende Sätze.

Beim nächsten Besuch erwartet sie mich sehnlichst und sagt: »*Ich muss die Beziehung auflösen. Das geht so nicht.* **Auch wenn alle anderen es tun, es geht trotzdem nicht.**« *Ich halte meine Freude zurück und lade sie nur ein:* »*Schließen Sie die Augen und erzählen sie das Ihrem Bauch.*« »*Es wird ruhiger. Ich sehe Wasser vor mir. Das Wasser tut unendlich gut.*« *Lange bleibt Frau Tanner still. In der Entspannung nehme ich das Wassermotiv auf: Wasser wärmt oder kühlt, Wasser löscht Brände. Wie fühlt sich das Wasser an? Nach der Entspannung murmelt Frau Tanner andächtig:* »*Wohltuend frisches Wasser.*« *Und später:* »*Mein Körper fühlt sich anders an. Ich bin wie anders im Körper drin. Ich empfinde eine große Weite (mit den Händen auf dem Bauch tippend).*« *– In den folgenden Tagen nimmt dieses neue Körpergefühl zu. Die Darmentzündung geht zurück. Kommentar von Frau Tanner:* »*Mein Entschluss war richtig.* **Man frage den Bauch.**«

Was für wen Schuld sei, wo Schuld beginne und wo sie aufhöre, steht hier nicht zur Diskussion. Wir gehen durch unseren Alltag in der permanenten Ungewissheit, was genau richtig ist und was nicht, was die innere Stimme von uns will oder nicht. Bisweilen komme ich in einer therapeutischen Begleitung zu der Überzeugung, dass jemand einfach nicht hinhorchen *will*. Dann versuche ich zu konfrontieren. Auch mangelnde Bereitschaft zur Reifung, eine nicht gelebte Berufung können bewirken, dass Wesentliches im Menschen verdorrt und dann zur eigentlichen Schuld wird. Ich kenne Menschen, die im Rückblick auf ihr Leben eine **mangelnde Bewusstheit** (gegenüber dem Leiden der Welt und dem unerkannt Bösen, gegenüber der eigenen Autoritätsgläubigkeit) als größte Schuld ihres Lebens bezeichnet haben.

Schuld hat zu tun mit der eigenen Wahrheit, mit dem ureigenen Wesen, und ist immer persönlich. In Gewissensfragen kann keiner den anderen belehren. Vielmehr gilt hier wie beim Propheten Jeremias und seiner Vision vom neuen Bund (Jer

31,31–34): »Ich lege mein Gesetz in sie hinein und schreibe es auf ihr Herz. Ich werde ihr Gott sein, und sie werden mein Volk sein. Keiner wird mehr den anderen belehren, man wird nicht zueinander sagen: Erkennt den Herrn!, sondern sie alle, klein und groß, werden mich erkennen.« Schuld und innere Wahrheit können nicht von außen definiert werden, sie bleiben – darin sind Tiefenpsychologie und Religion sich einig – *etwas Intimes* zwischen dem Ich und einer letzten Instanz, die dem Menschen von innen wie im Außen entgegenkommt und in deren Gegenüber er sich verantwortet.

1.5.6 Hinter aller Schuld liegt Prägung

Schuld ist selten reine Willkür, sondern entsteht im Zusammenkommen vieler Einflüsse. Im Schuldthema sehe ich innerlich zwei Ebenen vor mir: die obere ist die **Ebene der Schuld** und der realen Tat. Hier lautet die Frage: *Wie ist Wahrheit und Verzeihung möglich?* In der tiefer liegenden Ebene, die ich auch die **Ebene der Tragik** nenne, *geht es um Prägung* und um Hintergründe sogenannten bösen Tuns.[84] Hier lautet die Frage: *Wie ist seelische Wandlung möglich?* Wo ich auf Wandlung setze, ist auch der Umgang mit Schuld ein anderer. Vielleicht ist etwas Reifes, Sanftes und zugleich Ehrliches möglich, so dass man die Schuld nicht länger vor sich selbst geheim gehalten muss, sie einen aber auch nicht erdrückt? Schuld ruft nach Freiheit und Verantwortung. Was macht mich frei? Was entlässt mich in eine mündige Verantwortung hinein?

Die Frage nach der Schuld wird *von der Theologie anders beantwortet als von der Psychologie*. Als Theologin müsste ich beispielsweise von der Möglichkeit ausgehen, dass jeder ein gutes Leben führen kann, als Therapeutin weiß ich – etwa mit Blick auf Frühstörungen und Gewaltopfer – um die Unauslöschbarkeit früher Prägung und um die Unmöglichkeit, schwere Traumatisierung bleibend zu überwinden. Es gibt

---

84 Vgl. Renz 2008a, 79f.

Menschen, die nicht *wollen* können, nicht fühlen, nicht handeln, sich nicht beherrschen. Und das ist nicht primär Schuld, sondern Not, und dahinter steht eine unfassbare Ur-Angst. Solche Fixierungen kann man nicht eines schönen Tages hinter sich lassen, um als getaufter Mensch einfach neu mit sich und der Welt zu beginnen. *Was für die Theologie Sünde ist, ist für die Psychotherapie oft uralte Prägung und Tragik.* Von einer in Gott angelegten, von Gott gewollten Freiheit des Menschen zu reden, kommt bei einer Psychologin vorerst an wie ein Hohn, eine Frömmlerei. Als Psychotherapeutin weiß ich, dass solche Menschen primär nicht formale Vergebung brauchen, sondern unser Verstehen, unsere Einfühlung und Achtung ob dem von ihnen ausgehaltenen inneren Szenario. Sie müssen zur Achtung vor sich selbst, zu ihrer Würde, zum Gefühl des selbstverständlichen Erlaubt-Seins überhaupt erst finden – jenseits allen Moralisierens.

Was aber hat die Theologie der Psychologie zu sagen? Ich meine: zweierlei.

a) Es *gibt* Sünde, es *gibt* Schuld. Zum Reifungsweg eines Menschen gehört nicht nur das Überbordwerfen falscher Schuldgefühle und überhöhter Ideale, sondern auch die Fähigkeit, Schuld anzuerkennen, zu fühlen und zu bereuen. Schuld braucht Betroffenheit, um zur Erlösung freigegeben zu werden.

b) Es *gibt* – durch Prozesse hindurch – *auch Vergebung, Neuanfang* und ein Aufgerichtetwerden von innen: menschlicherseits als Weg des Fühlens und Aushaltens der eigenen Wahrheit, und, spirituell formuliert, auch als Erfahrung eines gnädigen Gottes. Die Erfahrung von Vergebung (vgl. französisch *par-don*) ist, etymologisch gedacht, »Geschenk darüber hinaus«. Sie ist *Frucht eines spirituellen Geschehens zwischen dem Menschen und seinem Gott.*

Patienten sagen etwa: »*Auch wenn alle meine Intervention falsch finden, ich weiß nun wieder, warum ich das tat und tun musste. Ich weiß es von Gott her.*« – Oder mit Blick zum seinerseits versöhnlichen Ehemann: »*Es wird sooo weit in mir und friedlich. Du hast mir verziehen, aber auch ER, das spüre ich.*«

– Oder im Anschluss an die innere Aussöhnung mit der Krankheit: »Ich bin erfüllt. Mein Körper ist zwar völlig krank, aber zugleich voll von etwas Anderem. Ich darf jetzt sterben.« Und: »Das war eine heilige Stimmung, nicht einfach Moral.« Bei Patienten, die nicht mehr sprechen konnten, wurde eine Versöhnung bisweilen deutlich durch ein wunderbares Strahlen.

Bei anderen Menschen wurden Schuldeinsicht und Versöhnung mit sich selbst zum Tor zu neuem Leben. – *So bei **Bea**, einer jungen Frau. Schwer krank mit Leukämieverdacht, ist sie unruhig und aufgewühlt. Unter hohem Fieber wird sie (in ihren Worten) wie von einer »Hitze anderer Art« erfasst: Schuldeinsicht. Nach einem erschütternden Traum gesteht sie sich ein: Ja, sie sei den für sie falschen Weg gegangen. Sie habe stundenlang meditiert, statt ihre Fragen an Gott zu richten. Sie sei vor den Alltagsproblemen geflohen und habe im Innersten das Leben gehasst – als wäre sie über viele Alltäglichkeiten erhaben gewesen. Das bewusste Leiden an dieser Schuld war – wie Bea sagte – wichtig und regenerierend. Sie hatte Glück. Sie überlebte ihre Krankheit. – Nochmals darf sie leben, in nie da gewesener Intensität und Sinnlichkeit. Ihre Worte: »Ich stehe anders da, aufrechter und doch bescheidener, entspannter.* **Es genügt** *(gemeint war: von Gott her),* **einfach ich zu sein. Ich freue mich zu leben.«** Die Grundentscheidung Gott war für Bea identisch mit der Grundentscheidung Leben.[85] Versöhnung jedweder Art und Befreiung aus Schuldgefühlen und Schuld ist ein tief spiritueller Akt! Etwas Intimes, Geistiges, ein Innengeschehen – nicht ohne, wohl aber an einem letzten Gegenüber.

---

85 Rahner: »Es gibt ein engagement global ... eine anonym bleibende Grundentscheidung des Menschen, die man nicht konkret in ihrer Materialität ...beurteilen, gleichsam verhaften kann und die es dennoch gibt (1982, S. 175f).

1.6 Spiritualität ist ein energetisches Geschehen

1.6.1 Zug oder Sog – Zwischen Spiritualität und Realität

Spirituelle Erfahrungen finden statt oder nicht. Die Wirkkraft dahinter bleibt unverfügbar und geheimnisvoll sie selbst. ***Gott ist Energie.*** Spirituelle Erfahrungen beflügeln, begeistern, erschrecken, machen ergriffen. Spiritualität ist ein zutiefst energetisches Geschehen, das bewegt, drängt, ja ein anderes Lebensgefühl zu vermitteln vermag, aber oft auch schwer vereinbar ist mit der nüchtern-harten Realität. Umso wichtiger wird der Realitätsbezug.

__Herr Rudolf__, ein sensibler Mann in der Lebensmitte, erzählt von seiner __Zerrissenheit__ zwischen Beruf und Familie einerseits und geistigen Bedürfnissen andererseits.»Mönch müsste man sein, nach Taizé gehen.« Dann winkt er ab und erzählt mit anderem Stimmtonfall, wie er derzeit aus Überzeugung mit seiner Krankheit den Haushalt mache, Kinder erziehe, Holz spalte. »Oder soll ich doch nach Taizé gehen?«

Spiritualität kann Flucht sein aus dem Kleinkariert-Alltäglichen. Umgekehrt kann das ausschließlich Realistische Flucht sein vor dem Numinosen. Vorsichtig frage ich: »Könnte es sein, dass Sie übermäßig in die Realität fliehen, gerade weil es in Ihnen so sehr nach Religiosität drängt? Und umgekehrt: Ist Ihr Drang nach Religiosität vielleicht stärker, wenn Sie sich nur auf die Realitäten konzentrieren? Immer kommt ein Teil zu kurz.« Herr Rudolf nickt betroffen. Wie ich selbst denn mit dieser Spannung umginge? Mir gebe die Religion Visionen auf ein Ziel hin und damit auch Motivation zum Einsatz im Alltag. Ohne Vision könnte ich gleich zusammenpacken ... »Die Religion ist im Herzen, das ›Zupacken‹ geschieht mit den Händen und im Kopf, an jedem Tag das, was dann möglich ist.« Herr Rudolf erkennt Seelenverwandtschaft. Farbe schießt in sein Gesicht. Es sei __wie ein Zug, ein Ziehen zu Gott hin ... nach oben__. »Dann zieht es mich in die Stille, niemand versteht das.« Sein Gesichtsausdruck ist wieder traurig. Dann wieder winkt er ab, will seine spirituelle

Neigung relativieren. Darum verstärke ich: »Genau so ist es, Sie dürfen und müssen sich glauben. Selbst Freunde und Ehepartner können in der Regel nicht nachvollziehen, um was es da geht. Das ist wie ein Geheimnis im Herzen. Zu viel davon reden macht anderen Angst.« Herr Rudolf kommt erneut ins Feuer der Begeisterung. Er sitzt aufrecht im Bett: »Bitte erzählen Sie mir, was für Sie Vision heißt?« Ich erzähle ihm von Jesu Vision vom Reich Gottes und ergänze, dieses Reich sei erst im Kommen – eben Vision – und doch mit dem Feuer im Herzen schon ein Stück weit da und real. »Halt doch Taizé?« »Nein, nicht Taizé, sondern Taizéfeuer im Herzen und Kochlöffel in der Hand.« Herr Rudolf schmunzelt: »Möglich, dass man mich so nicht mehr als Sonderling erlebt.«

Spätere Begegnungen konzentrieren sich auf die Frage, wie er **Spiritualität und Realität zusammenbringen könne.** *»Können Sie sich vorstellen, dass Sie einerseits ganz Ja sagen zu Alltag und Verpflichtungen und zugleich sich jede Woche Ihre Stunden für sich herauszunehmen?«, frage ich. Seine Frau würde sich bedroht fühlen, wendet er ein. »Ja, weil Sie nach Taizé gehen wollen und dann Frau und Familie im Stiche lassen würden. Wenn sie realisiert, dass Sie ein Ja zu Ihrer Pflicht im Hier und Jetzt sagen, wird sie Ihnen Ihre Religiosität liebend gern gönnen.« Herr Rudolf versteht. Bereits eine Woche später hat er ein gutes Gespräch mit seiner Frau.*

Die Religiosität sowie der Alltagsbezug von Herrn Rudolf beginnen sich zu wandeln: Aus dem diffusen Zug nach oben wird eine bewusste Beziehung zu einem Gott, den er nicht mehr in Taizé sucht, sondern in Inseln der Stille findet. Der Alltag wird sinnlicher, Begegnungen mit Frau und Kindern werden lebendiger.

Zug oder Sog? Eine bedeutsame Unterscheidung. Je länger, je mehr erlebte ich Herrn Rudolf als zutiefst auf Gott ausgerichteten Menschen. In seinem mystischen Angezogensein, wovor er selbst bisweilen erschrak, erinnerte er mich an die Mystik eines Teilhard de Chardin. Entsprechend hatte auch sein Bedürfnis nach der Kommunion etwas Endzeitliches an sich: Verbundensein in der »universellste(n), ungeheuerlichste(n) und geheimnisvollste(n) der kosmischen Energien«[86], der Liebe, in einem letzten Brennpunkt – auch Christus genannt.

Wo hingegen spirituelle Energien zum Sog werden, erlebe ich Menschen inmitten ihrer Spiritualität als entmündigt statt frei. Spiritualität wird dann zur Sucht, zum Zwang. Die *Qualität* der Energie scheint irgendwann zu kippen: vom Lebensfördernden zum Erlösungsbedürftigen, von Geist zu Ungeist. Eingesogen ins Irrationale, gerät dann ein bedrängtes Ich in eine Dynamik des Unheilvollen.

1.6.2 Geist ist Macht – Ringen mit Gott oder Machtkampf?

Spiritualität ist Nähe zur energetischen Wirklichkeit: Lebens- und Liebes-Kraft in einem, Macht schlechthin, die alle menschlich gebundene und begrenzte Macht begründet und überdauert. *Spiritualität ist darum so attraktiv, weil sie das Ich an die äußerste Energiequelle, die Energie des Ewigen als das zutiefst Faszinierende heranführt.* Darin liegt aber auch die Verführung für Menschen: sich am Übermenschlichen zu vergreifen, über sich hinauszugreifen und sich Macht über andere, über Leben und Tod anzumaßen, wo uns bestenfalls ein Handeln in Vollmacht zustünde. Weil das Spirituelle an die Macht schlechthin rührt, sind Machtkämpfe um dieses Thema herum so vehement.

Bei Leidenden ist die Machtthematik konstelliert im Spannungsfeld zwischen Verzweiflung und Einwilligung. Hier steht der Mensch an dem Ort, wo die Geister sich scheiden. Das Thema ist heikel; wir möchten wegschauen und müssen doch mit geschärftem Blick *unterscheiden lernen zwischen gesundem Ringen mit Gott und eigentlichem Machtkampf.*

»Warum gerade ich?«, fragen die einen. »Warum löst Er [wie schon bei Abraham, (Gen 15,1–3)] nicht ein, was Er mir (in der spirituellen Erfahrung) versprochen hat?« – Die große

---

86 Vgl. Haas 1971, Bd. 2, S. 104.

Erfahrung hat ihre Kehrseite: Gerade religiöse Menschen können an Gott irrewerden. Das ist eine Form der spirituellen Krise, die ich als ähnlich und doch anders als die dunkle Nacht von Gottferne beurteile. Im Geistkampf erlebt sich der Mensch als von Gott und der Welt betrogen, verhöhnt, verletzt genau dort, wo er es gewagt hatte, sich ihm auszusetzen. Das Unverstehbare, ja Paradoxe ist Teil aller Gotteserfahrung. Menschen erleben sich als von Ihm in die Irre geführt. Wie sich aus solchen Krisen herausretten, ohne (selbst)zerstörerisch zu werden? Und wie andere durch solche Kämpfe hindurch begleiten? Wie kann ich der Wut Raum geben und **unterscheiden zwischen Beziehung und Machtkampf**?

Menschen, die mit ihrem Gott ringen, sind genau darin noch auf ihn bezogen. Ringen mit Gott ist eine Form von Gebet, gesunde Reaktion auf dem Weg der Einwilligung ins Unausweichliche. In meiner Studie hatten 64 Patienten und Patientinnen eine spirituelle Erfahrung im Anschluss an ein stimmig erlebtes, meist freies Gebet.[87] Davon gingen 49 durch ein eigentliches Ringen mit ihrem Gott hindurch. Bisweilen musste die Kraft zum Ringen überhaupt erst aus der Lethargie befreit werden.

*Müde und elend liegt **Herr Müller** vor mir: So kenne er sich nicht. Er habe über das Pensionsalter hinaus für wohltätige Institutionen gearbeitet ... »für Gott«. Etwas Religiöses schwingt mit. Medizinisch betrachtet hat er zu wenig Abwehrkräfte, die Chemotherapie wird unterbrochen. Warum? Ist das »nur« Müdigkeit?, frage ich mich. Im Klang seiner Stimme kommt mir Härte entgegen. Ich fühle Lähmung, bin in der Gegenübertragung wie erschlagen und dann wütend. Etwas in mir rebelliert gegen eine Lethargie. Kommen in mir Emotionen hoch, die Herr Müller selbst nicht zu leben wagt?*

---

[87] Gemäß offizieller Religionszugehörigkeit waren davon 18 evangelisch, 40 katholisch, zwei konfessionslos, zwei muslimisch, zwei orthodox. Gemäß eigener Einschätzung waren 35 kirchennah resp. ihrer Religionsgemeinschaft nahe, 20 kirchenfern und religiös suchend, sieben nicht religiös.

Nächster Besuch: Herr Müller ist kurz angebunden und nervös. Ob er nicht wütend sei bisweilen, frage ich ... wütend aufs Schicksal, auch auf Gott? »Nicht eigentlich!« Er fühle sich einfach mies, umschreibt er es und mag nicht länger reden.

Eine Woche später: Die Chemotherapie wird nun fortgesetzt. Herr Müller wirkt anders. Ich spreche ihn auf diese neue Ausstrahlung an: Für mich liege so etwas wie Kampfeslust darin. **»Wütend bin ich**, *und bei all dem sollte man noch beten: Dein Wille geschehe.« – Ich freue mich über die neue Energie und erkläre ihm den Zusammenhang zwischen den notwendigen Abwehrkräften im Kampf gegen den Krebs und dem Zulassen von Emotionen. Zurückhalten von Wut sei anstrengend. »Wut ist Kraft, sich aufbäumen in einer Situation wie der Ihren ist normal und entspricht genau dem, was Sie derzeit empfinden. Und überdies: Es gibt auch die Möglichkeit, mit Gott zu ringen, was durchaus – aber nicht vorschnell – in ein ›Dein Wille geschehe‹ münden kann.« – Das war zu viel für den Moment. – Tage später ist die Wut direkter. Herr Müller schwitzt und weiß nicht, wohin mit seiner Ungehaltenheit. »Versuchen Sie, mit Gott zu kämpfen. Das ist eine Form von Gebet, vielleicht jene, die Ihnen derzeit möglich ist.« Ich erzähle ihm von Jakobs Kampf mit dem Unbekannten am Jabbok (Gen 32,23–33). Mir sei darin ein Satz besonders lieb. Herr Müller hört intensiv zu und wiederholt leise vor sich hin:* **»Ich lasse dich nicht los, es sei denn, du hast mich gesegnet.«**

Den geistigen Kampf kann man nicht überspringen, sondern nur kämpfen. Die Energie der Wut muss zuerst aus dem Gefängnis des moralischen Tabus befreit werden. Ringen ist erlaubt. Verdrängen macht müde. Die Kräfte sind dann anderswo gebunden. Wut zulassen, heißt auf den Prozess setzen, den inneren Weg aktiv, mutig und mit Bewusstsein gehen. Mit dem Risiko und der Chance, sich dabei zugleich als von Gott verletzt und gesegnet zu erfahren. Wie Jakob am Jabbok.

Wo es um mehr als ein Ringen, um einen eigentlichen **Machtkampf** geht, da erhält der innere Prozess eine andere Dynamik. Macht ist nämlich das Gegenteil von Beziehung. Der

Mensch fühlt sich »*mit Grund*« zornig auf Gott, er will Recht haben – siegen. An der nicht aufgehenden Rechnung mit Gott wird nicht mehr gelitten, sondern diese wird argumentativ benutzt. In stolzem Trotz verbarrikadiert sich das Ich in seiner Ich-Position und schleudert diesem Gott sein Nein zur Beziehung entgegen. »*Gott lohnt sich nicht*«, fasste eine Frau ihre Argumente zynisch zusammen. Am Tiefpunkt des Leidens, biblisch gesprochen in der Wüste, wo Menschen wirklich am Zuwenig an Glück und am Zuviel an Schicksalsschlägen leiden, ist die Versuchung zum geistigen Machtkampf groß. Wie findet Geistkampf heute statt?

1.6.3 Das Phänomen Geistkampf als Frage »Nein oder doch Ja?«

Vor mir liegt der gut 30-jährige **Herr Zumbühl**, *neben ihm und um ihn bemüht sitzt seine Gattin. Sie schildert ihre gemeinsame Notlage. Er glaube nach wie vor,* **sich gesund meditieren zu können**. *Ich stelle mich dem Mann vor. Musiktherapie – das könne er sich vorstellen, von Psychologie halte er wenig. Ihm helfe Meditation. Und schon wird er durchgeschüttelt von einem Hustenanfall. Zehn Minuten später folgt ein Brechreiz, wieder fünf Minuten später eine Schmerzattacke, so dass er sich krümmt. Musik und Entspannung helfen für Minuten, dann beginnt alles von vorne. Diese Sekundärreaktionen seien nicht tumorbedingt, sagen die Ärzte. Die Pflegenden tippen auf Hysterie. Im Gespräch unter vier Augen mit seiner Frau kommt mir der Gedanke, im Patienten sperre sich etwas total gegen die Krankheit. Sie nickt. Was tun? Ich entschließe mich, ernsthaft mit Herrn Zumbühl über seinen ihn schikanierenden Widerstand zu reden.*

Ich trete an sein Bett und beginne: »Herr Zumbühl, ich habe intensiv über Sie nachgedacht.« »Moment«, fährt er dazwischen und übergibt sich. Ich trete ans Fenster, um mich aus dem Manöver herauszunehmen. Dann: »Herr Zumbühl, ich decke Sie jetzt wieder zu und möchte …« Hustenanfall. Wie wenn er meine Absicht spüren würde, folgt Attacke auf Attacke. Bis zum Punkt, da ich energisch sage: »Herr Zumbühl, Sie haben einen schrecklichen **Störenfried** *in sich. Dagegen müssen wir kämpfen.« Er wird erstaunlich ruhig und antwortet, das könne sein. Ich bin sprachlos ob dieser prompten Reaktion – und schon juckt es ihn am ganzen Körper. Er kratzt und kratzt. »Hören Sie, ich sage nun diesem Störenfried den Kampf an. Einverstanden?« »Ja« ... und übergibt sich wieder. »Ihre Aufgabe besteht darin, Ja zu sagen.« »Ja wozu?«, fragt er skeptisch. »Zur Krankheit sage ich nicht Ja.« Nächste Attacke, bis ich völlig verzweifelt anordne: »Sagen Sie* **Ja im Sinne einer Körperübung**. *Immer beim Ausatmen Ja sagen und nichts weiter denken dabei. Wir probieren aus, was das Wort Ja mit Ihrem Körper macht.« Ich selbst spreche das Wort mit jedem Ausatmen aus: »Jaaa ...«. Er macht mit. Innerhalb von Sekunden ist sein Körper ruhig. Minuten später wird Herr Zumbühl schläfrig. Ich spiele Musik. Er schläft ein. Seine Frau steht fassungslos daneben; sie versteht nicht und versteht doch sogleich, worum es geht.*

Später wiederholen wir die Übung. Jedes Mal wirkt sie. Dann kommt Herr Zumbühl ins Nachdenken und fragt: »Heißt das, dass ich Ja sage zum Tod? Das kann ich nicht, denn ...« Ein Brechreiz unterbricht ihn. Ich insistiere einfach auf der Übung, nichts weiter als das. Ausatmend Ja sagen, Takt um Takt. Mein Körper wippt mit. Er nickt und befolgt. Wieder beruhigt sich der ganze Leib. »Sie sehen selbst, wie gut Ihnen das tut.« Nochmals nickt er. Seine Frau lernt von mir, wie ihr Mann straff durch seine Attacken hindurchzuführen sei. Sie übt dies mit ihm, Tag für Tag, Stunde um Stunde – bis ihr Mann während dieser Übung mit einem ausgedehnten und offenbar auch willentlich bezeugten Ja zum letzten Mal ausgeatmet habe und für immer verstummt sei.

Der Arzt, der die Zustände des Patienten vor und nach den Körperübungen miterlebt und auch gesehen hatte, was ich mit dem Patienten »gemacht« hatte, meinte: »Wenn ich das nicht selber gesehen hätte, hätte ich gesagt, das sei Magie.« Magie war es nicht, sondern gemeinsamer aktiver Kampf gegen den inneren Störenfried, und zwar in dessen Sprache. Der Körper bot zwar Verkörperung zum Kampf. Im Wesentlichen ging es

aber um eine geistige Sache: Nein oder doch Ja; Verweigerung und damit Dominanz eines Ichs, das sich selber heilen will, oder Einordnung ins große Gesetz von Leben und Sterben.
Immer wieder stelle ich fest, **welch große Wirkung das kleine Wort Ja hat**. Zwischen Nein und Ja liegt die Arena des Geistkampfes. Was sich hier abspielt, wer der eigentliche Gegner ist, begreifen wir nie. Verschiedene Kulturen haben ihre eigenen Erklärungen und Anweisungen zum Umgang damit. Unsere westliche Kultur bietet leider wenig Hilfestellung an für ein »zugleich sachgerechtes und ›alltagstaugliches‹ *Verständnis des Bösen* und dessen Bewältigung«.[88] Niemand versteht, was los ist. So kann auch die geistige Not, in welcher sich solche Menschen befinden, von den wenigsten wahr- und für wahr genommen werden. Psychologen verharmlosen das Phänomen oder ordnen es ins Pathologische ein. Theologen scheuen sich, von einer Kraft des Bösen überhaupt noch zu sprechen. Und doch geht es gerade hier darum, weder naiv noch rigide, weder leichtsinnig noch von Angst gelähmt zu sein. Nirgends so sehr wie im Problem des Bösen müssten Psychologie und Theologie ernsthaft zusammenarbeiten. Böse reagiert der Mensch nicht einfach mutwillig, sondern aufgrund von Verletzung, Mangelerfahrung und (uralter) Prägung (das ist der Kompetenzbereich der Psychologie). Dem Menschen als Leidendem können wir einfühlend begegnen. In der Verabsolutierung aber wird der Widerstand zur Machtfrage. Das Böse ist dann darin wie eine autonom gewordene Macht und Kraft (das ist der Aspekt, für den sich die Theologie mehr oder minder interessiert). Ich würde persönlich zwar nicht von einem Teufel sprechen und erlebe diese Ausdrucksweise als zu personifiziert, zu »teuflisch«. Doch dem *Phänomen von Ungeist* als energetischer Realität und letztlich lebensverneinender Geistkraft begegne ich allenthalben, bald mehr atmosphärisch wirksam, bald mehr als innere oder projizierte Erfahrung. Es ist, als wirke etwas aus einer individuell oder kollektiv verschatteten Position her-

---

88 Vgl. Schlagheck 1998.

aus und hole uns genau dort ein, wo wir in Not sind.[89] Menschen fühlen sich umgetrieben, wie verstört. »Es« ist, wie sie sagen, einfach ungut. Die Grenze zwischen gut und ungut, zwischen Geist und Ungeist ist *von außen nie klar*, nie definitiv festzulegen. Wir realisieren nur: Hier findet geistiger Kampf statt. Sieg im eigentlichen Sinne gibt es in diesem Kampf nie, das Schicksal resp. Gott ist ewig größer. Es gibt nur die Kapitulation, Ohnmacht und durch sie ein neuer Friede.

1.6.4 Wie umgehen mit dem Phänomen Geistkampf?

Das Phänomen Geistkampf verweist auf Übergangs- und Grenzbefindlichkeiten und ist doch ein lebenslängliches Thema: eine Zumutung insbesondere für Menschen mit frühen Störungen und durch Gewalt oder Schicksalsschläge früh Traumatisierte. Es ist, als trügen solche Menschen eine autonom gewordene Abwehr in sich, eine Eigendynamik des Trotzes oder Stolzes, ein verinnerlichtes Böses. Was ursprünglich vielleicht Selbsterhaltung bedeutete, wurde zur Prägung und schließlich zum ständigen Kampf. Alte Muster laufen immer neu ab und werden erneut zur Anfrage. Wie aber frei werden?

Wie frei werden von etwas, das man weder begreifen noch greifen kann und bestimmt nie im Griff haben wird? Schon diese Einsicht legt Demut nahe und zugleich Festigkeit im Wollen. *Exerzitienbücher* geben dem Phänomen von Versuchung und Geistkampf breiten Raum.[90] Meditationsanweisungen verlangen *Disziplin* und geben *Struktur*. Die Wüstenväter heben die Bedeutung von *Wachsamkeit*, Bändigung der Triebe, Askese, seelischem Gleichgewicht und Selbsterkenntnis hervor.[91] Ich meine, es braucht ein Doppeltes: Gerade weil ent-

---

89 Vgl. die Begriffe »strukturelle Sünde« in Schwager 1996 und 1997 und »das atmosphärisch Verschattete« in Renz 2009 sowie »das Böse als das Abgespaltene« in Renz 2008a.
90 Das Exerzitienbuch des Ignatius von Loyola (1999) macht die »Unterscheidung der Geister« zu einem seiner Hauptthemen (S. 99–109).
91 Vgl. Grün 2002.

standen aus uralter Prägung, versuche ich das verletzte innere Kind, den hilfsbedürftigen Teil im Patienten zu verstehen. Diesem Teil muss ich gut gesinnt sein. Zugleich muss ich dem Ausagieren im Bösen (auch dem atmosphärisch Destruktiven um mich herum) und dem sich hartnäckig Verweigernden eine Absage erteilen, immer und immer wieder. Allem Spiritistischen gegenüber ist Abgrenzung angesagt. Was die *Absicht* zum Guten, den *Willen* zur Lebensbejahung und Einordnung anbelangt, kann es zwischen dem Nein und dem Ja keinen Kompromiss geben. Im Konkreten sind die Grenzen leider nicht mehr eindeutig.

Als Menschen bleiben wir überfordert mit dem Phänomen des Bösen. Patienten geraten in Panik. Bisweilen haben sie Verfolgungsängste oder leben inmitten von (projizierten) Schreckensszenarien. Sie schreien oder wollen davonrennen –. für Pflegende eine kaum zu bewältigende Aufgabe. Ich komme zu der Einsicht, dass genau hier Religion und geistliche Praxis hilfreich sein können: Riten und Rituale der Seelsorge sprechen *eine Sprache*, die von Patienten intuitiv verstanden wird. ***Krankensalbung, Lossprechung, Segnung, Salbung, Kommunion, Schutzzeichen*** haben nicht selten eine phänomenale Wirkung. Auch religiös skeptische Menschen werden über solche Riten angerührt, bisweilen sogar mit Religion versöhnt – und erst recht religiöse Menschen, die sich über diesen Weg oft beruhigen und gewissermaßen als gerettet erfahren.[92]

92 Diesbezügliche Zahlen der Studie: 40 Patienten und Patientinnen erlebten eine spirituelle Erfahrung während oder nach einem (freien) Segensritual. Gemäß ihrer offiziellen Religionszugehörigkeit waren davon 14 evangelisch, 24 katholisch, einer konfessionslos und einer anthroposophisch. Gemäß eigener Einschätzung waren 20 kirchennah, 16 kirchenfern und religiös suchend, drei nicht religiös, mit einem Sterbenden sprach ich nicht darüber. – Eine zweite Zahl: 48 erlebten etwas ungeahnt Spirituelles ausgelöst durch den Empfang der Kommunion, der Krankensalbung oder Lossprechung (bei den beiden Letzteren im Zusammenwirken mit dem Priester). Sieben waren evangelisch, 40 katholisch, einer konfessionslos. 29 bezeichneten sich als kirchennah, 14 als kirchenfern und religiös suchend, drei als nicht religiös, mit zweien sprach ich nicht darüber.

Frau Frehner, *evangelisch, einstiges Gewaltopfer (wie sie selber sagte), 40-jährig und todkrank, erlebt anlässlich einer ersten Klangreise ein Stück Paradies.* »*Ich war auf einer grünen, friedlichen Weide. So werde ich sterben.*« *Über Tage hält die Wirkung dieser Erfahrung an. Eines Morgens berichtet sie bleich, sie sei* »*zum Hüsli us*« *(schweizerdeutscher Ausdruck für verstört) und fühle sich verfolgt. Sie erzählt folgenden* **Traum**: »*Ich lebte in einer Ruinenstadt in der Zeit um 300 vor Christus. Ich verstehe es selbst nicht, aber der Traum sagte das so: Da gab es* **das Böse**. *Es* **bewohnte die Ruinen** *und ergriff auch mich bei meiner linken Wange. Ich musste ankämpfen, ohne zu verstehen gegen wen. Einfach kämpfen. Es war fast aussichtslos.*« *Frau Frehner schüttelt den Kopf und kratzt sich an der Wange. Sie habe seither einen entsetzlichen Juckreiz und starke Rückenschmerzen. Ob ich jetzt denke, sie sei nicht ganz bei Sinnen? Ich habe Gänsehaut, schüttle den Kopf und sage:* »*Nein, das erinnert mich an Geistkampf.*« »*Ja, so könnte man das beschreiben. Das Böse war der Geist, der die Ruinen bewohnte. Es war unheimlich. Wie er aussah, weiß ich nicht. Es griff einfach um sich*«, *beschreibt sie zitternd. Plötzlich richtet sie sich auf, will fliehen.* »*Bleiben Sie!*«, *sage ich bestimmt. Es gibt ein Stärkeres als den Ungeist.*« *Frau Frehner scheint intuitiv zu verstehen und hat offenbar auch schon von dieser stärkeren Kraft gehört. Sie sagt:* »*Sie haben recht, ich brauche jetzt Christus. Haben Sie einen Rat?*« *Ihr Pfarrer sei in den Ferien. Ich könne sie segnen, etwa mit einem Kreuzzeichen, genau an jenen Körperstellen, wo sie sich unwohl fühle.* »*Ja bitte*«, *und gleich darauf:* »*Tun Sie es endlich.*« *Sie hält mir Wange und Rücken hin. In einem gemeinsamen Gebet bitten wir, Gott möge ihr kämpfen helfen und sie vom Bösen befreien. Sie wird andächtig.* »*Im Namen des Vaters, des Sohnes und des Heiligen Geistes.*« – »*Ahhhh.*« – *Der Juckreiz ist weg. Beim Blick ins Zimmer am Nachmittag bestätigt sie, die Schmerzen seien fast vorbei. Nachts schläft sie ruhig.*

Was genau wie und warum wirkte, blieb offen.[93] *Wichtig war*

---

93 Vgl. auch I.1.2.9: Beat.

das neue Befinden. Mehr als eine Woche lang fühlte sich Frau Frehner frei und »wieder in der eigenen Haut«. – *Später tauchte die Frage nach dem unfassbar Bösen nochmals auf. Frau Frehner hatte eine abgrundtiefe Scham, die es ihr verbat, überhaupt Besuch zu empfangen. Scham des Vorhandenseins!*[94] *Nochmals bat sie mich um den Segen, wurde ruhig und starb bald und friedlich.*

Noch lange musste ich über Frau Frehner nachdenken: wie treffsicher diese Frau vom Bösen träumte als in der Vorzeit atmosphärisch in die »Ruinen menschlichen Daseins« eingezogene Feindeskraft. Ich staunte auch, wie sie intuitiv wusste: »*Ich brauche Christus.*« Und wieso die linke Wange?[95]

1.6.5 »Seither bin ich wie verdreht«

Was bei Frau Frehner auf der intuitiv-symbolischen Ebene geschah, formulierte **Frau Uelinger** bewusst. *Sie sei eben Gewaltopfer und seither in Abständen wie verdreht, gesteht sie weinend. Damals habe es mit ihrem Verdreht-Sein begonnen. Schlimme Männergeschichten hätten später das Ihrige beigetragen: Wiederholung auf Wiederholung – bis sie schließlich zu sich selbst gefunden habe. Doch jetzt, bedingt durch Krankheit, Medikamente und dieses elende Daliegen, komme alles erneut über sie. Darum sei sie letzthin so abweisend mir gegenüber gewesen. (In der Tat war Frau Uelinger zu mir und zu den Ärzten ambivalent und bisweilen fast außer sich.) Ich staune über*

---

94 Wieder bin ich an das Thema Gewaltopfer erinnert und an das »Bewältigungsmuster Schuld«. Es ist, als würde das Opfer sich schuldig fühlen und schämen für etwas, wofür es nichts kann: ein bei Gewaltopfern häufig anzutreffender Mechanismus, wie Wirtz 1991, Herman 2003 und Huber 2003 und 2009 bestätigen.
95 Gab die Patientin sich vielleicht unbewusst auch darin eine Antwort auf die Frage nach dem, was Gewalt überwindet? Mich erinnerte die Körpersprache an die Antwort Jesu auf Gewalt: »Ich aber sage euch: … Wenn dich einer auf die rechte Wange schlägt, dann halte ihm auch die andere hin« (Mt 5,39).

ihre Bewusstheit. Gemeinsames Schweigen. Schließlich frage ich, **was ihr denn einst geholfen habe, entdreht zu werden.** *»Ich weiß nicht ..., es gab ›dasjenige‹, es gab etwas.« Und später: »Es war eine* **Lichtgestalt.***« Beeindruckt bestätige ich: »Ja, es gibt dasjenige.« Sie ist überglücklich, dass ich das verstehe. Seither freut sich Frau Uelinger, wenn ich wiederkomme, und beginnt das Gespräch: »Nicht wahr, Frau Renz, es gibt dasjenige.« An diesem Satz findet sie zur Ruhe und wird ohne weitere »Verdrehung« terminal. Unansprechbar liegt sie da, ihre katholische Tochter fragt nach der letzten Ölung. Ich veranlasse die Krankensalbung.*[96] *Gegen Ende dieser Handlung formulieren der Seelsorger und ich gemeinsam ein Segensgebet. Als ich sage: »Es gibt dasjenige, das stärker ist als das Böse«, zuckt es in den Augenlidern von Frau Uelinger. Ihr Mund öffnet sich: »Aaah.« Stunden später stirbt sie mit einem Strahlen im Gesicht. Die Töchter sind ergriffen.*

In der Tat hängt im Umgang mit dem Phänomen des Bösen sehr viel daran, anzukommen im Glauben, dass es etwas gibt, das schlussendlich stärker ist als das Böse.

1.6.6 »Wir haben zusammen gekämpft und bestanden«

Die musiktherapeutische Arbeit mit **Frau Zihlmann** *– einer evangelisch gläubigen todkranken Frau – ist intensiv. Entspannungen lindern Schmerzen. Dies weiß Frau Zihlmann noch, als ich von einer Fortbildungswoche zurückkomme. Doch heute ist sie* **wütend und unruhig:** *Wut über meine Abwesenheit, Wut über die sich nicht bewahrheitende gute Prognose. Sie wolle Fortschritte sehen, und ich müsse für sie da sein. Bei mir kommt ein Unterton von Beherrschen- und Leistenmüssen an. Ich spreche Frau Zihlmann darauf an. Ja, sie sei so. Und sie sei zornig. Wie*

---

[96] ... die in ihrer Bedeutung mehr ist als »letzte Ölung«. Eine Krankensalbung will Stärkung sein inmitten von Not und wird auch vor Operationen gespendet. Menschen können, wenn nötig, die Krankensalbung mehrmals empfangen.

es denn jetzt weitergehe?! – Ich versuche ruhig zu bleiben und erkläre, der nächste Schritt heiße für sie loslassen. Das sei begreiflicherweise schwer. Frau Zihlmann versteht nicht, wovon ich rede. Stattdessen folgen Fragen und Forderungen. Trotz allem geht mir ihre desolate Situation unter die Haut. Ich kann ihre Ohnmacht mitfühlen und bleibe deshalb (vielleicht zu sehr) empathisch. Folge: Ich verliere im Laufe des Gesprächs nicht nur meine Worte, sondern meine Stimme.

Was war hier geschehen? Was war der Grund meiner Sprachlosigkeit? Musste ich krank werden, um zu verstehen? Im therapeutischen Jargon spricht man von **Übertragung und Gegenübertragung.** *Sich bewusst zu werden, was beziehungsmäßig wortlos geschieht, gehört zum wichtigsten Werkzeug der Psychotherapie. In der Sterbebegleitung und akuten Krisenintervention fehlt ein analoges Instrumentarium weitgehend. Zu akut sind Helfende in die Notsituationen hineingestellt und ebenso unvermittelt wieder daraus entlassen. Es war mir in diesem Fall offensichtlich nicht gelungen, rechtzeitig zu erkennen, was in der Luft lag. Während ich krank im Bett lag, überkamen mich seltsame Gefühle von Ohnmacht. Bis mir der Gedanke kam, etwa so könnte sich Ohnmacht für Frau Zihlmann anfühlen. Allein schon dieser Gedanke befreite mich und trieb meine Genesung voran.*

Frau Zihlmann lebt noch. Wieder gesund, besuche ich sie, diesmal innerlich abgegrenzter. Ich sage ihr, ich hätte im Kranksein über ihren Zustand nachgedacht. Ohnmacht, wie sie sie jetzt erlebe, sei schrecklich und übermächtig. Man sei ausgeliefert, könne nichts mehr leisten. Ob das ihr Problem sei? Sie lächelt, ist berührt und nickt. »Gut getroffen.« Zu Klängen der Bogenharfe wird sie ruhig und bleibt dies über Tage ...

... bis sie eines Morgens verwirrt ruft: »Das Flugzeug kommt. Aber es klappt nicht.« Ich übersetze: Todesahnung, doch etwas steht im Weg. Unvermittelt kommt das Wort »Leistung« über ihre Lippen. Ich frage: »Meinen Sie, es sei eine Leistung, so dazuliegen?« Sie schüttelt den Kopf. Nächster Versuch: »Sie haben ein Leben lang viel geleistet. Aber vielleicht kamen Sie

nie zu dem Punkt, wo es einfach gut und abgeschlossen war, vielleicht kam das Flugzeug nie zum Landeplatz.« Frau Zihlmann schaut mich mit großen Augen an und nickt. Nochmals wage ich das Wort »Loslassen. *– Sie müssen vielleicht loslassen, um sterben zu können«.* Treffsicher antwortet die Patientin mit plötzlich klarem Geist: *»Loslassen kann man nicht einfach so. Ich habe immer so viel geleistet.«* Dann schläft sie ein.

Tage später hat Frau Zihlmann eine **akute Panikattacke**. Ihr Gatte lässt mich notfallmäßig rufen. Als ich eintrete, brüllt sie: *»Hallo, hallo! Hört mich niemand?«* Mich schaudert. Sie sieht mich nicht, obwohl ich direkt vor ihr stehe und sie anspreche. Was tun? Nochmals, bewusst, spreche ich sie an. Jetzt sieht sie mich und zeigt brüllend auf ihren Mann: *»Der **Teufel**!«* Ich kenne Herrn Zihlmann als gemütlichen Menschen. So entgegne ich: *»Nein – er ist nicht der Teufel. Doch offenbar ist der Teufel im Raum. Muss man Sie davor schützen?«* »*Ja, bitte.«* Sie ergreift meine Hand. Ich frage nicht lange, sondern zeichne ihr ein Kreuz auf Hand und Stirn und sage: *»Sie sind geschützt von Gott her. Wollen Sie, dass ich Ihre andere Hand, die so viel geleistet hat, auch berühre?«* »*Ja.«* »*Ihren Körper auch?«* »*Ja, ja.«* Ohne Zögern wiederhole ich das Zeichen und öffne das Fenster. Frau Zihlmann wird ruhig: *»Jetzt ist die Luft gut, das tut gut.«* Herr Zihlmann ist erleichtert.

Zehn Minuten später fühlt sich Frau Zihlmann erneut verfolgt. Entsetzt starrt sie an den immer selben Fleck an der Wand. Ich trete dorthin und zeichne ein Kreuz an die Wand. Sie fixiert mich mit ihrem Blick. Dann erneut Entspannung. Wie Frau Zihlmann zum drittenmal aufschreit, versuche ich es auf der Wortebene: *»Frau Zihlmann, Sie sind in einem geistigen Kampf drin. Jetzt müssen Sie eines wissen: **Gott wird siegen**. Und mit Ihm und in Ihm siegen auch Sie. **Ergeben Sie sich einfach in Gott hinein**.«* Sie scheint intuitiv zu verstehen. Ein Strahlen kommt über ihr Gesicht. *»Danke«.* Sie ergreift mit der einen Hand meine und mit der anderen die Hand ihres Mannes. Seither ist Friede in ihr.

Als die Krankenschwester später zu ihr hintrat, soll Frau Zihlmann gesagt haben: *»Frau Renz war da, **wir haben zusammen*** *gekämpft und bestanden. Am Berg Horeb,*[97] *bei Gott, waren wir. Das Flugzeug, das Flugzeug ...« Ähnlich sagte sie zu mir zwei Tage später: »Wissen Sie noch, wir haben gut gekämpft.« »Ja. Jetzt kann das Flugzeug landen.« Frau Zihlmann atmet tief und nickt. Sie stirbt ohne weitere Attacke wenige Tage später. Herr Zihlmann dankt für meine sachliche Reaktion.*

Diese Erfahrung beschäftigte mich nachhaltig: Wo ist Solidarität das Richtige, wo Abgrenzung? Wie kann ich mit dem Leidenden mitfühlen und mich gleichzeitig vom Ungeistigen abgrenzen? Was hilft – zusätzlich zu Medikamenten – gegen Wahnvorstellungen, ja inmitten solcher? Was ist Wahn, was mehr? Wo bedarf es der Handlung, des Zeichens, des Gebetes oder eines Übergangsobjektes, wo helfen klare Worte und Sachlichkeit? Und wie finde ich zur eigenen Sicherheit? Wie befreie ich mich selbst wieder aus dem Bann solcher Erfahrungen? Wie gelingt Erholung auf der Ebene des Geistigen? Rezepte habe ich keine. Bisweilen gelingt Abgrenzung nur schon dadurch, dass ich mir vergegenwärtige, dass zwischen der Patientin und mir anderthalb Meter Distanz liegen. Bisweilen geht es eher um Schutz: dass ich mich selbst einem Größeren anheimstelle. Oft allerdings braucht die Verarbeitung einfach Zeit und fachliche Reflexion in der Supervision. Meine Arbeit im Grenzbereich ist Arbeit an der Front akuter Not und bewegt sich zwischen Versuch, Irrtum und Reflexion.

1.6.7 »Was bringt mir das?« – Geist ist unverfügbar

Worte wie »Das bringt nichts« höre ich bisweilen, manchmal an die Adresse der Psychotherapie gerichtet, manchmal als Ablehnung des Spirituellen. Schon die Frage »Was bringt das?« ist Teil des kollektiven Ungeistes unserer Tage. Sie verleitet mich zu der Antwort: »Nein, das bringt Ihnen wirklich nichts.« Damit würde ich aber bereits mitspielen in einem Machtduell. Umgekehrt kann ich auch niemandem versprechen, dass »es«

---

97 Ein Wort, das ich in ihrer Gegenwart nie gebraucht hatte.

etwas bringe und was genau. Die Frage nach den Wirkungen spiritueller Erfahrungen liegt nahe.[98] Es gab sanfte Wirkungen, solche, die aufhorchen ließen, und jene großartigen, von denen ich anschließend berichte. Eines wurde mir vor allem klar: **Geist wirkt. Spiritualität bewirkt.**

Geist als Teil des göttlichen Geheimnisses ist unverfügbar: bald geschenkt, bald ungebeten vorantreibend. Das Wirken des Geistes findet auf einer Ebene statt, die tiefer gründet als das, was wir aufrechnen und ausweisen können. Geist ist größer und zeitüberdauernder als Ungeist. Inmitten des Schrecklichen und außerhalb davon kann er sich unvermittelt konstellieren: als Geist, welcher zu Ruhe, Ein(ig)ung und Integration führt, als Impuls, der in Richtung Erlösung oder Vollendung drängt, als »Geistesblitz« einer neuen Perspektive. Die christliche Religion spricht vom Heiligen Geist und erkennt in seinem Wirken Gottes Gegenwart in der Geschichte. Das Einwirken des Geistes kann nicht eingeplant werden. Dies meint das theologische Wort »unverfügbar«. Geist »hat« man nicht. Man kann nur (momenthaft) im Geist »sein«, darin ankommen, sich um ein Wirken in diesem Geist ernsthaft bemühen. Aber so wichtig dies ist, ist es doch nicht alles. Plötzlich ist Geist – etwa als Erfahrung von Präsenz Gottes oder als Kraft zum Neubeginn – da, geschenkt. Und ebenso plötzlich ist alles wieder weg. Der Kontakt ist abgebrochen. Gottferne und Gottnähe gehören zusammen. Dieselben Patienten erfahren sich einmal als begnadet, geborgen, dann wieder als verstoßen und Gott-verlassen. Und sie leiden an dieser Gottferne. Nur in Ausnahmesituationen, in krankheitsbedingter Regression oder im Sterben kann es geschehen, dass der Wackelkontakt übergeht in eine *anhaltende Präsenz*.

Frau Helg, eine schwer kranke lebensfrohe Frau, schreitet Stufe um Stufe einen Weg letzter Vollendung ab: für mich etwas Ergreifendes. Immer weiter rücken Frau Helgs Lähmungen vor. Inmitten von Widerstand und Verzweiflung ringt sie sich immer wieder zu ihrem großen Ja durch und liegt danach für

---

98 Vgl. I.2.

*Stunden oder Tage wie erlöst da. Zu Monochordmusik erlebt sie bisweilen eine großartige Freiheit und Lebendigkeit – Licht, obwohl sie sich nicht nach rechts noch nach links drehen kann. Dann wieder überkommen sie Verzweiflung und Dunkelheit, sie schreit, weint, verstummt. – Einmal erzähle ich ihr vom Wackelkontakt. – »Genau so ist es«, antwortet sie, »aber wie kommt man dann wieder ins Licht hinein?« Ich antworte: »Indem wir **loslassen, nicht besitzen wollen und noch in der Verzweiflung versuchen, daran festzuhalten, dass aus Dunkelheit wieder Licht werden kann.«** Kommentar drei Tage später: »Genau so war es. Das Licht kam wieder. Jetzt ist es halb da, halb weg.« Eine Woche später: »**Die Dunkelheit ist weg. Wissen Sie: Jesus ist da. Der Kontakt wackelt nicht mehr.«** Das bleibt so bis zu ihrem Tod, wenige Tage später.*

Kann Gott ins Leben von Menschen eingreifen? Ist Gott allmächtig oder ohnmächtig oder beides zugleich? Allmacht in der Ohnmacht? Ist er eher allgegenwärtig als allmächtig? Entzieht er sich dem menschlichen Leiden, ist er ein verborgener, schweigender Gott? Oder ein Gott, der im menschlichen Leiden mit drin ist, mit-leidend und dort selbst ohnmächtig? In keiner Frage bin ich unsicherer als in dieser. Ich kann nur mit den Patienten Schritt um Schritt im Dunkeln tappen, hoffen, suchen – und mich vielleicht unerwartet beschenken lassen von einer Antwort.

Frau Bamert, Atheistin, ist alleinstehende Mutter zweier jugendlicher Söhne. Die Tochter Sereina habe sie vor Jahren durch einen Unfall verloren. Frau Bamert wird in den nächsten Tagen sterben, alle rechnen damit, sie ist verzweifelt. Sie könne doch ihre beiden Söhne nicht sich selbst überlassen. Niemand sei da, zu unerwartet sei die Krankheit über sie hereingebrochen. Zu leichtsinnig sei sie auch jahrelang gewesen. Doch jetzt? Frau Bamert wälzt sich hin und her. Sie hat bereits Hirnmetastasen und dadurch Seh- und Orientierungsstörungen und überdies erste Lähmungen. Bei der Arztbesprechung wird diskutiert, ob man eine Operation versuchen solle oder nicht. Entscheidung: Ja.

*Wenige Tage später besuche ich Frau Bamert erneut. Die Stationsschwester und der Arzt kommen mir entgegen und sagen, Frau Bamert gehe es gut, die Operation sei erstaunlich gut gelungen. Sämtliche Hirnmetastasen habe man gefunden und entfernen können, die Sehstörungen und Lähmungen seien weg. Der Primärtumor sei natürlich noch da – aber dennoch. »Ein Wunder«, kommentiert Frau Bamert. Unmittelbar vor der Operation sei **ihr ihre verstorbene Tochter erschienen**. »Da hinein kam sie«, sagt Frau Bamert und zeigt auf ihr Brustbein. »Sereina hat mir gesagt, ich müsse nicht traurig sein, ich würde noch nicht sterben und hätte Zeit, um einen Paten für ihre (Sereinas) beiden Brüder zu suchen. – Und jetzt geht es mir so gut, dass ich Ende der Woche nach Hause gehen kann.« Nach einer Pause sagt sie: »Das war ER« und zeigt nach oben. Ergriffen und dankbar weint Frau Bamert stundenlang.*

1.7 Großartige neben subtilen spirituellen Erfahrungen

Spirituelle Erfahrungen sind bald unübersehbar großartig, dann wieder verschwindend sanft, so dass sie riskieren, verloren zu gehen, wenn ihnen nicht die gebührende Aufmerksamkeit zukommt. Sie können regelrecht einbrechen. Bald sind sie die großartige Antwort auf eine lange ausgehaltene Leidenssituation. Sie können nicht zuletzt dasjenige inmitten des Alltags sein, das im Verborgenen trägt und Sinn stiftet. Derart vielfältig wird das Spirituelle erfahren. Josef Sudbrack unterscheidet zwischen Erfahrungen im Sinne eines kontinuierlichen Getragenseins und dem einmaligen Augenblick, zwischen einer Spiritualität des Alltags und der einmaligen Gipfelerfahrung, der sogenannten *peak-experience*.[99] Siebenrock nennt drei Kategorien von Gotteserfahrungen: A) die außergewöhnliche Erfahrung; B) die alltägliche, im Lichte des Glaubens gedeutete Erfahrung; C)

---

99 Sudbrack 1999, S. 83.

Glaube als Gesamterklärung aller Erfahrung, in der ein Mensch plötzlich versteht, worauf er immer schon unbewusst setzte.[100] Ich möchte diese Einteilung übernehmen und durch eine vierte Kategorie ergänzen: D) Sternstunden der Kreativität.

1.7.1 Außergewöhnliche (großartige) Erfahrung

Es gibt sie, die außergewöhnlichen Erfahrungen, von denen wir denken, es hätten sie nur die anderen. In extremem Leiden kommen sie – obwohl überraschend – doch recht häufig vor. 101 der 135 im Projekt Erfassten haben ihre Erfahrung als großartig oder außerordentlich bezeichnet. Sie erlebten etwas Numinoses, Einmaliges, »*Umwerfendes*« oder Heiliges von nie geahnter Intensität. Wenige hatten eine Nahtoderfahrung oder eine spirituelle Erfahrung, die zeitlich mit einem außerordentlichen Krankheitsverlauf korrellierte – etwa mit einer unerwartet gelungenen Operation, einem Stillstand der Krebserkrankung, einem erstaunlich guten Ansprechen auf Chemotherapien oder sonstige medizinische Maßnahmen. Elf Patienten und Patientinnen berichteten von einer *früher* erlebten Nahtod- oder außergewöhnlichen »Genesungs«-Erfahrung. Sechs hatten ein solches Erlebnis während ihres Spitalaufenthaltes.

Frau Sonderegger hat große Ängste vor der Nacht und hätte am liebsten rund um die Uhr Betreuung – bis sie realisiert, dass es um eine Angst vor komaähnlichen Zuständen geht. Sie habe in jungen Jahren schon einmal im Koma gelegen, nach einem Autounfall. Das sei schrecklich gewesen: **jene Kälte.**[101] *Frau Sonderegger weint. Ich frage: »War denn da nichts, das irgendwie schön war oder Schutz gab?« Frau Sonderegger wird still, schaut mich an, zögert und erzählt vom Aufwachen aus dem Koma, über das sie noch kaum gesprochen habe. »Das war, als stünde ein bärtiger Mann links neben meinem Bett. Ich*

---

100 Mündliche Information.
101 Kälte steht auch für eine *innere* Kälte (Abgenabelt-Sein vom Göttlichen), die umso stärker empfunden wird, je näher sich ein Mensch zugleich noch beim Göttlichen befindet.

war real gelähmt. Der Mann sagte: ›Friede sei mit dir. Du wirst aufstehen.‹ Und er machte mir Mut.« Monate später habe sie wider alles ärztliche Erwarten stehen und gehen können und sei gesund geworden. Jahre später habe sie dasselbe bärtige Gesicht in einer Reportage wiedererkannt: **Padre Pio.** *Zuvor habe sie sich kaum für Gott interessiert und schon gar nicht für Heilige, in ihrer Kindheit (sie war evangelisch erzogen worden) seien Heilige kein Thema gewesen.* »*Doch ... er war es; das sagt mir mein Körper.« Wir sind tief beeindruckt, Frau Sonderegger weint. Stille. Schließlich frage ich:* »*Könnte die Erfahrung von damals nicht auch in Bezug auf Ihre jetzige Angst etwas aussagen? So wie damals eine Führung da war, dürfen Sie heute davon ausgehen, dass Sie im Tiefsten geschützt sind und alles, was wichtig ist, irgendwie gelingen wird.« Sie beruhigt sich mit diesem Gedanken, die Nachtangst ist seit dieser Stunde verschwunden.*

Eine Woche später berichtet Frau Sonderegger bleich: »*Padre Pio ist nochmals gekommen. Diesmal sah ich ihn nicht, ich spürte ihn. Er sagte, dass es jetzt nicht mehr ums Überleben, sondern ums Sterben gehe. Zum Schluss war so ein Gefühl von Trost und* **Wärme** *da.« Nochmals bin ich überwältigt. Ob sie die Botschaft annehmen könne?* »*Schwer, aber doch ja.« Ob sie das Wärmegefühl in die kommende Zeit hinein mitnehmen könne? – Vielsagender Blick. – Zwei Wochen später schläft Frau Sonderegger friedlich in ihren Tod hinein.*

1.7.2 Spirituelle Erfahrung im Alltag

Über Spiritualität im Alltag wird derzeit viel geschrieben. Es gibt spirituelle Erfahrung in der Natur, im Mystischen der Sexualität, in der Ruhe des nächtlichen Schlafes[102], im Atmen, im Rhythmus der alltäglichen Verrichtungen. Und doch weiß nie-

---

102 Rahner betrachtet den Schlaf in seiner *Theologie des Schlafes* als »Zeit des inneren Gelöstseins ... ansprechbar ... für die Weisung Gottes ... Akt des Einverständnisses mit dem Unverfügbaren« (1974, S. 24f).

mand genau, wo das Spirituelle beginnt noch worin es besteht. Über beschauliche Buchangebote, das Einüben von Ritualen und Körperübungen, Gottesdienste, Jahreszeitenfeste, Heilfasten und anderes mehr versuchen Menschen, zum Einklang mit sich selber, mit der Natur und ihrem Schöpfer zu finden.

Patienten sind in ihrem *Spitaldasein* häufig offener für die Dimension eines Unsagbaren hinter den konkreten Dingen. In ihrem Zurückgeworfensein auf sich selbst, fern von Hektik, in ihren nachdenklichen Stunden und langen Nächten halten sie Ausschau nach Antworten des Trostes und des Vertrauens. Sie strecken sich aus in Richtung dessen, was diesen Alltag transzendiert und ihre Not bewältigen hilft. Das Spirituelle ist näher, die Sehnsucht danach größer. Sie nehmen anders wahr, fühlen intensiver, farbiger. Sie schauen andächtig in die Krone eines Baumes hinein, den sie zuvor kaum richtig wahrgenommen haben. Sie hören auf Nuancen einer Stimme und sind empfänglich für das Heilige in geistlichen Texten. Erdbeeren schmecken so gut wie nie zuvor. Sonnenstrahlen sind Tagesinhalt. *Sinnlichkeit ist nie so stark wie im ganz Einfachen.* Begegnungen werden tiefer, Berührungen inniger. Geistliche Musik ist wie »lebendig da«, der Rhythmus des eigenen Ein- und Ausatmens verbindet mit einem göttlichen Geist. Der Empfang der Kommunion im Familienkreis wird zum Geschenk. Seins-Erfahrung kann nahtlos übergehen in Gotteserfahrung und umgekehrt: All-Einheit, Verbundensein mit der Schöpfung, Lebendürfen genau so, wie ich bin. Das kleine Glück wird zum großen Glück. Patientensätze: »*Einfach staunen möchte ich.*« – »*Mein Mann schüttelt mir jeden Tag mein Kissen zurecht wie bei Frau Holle.*« – »*Nochmals draußen sitzen, Pizza essen, das war soo gut.*« – »*Ich habe wunderbar geschlafen.*«

1.7.3 Aha-Erlebnis als Gesamterklärung eines Lebens

Vor mir liegt **Frau Angehrn**, *verzweifelt. Vor drei Jahren sei auf dieser Abteilung ihr Mann gestorben. Mit dem Krebs könne sie leben, aber nicht mit der Erinnerung an die schlimmen letzten*

Wochen ihres Mannes ... Er habe jegliche Hilfe abgelehnt, sich fast nicht pflegen lassen, sei immer schon so gewesen. Er habe niemanden an sich herangelassen, auch sie nur selten, am ehesten unter Alkoholeinfluss. Medikamente und Alkohol hätten ihren Mann jeweils wie verdreht. Und jetzt, wo sie selbst ohnmächtig daliege, steige das alles wieder auf. Sie wolle in eine andere Abteilung versetzt werden.

»Das klingt schlimm und unverstehbar – und war vielleicht gerade darum äußerst schwer zu ertragen.« »Ja, so war es. Ich habe mir ständig Schuldgefühle gemacht, nie konnte ich es meinem Mann recht machen.« Ich atme tief, verdränge meinen Impuls, atme wieder – und ringe mich zur Direktheit durch: »Frau Angehrn, für mich hört sich das an, als hätte ihr Mann etwas Schlimmes mit sich herumgetragen, das er selbst und Sie nie verstehen konnten. Es muss schon da gewesen sein, bevor er Sie kennenlernte. Etwas, das nichts mit Ihnen zu tun hat.« Frau Angehrn hört interessiert zu. Das gibt mir Mut, fortzufahren: »Heute weiß man in der Psychologie, dass Berührungs- und Ohnmachtsängste in dem Ausmaß, wie Sie es schildern, von schlimmen Kindheitserfahrungen herrühren können. Vielleicht Gewalt.« – »Meinen Sie?!« Sie will mehr wissen. Anderthalb Stunden lang tasten wir uns an diese mögliche Sichtweise heran. Frau Angehrn wird immer betroffener und flüstert vor sich hin: **»Das muss stimmen, da passt so vieles hinein.«** *Und sie versteht plötzlich, warum die Zeit hier im Spital schon für ihren Mann schrecklich gewesen sei: Erneut abhängig, ohnmächtig, da müsse wohl die Erinnerung an das Unbekannte gegenwärtig gewesen sein. Wohl wie damals habe er sich dann im Spital einfach gegen alles gesperrt, getobt. Und wieder die Worte: »Das muss stimmen.«*

Nun erzählt sie auch von ihrem Leben neben diesem Mann. Ich höre zu und bemerke: »Das war Höchstleistung, was Sie als Frau dieses Mannes vollbracht haben, Ihre Treue, Ihr Schweigen und Schlucken, die Liebe zu ihm, in der Sie sich wohl selber kaum verstehen. Nicht Sie haben versagt, nein, das Problem war viel zu groß.« Frau Angehrn hat ein Aha-Erlebnis *nach dem anderen und kommt aus dem Staunen nicht mehr heraus. Sie weint ergriffen und fühlt sich »ungemein erleichtert«. »Endlich Wahrheit.« Dann: »Es ist schlimm, davon auszugehen, dass dies wahr sei, und doch tut es gut. Endlich kann ich mich, mein Leben und ihn verstehen. Dann brauchte er sogar eine Frau wie mich, das hätte jemand anders nicht geschafft.« Stille. »Seltsam, ich mochte ihn, ich ›musste‹ mit ihm gehen und verstand doch nie warum. Jetzt verstehe ich es. Ich weiß nicht warum, aber ich spüre, es wollte so sein.« »War das vielleicht so etwas wie eine **leise Berufung**, genau diesem Mann eine treue Frau zu sein?« Noch intensiver weint Frau Angehrn. Sie fühle sich »gefunden«. Über Tage hält ihr ergriffener und erleichterter Zustand an. Ihre körperlichen Schmerzen sind wie weg. Die Versetzung auf eine andere Station ist kein Thema mehr.*

Aha-Erlebnisse von solcher Art öffnen einen neuen Zugang zur eigenen Geschichte. Deren Scherben ordnen sich neu an entlang einem nun offen daliegenden roten Faden. Sinn leuchtet auf und die Ahnung eines unfassbaren Geführtseins. Was war, ist verklärt. Einsichten solcher Art können so stark sein, dass sie zur Grenzerfahrung mit *Gott* werden – und zur Erfahrung neuer Identität. Züge des eigenen Wesens, die man vielleicht gar nicht mochte, werden wesentlich und großartig. Im Falle von Frau Angehrn war es das tapfere Aushalten an der Seite dieses Mannes. Bei einem jungen Mann war es die eigene Unruhe, die er eines Tages neu begriff als unendlichen Drang nach vorwärts und als kostbare Ungeduld. Bei anderen entwickelt sich genau so Charisma, echte Profilierung oder die Kraft zum Widerstand inmitten von Ungerechtigkeit. Oftmals sind es Träume, die man nie begriffen hat und nun begreift, welche ans solchermaßen Ureigene heranführen.

Häufig ereignet sich das gnadenhafte Verstehen in den letzten Wochen vor dem Tod: Es gibt Menschen, die erst sterben können, wenn »es« in ihnen endlich versteht. *Dann* gelingt Versöhnung mit sich selbst und dem Schicksal. Die Essenz eines Lebens hat zu Resonanz und Bedeutsamkeit gefunden.

1.7.4 Sternstunden der Kreativität

Wer kennt nicht den Künstler, der mit einem Bein hier und dem anderen in einer anderen Welt steht und in Farbe und Form, Harmonie und Dissonanz ständig um Ausdruck für das Unfassbare ringt? Den genialen Geist, der nicht zur Ruhe findet, bis er dem Dunkel des Geheimnisses das erhellende Wort zu entreißen vermag? Worte bleiben flach, wenn in ihnen nicht der Widerhall aus gähnender Kluft, aus dem Dunkel eines verzweifelten Ringens anklingt. Das Werk des Künstlers bleibt kraftlos und ohne Aussage, wenn es nicht aus der Spannung zwischen Hier und Drüben geboren wird. Sternstunden der Kreativität sind Durchbrüche des Geistes. In einer Bilderserie einer jungen Künstlerin durfte ich das miterleben. Nach mehreren gequält-düsteren Bildern stand plötzlich – über Nacht geboren – ein übergroßes Bild da: eine weiße, nebelartige Gestalt auf blauem Grund. »Ein Engel?«

Es gibt auch Sternstunden der Kreativität, die keinen Ausdruck im Konkreten finden und doch als Erfahrung des Geistes Weichen stellen im Leben eines Menschen: so etwa die Geburt einer zukunftsträchtigen Idee, die so, wie sie plötzlich dasteht, aus menschlichem Denken heraus nie entstanden wäre. Was dazu führte, war wie eine Berührung mit dem Eigentlichen, mit einer Wahrheit oder Kraft schlechthin. Hier finde ich die bei Jörg Splett[103] philosophisch gedeutete Metapher vom Licht der Wahrheit wieder, jenes Wovonher der Gewissenserfahrung, das er beschreibt als »Glück, an den Grund der Religion zu rühren«.[104] *Jedes tiefere Sich-Finden im Eigenen* (das Ich, das ich bin, als welches Ich mich verantworte, mich wage, handle), jedes Finden zu dieser tiefen Kraft ist geistige und energetische Erfahrung: ein kreativer Akt, eine Geburt aus dem Gestaltlosen heraus.

Auch der Künstler im Spital, der schwer krank eines Morgens instinktiv wusste: »*Übermorgen werde ich sterben*« und

---

103 Splett 1996, S. 48f.
104 Ebd., S. 57.

dann wirklich starb, hatte wohl aus intuitiven Quellen geschöpft. Oder der schlichte Italiener im Altersheim, der seiner Tochter auf dem Spaziergang sagte: »*Heute gehe ich noch zu Adele*« (seiner verstorbenen Frau) und selbentags starb.

Sternstunden der Kreativität sind erfüllt von Spannung, von einem Knistern im Raum und in der Seele, von einem Drängen unbedingter Art. Was, wenn nicht dies, verdient den Namen *genial*, schöpferisch und gelingt nur, wenn man angeschlossen ist an den Großen Genius? Sternstunden der Kreativität haben den Charakter einer spirituellen Erfahrung.[105] Die Betroffenen sind überwältigt, vielleicht etwas verwirrt. Sie spüren die Intensität der Stunde, vielleicht ein erweitertes Gefühl im Kopf, eine pulsierende Wärme, eine innere Sicherheit, ein Staunen. Sie sprechen von einem *Energieschub, einem Durchbruch, einem Geistesblitz, einer Inspiration*: alles Begriffe, die auf ein spirituelles Geschehen hindeuten. Es geschieht durch sie hindurch, und sie sind bewegt.

1.7.5 Wie weiß ich, ob es eine spirituelle Erfahrung war?

Viele, denen ich von meinem Projekt erzählte – Ärzte, Pflegende und Freunde –, stellten mir dieselbe Frage: *Woran erkennst du eine spirituelle Erfahrung? Wie weißt du, ob da etwas geschah oder nicht? Wie grenzt du spirituelle Erfahrungen vom Profanen ab?* Ich war froh um diese Bedenken. Ausschlaggebend war in jedem Einzelfall die Übereinstimmung in

---

105 Die Jung'sche Terminologie ordnet dieses Bewegende der transzendenten Funktion der Psyche zu, die bewirkt, dass inmitten einer Spannung zwischen Bewusstsein und Unbewusstem »ein schöpferisch Drittes aus dem Konflikt geboren wird, in dem sich die konfliktgespannte Psyche befindet«. Therapeutische Aufgabe im Sinne der Jung'schen Schule ist es, »das Schöpferische der Psyche dem in Abwehr und Starre festgehaltenen oder chaotisch überschwemmten Ich zugänglich zu machen und den Ich-Krampf zu lösen« (vgl. Neumann 1960, 351–364). Theologisch formuliert, ist dies die Erfahrung von Neuwerden und Auferstehen aus der Kraft des Heiligen Geistes.

der Beurteilung. Beide, mein Gegenüber (der Patient resp. die Patientin, seltener Angehörige) *und* ich mussten uns einig sein. 59 der insgesamt 135 ins Projekt einbezogenen Patienten umschrieben das Erfahrene von sich aus in diesem Sinne und formulierten den Eindruck von etwas Heiligem, Größerem. Weitere 47 fanden erzählenderweise und mittels meiner Rückfragen zur Ergriffenheit und zur Impression des Spirituellen. Die verbleibenden 29 waren nicht mehr zu Worten fähig oder schlicht zu ergriffen. Sie bestätigten aber nonverbal, etwa mit Nicken, dass das Erfahrene für sie heilig gewesen sei. Insgesamt 68 nannten von sich aus den Begriff »Gott« oder sprachen aus, dass das Erlebte mit Gott zu tun habe. Wo immer der Eindruck des Spirituellen entweder beim Patienten oder bei mir unsicher war, wurde auf eine Erfassung verzichtet.

Trotz aller Vorsicht bleibt jede Entscheidung *Annäherung*. Ob ich im Gespräch mit Patienten über ihre Erfahrungen *spreche* oder nicht, ob ich überhaupt das Wort Gott einbringe oder nicht, muss ich meiner Intuition überlassen. Manchmal neige ich zum Schweigen, manchmal zum Aussprechen dessen, was ich im Raum fühle.[106] Die Rücksicht auf das Befinden der Patienten hat Vorrang gegenüber der Perfektion einer Studie. Weil ich in erster Linie einfach begleitet und erst in zweiter Linie protokolliert und systematisch nachgefragt habe, gehe ich von einer hohen Dunkelziffer weiterer, nicht erfasster spirituellen Erfahrungen aus. Wenn also binnen eines Jahres 135 von insgesamt 251 Patienten aufgrund von einer oder mehreren spirituellen Erfahrung(en) erfasst wurden, so bedeutet dies, dass

---

106 Biser greift betreffend die Bedeutung des Erkennens und Benennens dessen, was die Erfahrung beinhaltet, das Wort vom »Herzensbrand« auf. Er bezieht sich damit auf die Geschichte der Emmausjünger (Lk 24,13–35) und stellt fest, die Aussage »Brannte nicht unser Herz« sei auch die Empfindung von heutigen Menschen in ihren spirituellen Erfahrungen. Nach Biser sind Betroffene noch mehr überwältigt, wenn es gelingt, die Erfahrung nicht nur zu machen, sondern zusätzlich als das, was sie ist, zu begreifen. Das Erlebte gewinnt an Intensität, wenn in ihm eine »Gotteserfahrung« gesehen wird (vgl. 1994, S. 82f).

weitere Patienten vielleicht auch etwas Spirituelles erlebt, aber nicht darüber gesprochen haben. Im Fall der 135 sind Patient resp. die Patientin *und* ich nicht darum herumgekommen, im Erlebten etwas Spirituelles zu erkennen.

2 Was spirituelle Erfahrungen bewirken

2.1 Projektaussagen

Was eine spirituelle Erfahrung über bloße Phantasie und Intuition hinaushebt, ist nicht zuletzt ihre Wirkung. *An der Wirkung* einer Erfahrung wurde vielen Patienten deutlich, dass hier mehr im Spiel sei. Welcher Art sind Wirkungen spiritueller Erfahrungen?

Mit *somatisch-medizinischen* Aussagen bin ich vorsichtig: In der hier beschriebenen Studie äußerten 71 der insgesamt 135 Erfassten während und/oder nach einer spirituellen Erfahrung Schmerzlinderung, einige sogar Schmerzfreiheit. 15 Patienten hatten weniger Atemprobleme, 20 ein geringeres körperliches Unwohlsein. Wie *lange* diese Wirkungen anhielten, war von Fall zu Fall verschieden und abhängig von Faktoren wie: Was geschieht im Anschluss daran (eine Operation, eine Visite? Oder ging die Erfahrung über in einen Schlaf?)? Wie nahe dem Sterben und damit dem definitiven Loslassen stand ein Mensch? Wie gut koordiniert waren therapeutische Maßnahme und verabreichte Schmerzmittel? Letztere können im Zuge einer spirituellen Erfahrung und der damit einhergehenden Entspannung besser wirken. Von welcher Bewusstheit und Geistesverfassung war ein Patient? Konnte/wollte er der Erfahrung glauben? Wurde dasselbe mehrfach erlebt? Spirituelle Erfahrungen wirkten über Minuten, Stunden, bisweilen über Tage. Bei 17 Patienten verblasste die Erfahrung wieder, bei vier Patienten wurde sie im Zuge einer allgemeinen Haltung der Verweigerung später geleugnet. Für 50 Patient(inn)en war es ein tief gehendes, aber einmaliges Erleben. Die konkreten Wirkungen blieben zwar eine Sache von Minuten oder Stunden, doch die Erfahrung als solche wurde nicht mehr vergessen. 39 hatten eine sich wiederholende spirituelle Erfahrung oder verschiedene Erfahrungen mit immer ähnlicher somatischer Wirkung. 29 Patient(inn)en erlebten das Unsagbare mit solcher Intensität, dass Wirkungen über Tage andauerten und auch für Außenstehende sichtbar waren.

Geradezu sensationell waren die Zahlen über das *veränderte Erleben von Gegenwart, die veränderte Befindlichkeit*: Ausnahmslos *alle* 135 Erfassten, bei denen wir zur Interpretation »spirituelle Erfahrung« kamen, bekundeten ein völlig verändertes Erleben von Gegenwart, eine veränderte körperliche oder seelisch-geistige Verfassung. Jene, die nicht mehr sprechen konnten, bestätigten dies nonverbal. Die vor mir liegenden Protokolle und Auswertungen immer wieder studierend, konnte ich dies fast nicht glauben. Es scheint ein eigentliches *Charakteristikum von spiritueller Erfahrung* zu sein, dass Menschen darin und danach anders wahrnehmen, sich anders in Körper, Raum und Zeit, anders in Bezug auf ihre krankheitsbedingte Situation fühlen. Sie seien »frei, weit, intensiv, entspannt, liebend, versöhnt mit sich selbst ...«, um nur einige Umschreibungen zu nennen.

Wandelt sich auch etwas in der *Lebenshaltung*? Bei 62 Patienten veränderte sich die Einstellung der Krankheit gegenüber. Sie waren versöhnter mit ihrem Schicksal und bereit, der Realität – zurück ins Leben oder zugehend auf den Tod – ins Auge zu schauen. Sie bezeichneten sich etwa als lebendiger, fließender. Insgesamt 68 sprachen explizit von einer veränderten Beziehung zu Gott.

Nur teilweise erfassbar war der *Einfluss spiritueller Erfahrungen auf den Sterbeprozess*. Ich wurde häufig zugezogen, wenn es ums Sterben ging, etwa wenn ein Sterbeprozess an einem Punkt einfach stockte. Immer wieder geschah es, dass Betroffene nach dem Ausräumen oder Unterwandern von seelischen Widerständen, nach familiären Bereinigungen oder im Anschluss an eine spirituelle Erfahrung tiefer eintauchten in einen komatösen Zustand oder einen Frieden und dann Stunden oder Tage später still starben.

Drei Patientinnen (zwei Frauen, ein Mann) starben *während* einer Intervention, 30 *im Anschluss* an eine spirituelle Erfahrung. 27 starben Tage, Wochen oder Monate später im Spital, darunter war ein Suizid. Zwölf starben Wochen oder Monate später zu Hause oder in einem Pflegeheim. 63 kehrten in ihren Alltag zurück und konnten als mehr oder weniger Gesunde nochmals *neu leben*.[107]

Wirkungen von spirituellen Erfahrungen lassen sich nicht nur in Zahlen erfassen: Jede einzelne Wandlung ist ein Geschenk: neue Liebesfähigkeit (2.4), ein Durchbruch zu einer inneren Freiheit (2.3), eine neue Identität (2.2[108]). In den Worten einer Patientin: »*Ich wusste plötzlich, wer ich bin.*«

2.2 Identitäts- und Sinnfindung

2.2.1 Findet der Mensch im Gegenüber eines Letzten zu sich selbst?

In der Subjekt- und Ich-Bezogenheit westlicher Prägung und konzentriert auf die Dinge dieser Welt, kommen Menschen kaum auf die Idee, ihre Identität von Gott oder einem Größeren her zu definieren. In ihrem Ich begreifen sie sich als Subjekt und Zentrum ihrer selbst, ihres Wollens und Handelns, ihres Fühlens und Gewordenseins inmitten ihrer Geschichte: *Ich bin ich!* Der egozentrische Zeitgeist mit seinem Ideal des emanzipierten und selbstbestimmten Menschen darf nicht darüber hinwegtäuschen, dass dieses Ich längst nicht so in sich gefestigt ist, wie es den Anschein hat. Getrieben und seiner selbst entfremdet, gleicht es vielmehr einem Not-Ich[109], das weit entfernt ist von den Wurzeln eigener Identität.

---

[107] Im Betrachten dieser Zahlen muss man sich vergegenwärtigen, dass ich häufig Patienten mit *fortgeschrittener* Krebserkrankung und Sterbende betreue.
[108] Vgl. auch Renz 2008a.

Was ist gemeint mit Identitätsfindung? Schon unter dem *Begriff* Identität wird Unterschiedliches verstanden. Ich nehme das Wort hier im Sinne einer lebenslänglichen Anfrage auf: **Wer bin ich?** Als wer bin ich gemeint? Kein kompakter Besitz. Kein klares Wissen wider alle Anfechtungen. Identität entfaltet oder verdunkelt sich und ersteht in immer neuer Gestalt. Dietrich Bonhoeffer beendet sein berühmtes Gedicht *»Wer bin ich?«* mit dem Satz: »Wer ich auch bin, Du kennst mich, Dein bin ich, o Gott!«[110] Und schon Augustinus formulierte: »Ich beschwöre dich, mein Gott, zeige du mich mir selbst …«[111] Das heißt, dass wir in der Identitätssuche letztlich auf Gott und ins Spirituelle verwiesen sind.

Die Heilige Schrift und die Tradition legen uns auf ihre Weise nahe, dass unsere Identität in Gott gründe und sich aus dem Geiste Gottes erneuere.[112] Taufe und Osternachtsliturgie stehen für ein Finden zu neuer Identität. Und doch tun wir uns schwer, das nachzuvollziehen: Ist es überhaupt möglich, von Gott her zu einer neuen oder tieferen Identität zu finden? Wie geschieht das? Genügt der Nachvollzug von Riten, oder *geben spirituelle Erfahrungen Antwort auf die Identitätsfrage*? Ist das Leben oder das Sterben anders für einen Menschen, der zu solcher neuen Identität gefunden hat? Und was ändert sich?

2.2.2 Du bist Person, du bist Subjekt

Herr Utzinger, ein Mittfünfziger, wird durch seine Krankheit jäh aus einer erfolgreichen Karriere herausgerissen. Er sei konfessionslos, enttäuscht von Gott, eigentlich Atheist. Meine Musik empfinde er als spirituell. Sie gehe gleichsam durch ihn hindurch, das tue gut. Im Übrigen argumentiert er kurz und bündig, um gleich zum nächsten Thema überzugehen: Er schwitze

---

109 Zum Begriff vgl. Neumann 1985.
110 Bonhoeffer 1994, S. 187.
111 Augustinus, Confessiones 10, 37, 62.
112 Joh 3,1–13 spricht vom (Wieder-)Geborenwerden aus Wasser und Geist, Paulus in Röm 8 vom Leben im Geist.

mindestens ein Bett pro Tag durch, sei derart unruhig. Ob das normal sei, will er wissen. »*Andere Patienten schwitzen, wenn sie Angst haben. Ich denke aber, Angst ist nicht ihr Problem?*« »*Nein*«*, sagt er barsch. Ich wittere ein Machtproblem, ein Abwürgen von Themen und Gefühlen und frage behutsam:* »*Sind Sie konsterniert, weil jäh aus Ihrem Leben herausgerissen? Ich wäre das in Ihrer Situation.*« *Er nickt unwirsch.* »*Könnten Sie sich vorstellen, dass Sie mit dem Schicksal noch zu wenig abgerechnet haben?*« »*Ja, das könnte sein.*« *Gespannte Atmosphäre. Er schwitzt. Mit viel Mut frage ich:* »*Empfinden Sie nicht bisweilen einen Zorn, etwa gegen Gott?*« »*Doch, natürlich. Ich sage jeweils: Gott, jetzt reicht's! Aber dann geschieht eh nichts.*« »*Könnten Sie sich vorstellen, dass wir das zusammen versuchen, dass ich ein freies Gebet formuliere und Ihre ›Rechnung‹, Ihre offenen Fragen, Ihre Not vor Gott hinlege?*« »*Nein.*« *Dennoch möchte Herr Utzinger, dass ich bei ihm bleibe. So reden wir über dies und das, bis er plötzlich befiehlt:* »*Beten Sie!*« *Fast bin ich überrumpelt. Hinter so viel Barschheit kommt mir die Not mit seinen Gefühlen entgegen. Ich beginne:* »*Gott, wer oder was immer Du bist, hier liegt Herr Utzinger und leidet sehr ...*« »**Sagen Sie nicht ›Herr Utzinger‹, wenn Sie beten, das klingt zu arrogant, ich bin ja ohnehin nur ein Wurm**«*, fällt er mir ins Wort und weint. Mir fehlen vorerst Worte. Dann:* »*Für mich sind Sie nicht einfach ein Wurm im Gegenüber Gottes. Darf ich beten: Hier liegt Hans-Rudolf?*« »*Ja, versuchen Sie's.*« *Während des Gebetes wird er andächtig. Kommentar:* »*Ja, Hans-Rudolf, so stimmt es. Da ist weder Wurm noch Arroganz*« *... und weint noch immer.*

Liegt Herr Utzingers eigentliche Identität im Zwischen von Wurmgefühl und Arroganz, welche der nun aus dem Berufsleben Ausgebootete im »Erfolgsmann Utzinger« angesiedelt hatte? Dazwischen ist Hans-Rudolf, das Kind von damals, der Einzelgänger in der Intimität seines kärglichen Freundeskreises. Solange er ein angesehener Geschäftsmann gewesen war, schien er an »Herrn Utzinger« nicht gezweifelt zu haben. Und die innere Unruhe war im erfolgsorientierten Arbeitsstil gut aufgehoben. Sie hatte ihn – kurz angebunden, wie er war – von einem Vertragsabschluss zum nächsten getrieben. Umso schrecklicher der Moment, da das Wurmgefühl ihn einholte – und damit die Frage: »Wer bin ich?« Vor sich selbst war er nur noch ein von seiner Krankheit geschundener Wurm. In der Gegenwart eines Absoluten und als Hans-Rudolf aber erhielt er einen Raum, um zu einer eigentlicheren Identität zu finden. Entsprechend eindrücklich war für mich die Wandlung, die in seinem Wesen und in seinen Krankheitssymptomen geschah. Von dieser Stunde an kein Schwitzen, keine Unruhe mehr. Seine Ausstrahlung war fortan menschenfreundlich. Es vergingen, entgegen aller Erwartung, nur noch Tage bis zu seinem Sterben. *Noch in den letzten Atemzügen stammelt er, die »Erfahrung« sei es gewesen ...*

2.2.3 Die Frage, die ich bin (Karl Rahner)

Person und Subjekt sind zentrale Worte in der Theologie und Anthropologie von Karl Rahner.[113] Die Erfahrung von Subjekt-Sein ist für ihn zugleich Erfahrung von Bezogensein auf das Ganze. Auch wenn anders begründet, findet er zur selben Grundaussage wie die Psychologie in ihrer Betrachtung des Zwischenmenschlichen: *Identitätserfahrung ist Frucht von Beziehung.*[114] Als Bezogener und im letzten Angewiesener kommt der Mensch an bei sich. Das heißt auch: *Spiritualität hat ein identitätsstiftendes Moment.*

Rahner hat uns mit seinem berühmten Satz »Der Fromme von morgen wird ein Mystiker sein«[115] eine gewaltige Haus-

---

113 Rahner 1984, S. 39–46.
114 Bernhard-Hegglin spricht vom »Angewiesensein auf das Erkanntwerden durch ein Du als anthropologisches Konstitutiv«. Ob zu Beginn des Lebens oder in späteren Lebensphasen, »stets ist Erkanntwerden ... Grundlage unserer Seinsgewissheit ... schafft den Raum für unsere Selbstwahrnehmung, ist ... die Quelle allen Neubeginns und aller Weiterentwicklung« (1999, S. 142f).
115 Programmatischer Erst-Text von Bd. 7 der *Schriften zur Theologie*: »Der Fromme von morgen wird ein ›Mystiker‹ sein, einer, der etwas ›erfahren‹ hat, oder er wird nicht mehr sein ...« (Rahner 1966, S. 22; vgl. auch Splett 1996, S. 221–227 und Klinger 1994, S. 47f).

aufgabe für das dritte Jahrtausend mitgegeben, aber keine einfach zu befolgende Gebrauchsanweisung. Wie können Menschen von heute, wenn sie sich nicht im abgehobenen Sinn als Mystiker verstehen, zur identitätsstiftenden Erfahrung mit einem letzten Gegenüber finden? Ich habe nicht nach Methoden gefragt, sondern einfach zusammen mit Patienten gekämpft, gelitten, ihren Sehnsüchten nachgespürt und nach dem für sie Heilsamen gesucht. An einem Tag so, am anderen Tag anders. Im Nachhinein habe ich Rahners Anliegen besser verstanden. Rahner spricht von der Frage, die der Mensch ist, Frage, »die leer, aber wirklich und unausweichlich vor ihm aufsteht und die von ihm nie überholt, nie adäquat beantwortet werden kann«, Frage, in der er »vor sich gebracht« ist in der Summe von Faktoren und gemachten Erfahrungen.[116] Genau als Frage, die er ist, ist der Mensch nach Rahner (und schon nach Augustinus[117]) offen auf ein Transzendentes hin, *standhaltend* und *sich ergebend*.[118] Wie lässt sich das umsetzen in die therapeutische Begleitung Schwerkranker und in die praktische Seelsorge?

Ich mache immer wieder die Erfahrung, dass am Ende langer Gespräche oder am Punkt, wo alle weiteren Worte nur noch zerstören würden, ein frei formuliertes Gebet genau das bewirken kann, was Rahner beschreibt. Alle einzelnen kleinen und großen Nöte, alle Emotionen und quälenden Fragen liegen gesammelt da, gegenwärtig und als so wahr empfunden, dass dieses Ganze wie identisch ist mit dem Leidenden. Darin ist er »vor sich gebracht« und offengelegt im Gegenüber eines Unfassbaren: *die Frage, die ich bin*. Und darin zugleich standhaltend und sich ergebend. In solchem Gebet erfahren Patienten Letztgültigkeit. Sie kommentieren etwa: »*Das bin ich. ER hat es gehört. So wahr habe ich Beten noch nie erlebt – und da*

---

116 Vgl. Rahner 1984, S. 41–43.
117 Confessiones 4, 4, 9: »Ich war mir selbst zur großen Frage geworden, und ich nahm meine Seele ins Verhör, warum sie traurig sei und mich so sehr verstöre, und sie wusste mir nichts zu sagen.«
118 Rahner 1949, S. 18.

drinnen (auf die Brust zeigend) geschieht etwas.« Bisweilen sammelt ein solches Gebet nicht nur die Leiden, sondern macht auch die stille Großartigkeit eines Menschen durchsichtig. Ob Gebet oder nicht Gebet, es geht um die im Gegenüber eines Letzten gelebte »Frage, die ich bin«: eine Formulierung, die Menschen in ihrem Elend sehr wohl verstehen!

Frau Burch, eine herbe, aber nicht unsensibel wirkende Witwe schwankt zwischen Weinen und Erstarrung. Die Todesnähe komme wie ein Schock über sie, sie wisse nicht warum. Je mehr sie spürt, wie gerne ich sie mag, umso mehr fließen die Tränen. Allmählich erfahre ich Details aus ihrem harten Leben: Lieber habe sie selbst kein Butterbrot gegessen, als ihre Kinder hungern zu lassen. Als sie endlich eine Heimarbeit gefunden habe, sei zumindest genug Brot da gewesen.

Warum die nicht versiegenden Tränen? Mir fällt das Bild des Kruges mit den gesammelten Tränen ein[119] *und dazu der Gedanke: Diese Frau braucht* **Würdigung**. *»Ich spüre so viel Tapferkeit und Liebe in all dem, was Sie erzählen«, beginne ich. Sie streichelt meine Hand und weint. »Wie heißen Ihre Kinder?« »Katharina, Maria, Benedikt und vier Enkelkinder.« Sie erzählt und strahlt zwischendurch. Alle Kinder hätten es schwer im Leben, aber alle hätten gelernt zu kämpfen. Ich wiederhole: »Alle kämpfen, stellen Sie sich das vor, alle haben von Ihnen das Kämpfen gelernt. Sie müssen eine starke Mutter gewesen sein.« Sie strahlt. »Und mehr noch, Sie waren bestimmt eine lebensfrohe Mutter.« »Woher wissen Sie das, ich weine ja nur.« »Tränen dürfen zu Ihnen gehören. Vor allem spüre ich, dass Sie nicht verbittert sind. Da ist Kraft und Lebensfreude.« Immer offener liegt das Geheimnis einer stillen Größe da. Frau Burch hat aufgehört zu weinen. Sie sei unendlich müde, habe nächtelang nicht schlafen können. Ich verabschiede mich mit dem Wort: »Schlafen Sie jetzt in der Gewissheit, dass all Ihre Tränen gesammelt sind und alles, worüber wir gesprochen haben,*

---

119 Ps 56: Mein Elend ist aufgezeichnet bei dir. Sammle meine Tränen in einem Krug.

woanders aufbewahrt ist.« Frau Burch nickt. *Sie findet zu einem tiefen Schlaf. Am nächsten Morgen ist sie bereits terminal. Die zwei Töchter und der Sohn sind da, drei eindrucksvolle Persönlichkeiten. Sie hätten eine wunderbare Mutter gehabt. Ich rede Frau Burch an:* »Sie haben drei herrliche Kinder. Und Sie waren eine großartige Mutter. Katharina, Maria und Benedikt danken Ihnen. Und gehen Sie davon aus: Das Leben dankt Ihnen, Gott dankt ihnen.« *Obwohl sie ansonsten reglos daliegt, kommen jetzt Tränen zwischen den geschlossenen Augenlidern hervor. Mir schien, als hätte diese Frau in der Erfahrung, erkannt zu sein, selbst erst zur Großartigkeit ihres Soseins gefunden: Identitätserfahrung noch im Sterben.*

Wahre Identität kann sich nicht hinter beruflichen Rollen oder Kleidern verbergen. Als innerlich Nackter, kaum *mehr* denn ein Wurm, muss der Mensch sich vor Gott einfinden, wie Bilder vom letzten Gericht nahelegen. Aber auch umgekehrt: Erst mit nackten Füßen darf er heiligen Boden betreten (Ex 3,5).

Im Zusammensein mit dem sterbenskranken **Herrn Klett** *und seiner Frau entstehen gute und differenzierte Gespräche. Er freut sich, wenn ich ihm die Kommunion bringe, vor allem aber, wenn ich mit ihm über Jesus rede. Eines Tages klagt Frau Klett, ihr Mann ziehe sich wie in geistiger Umnachtung immer wieder nackt aus. Es sei so peinlich, zumal er doch ein kultivierter Mensch gewesen sei. Seltsam, mir kommt eine Deutung von Nacktheit bei Eugen Drewermann in den Sinn.*[120] *Es braucht einiges an Überwindung, um dem halb verwirrten Herrn Klett und seiner Frau von meinem Impuls zu erzählen: von der Berufung des Mose beim brennenden Dornbusch und dass er seine Schuhe habe ausziehen müssen. Auch er, Herr Klett, befinde sich in seiner Todesnähe vielleicht auf heiligem Boden. Hier sei*

---

120 »An diesen Paradiesstätten ist es selbstverständlich möglich und nötig, unbekleidet, also ohne Scham und Scheu, vor seinen Schöpfer hinzutreten. An einem ›heiligen Ort‹ darf man wieder so sein, wie man ist; man hat dort nichts zu verbergen ... Gott ... ist ein Gott, der den Menschen so will und meint, wie er von innen heraus seiner Natur nach ist« (Drewermann 1985, S. 386).

*der Ort, wo man nackt vor Gott hintrete, um dann erfahren zu dürfen, dass man vor Ihm in Ordnung und gerufen sei. Auch er dürfe nun **ankommen in der Gewissheit:** »**Ich bin in Ordnung, so wie ich bin.**« Herr Klett reagiert verbal nicht auf meine Erklärung, weint aber lange. Die Frau versteht meine Deutung. Beide wünschen die Kommunion und Musik. Dies empfindet Herr Klett offenbar als so heilig, dass er mir ergriffen dankt. Der Zwang, sich auszuziehen, ist vorbei.*

2.2.4 »Es ist wichtig, dass es dich gibt«

Das Gefühl von Identität ist die Wurzel unseres Selbstbewusstseins und Selbstwertgefühls. Dem Gedanken, wichtig zu sein in dieser Welt und ihrer Geschichte, wohnt für viele Menschen eine gesunde Kraft inne. In spirituellen Erfahrungen oder durch eindrückliche Träume fallen ihnen bisweilen solche Gewissheiten zu. Nach Rotzetter trägt innere Gotteserfahrung (Mystik) wie kaum etwas anderes zum individuellen Profil einer Person bei.[121] – Eindrücklich war es, wie ein muslimischer Patient bei diesem Gefühl ankam.

*__Ismael__, ein 40-jähriger Albaner, fiel mir in all seiner muslimischen Frömmigkeit dadurch auf, dass er sich kritische Gedanken machte über Gott und die Welt. »Weißt du, Monika, was meine Landsleute oft anstellen, ist schlimm. Ich schäme mich. Aber – mein Ehrenwort, Monika, Muslime sind nicht böse, Muslime sind gläubig. Ich schwöre dir, falls du mir nicht glaubst.« Meine Rückfrage: »**Habe ich einen Grund, dir nicht zu glauben?**« Er denkt lange nach und als ich weiterreden will, gibt er mir zu verstehen, er brauche noch länger Zeit zum Nachdenken. »Jetzt habe ich zu Ende gedacht: Es gibt keinen Grund, mir nicht zu glauben.« Von da an ist die gute Beziehung zwischen uns beschlossene Sache: eine Christin, die ihm glaube. Ich bin wie aufgenommen in seinen Ehrenkodex und fühle mich darin an meine Pfadfinderzeit erinnert. Daneben fühlt er*

---

121 Vgl. Rotzetter 2000, S. 179.

sich von mir auch erkannt in seinen beachtlichen Vermittlungsanstrengungen zwischen den Kulturen, was für ihn in den letzten Jahren zur Lebensaufgabe geworden ist. Einmal sage ich explizit: **»***Ismael, es ist wichtig, dass es dich gibt.***«** *»Was? Sag das nochmals. Findest du das wirklich?« Er weint über Stunden.* **Ein Erkannt-Sein, das ihm zur spirituellen Erfahrung wird** *und seine Schmerzen reduziert. Obwohl ich weiter nichts getan habe, sei, wie mich Ärzte und Pflegende wissen lassen, seine Depression wie verflogen. Und so blieb es bis zum Schluss. Von dieser Stunde an will er, dass ich mit ihm bete zu Allah und Gott als dem Einen. Formulierungen des Vertrauens liebt er speziell. Als er Wochen später erneut ins Spital kommt, nimmt sein Misstrauen allen und allem gegenüber wieder zu. Ich bin die Ausnahme. Er spricht mich auf mein damaliges Wort an: »Sag das nochmals, was du damals sagtest, es war wie ein heiliger Schwur.« »Meinst Du, dass es wichtig sei, dass es dich gebe?« »Ja«. Zugleich mahnt er mich zu schweigen. »Darüber spricht man nicht, das sind heilige Worte.«*

Identitätserfahrung war für Ismael zugleich Gotteserfahrung. Mein An-ihn-Glauben war Raum, der ihn vor sich selbst zur Persönlichkeit machte. Welches die Worte auch immer sein mögen – Erkannt-Sein, Erfahrung von Berufung, von personalem Gemeint-Sein oder Sinnfindung in etwas Größerem – immer geht es um dasselbe: Ein Mensch steht in neuer Größe vor sich, der Welt und einem Letzten da, tiefer verwurzelt und neu motiviert.

2.2.5 Personalität – Kernstück monotheistischer Selbst- und Gotteserfahrung

Person und Subjekt in eigener Identität zu sein, ist mehr als nur das Selbstverständnis des modernen Menschen. Es ist das Fundament der monotheistischen Religionen (vor allem der jüdisch-christlichen) und ihrer Kultur. Darin groß und mächtig geworden, sehen wir uns heute einerseits in einem »exorbitanten Subjektivismus« (Siebenrock) und Individualismus verfangen[122] und andererseits fasziniert von Religionen und spirituellen Strömungen, die genau diese Subjekt-Betonung nicht kennen. Worte wie Indifferenz, Nicht-Anhaften und Gleich-Gültigkeit im Sinne östlicher Spiritualität drücken dies aus. Haben daneben Worte wie Einmaligkeit, Personalität, Würde, End-Gültigkeit überhaupt Platz? Haben sie Platz in einer Spiritualität der Zukunft?

Die Erfahrung, Subjekt und Person, ja Bundespartner zu sein im Gegenüber eines personal gedachten Gottes, zieht sich wie ein roter Faden durch die Kultur- und Heilsgeschichte der jüdischen und christlichen Tradition. Als Menschen des westlichen Kulturkreises sind wir im Guten wie im Tragischen davon geprägt. Es wird zur Schicksalsfrage, in welche Richtung sich eine Spiritualität des dritten Jahrtausends entwickeln wird. Eine Kultur des personalen Menschen braucht – neben anderen wertvollen Weisen, Gott zu erfahren – eine Spiritualität des »personalen« Gottes, innere Erfahrungen mit einem hörenden, mitfühlenden, sich mit dem menschlichen Leid identifizierenden Gott. Über die Begegnung mit einem Gott als Gegenüber erleben wir uns als ernst genommen in der Einmaligkeit unseres Person-Seins. Es geht dabei nicht um richtig oder falsch, sondern um die Frage: Was heilt, was vollendet? Welche Höchstform von Menschsein und Gemeinschaft entspricht unserer inneren Sehnsucht? Die Einsicht, wie wichtig *das bewusste Durchschreiten von Leiden* war auf dem Weg zu einer erlösenden spirituellen Erfahrung, gehört zum Eindrücklichsten meiner Patientenarbeit. Vielleicht berechtigt das zur Hoffnung auch für unser Kollektiv: Vermag genau das Leiden an unserer westlich-egozentrischen Prägung Höchstformen von Bewusstheit und personaler Reife hervorzubringen, wie wir sie heute noch kaum kennen?

---

122 Vgl. 1.4.6.

2.3 Freiheit und Bindung

2.3.1 Eine Freiheit anderer Art: frei von Angst – frei, zu *sein*

Freiheiten verschiedenster Art – politische Freiheit, das Recht auf freie Meinungsäußerung, Glaubensfreiheit – sind ein kostbares Gut und die Bedingung einer humanen Welt. Die der spirituellen Erfahrung entspringende innere Freiheit ist aber von nochmals anderer Qualität. Sie wird einsichtig über die Frage, was uns inmitten einer Welt mit so vielen von außen garantierten Freiheiten immer noch gefangen hält. Was verfolgt uns innerlich? Was verbietet uns, einfach wir selbst, Mensch mit Grenzen zu sein? Sind es Strukturzwänge, ist es ein tyrannisches Über-Ich? Ist es Angst, Bedürftigkeit, Neid, Machtgier (vgl. die Angst-, Begehrens- und Machtstruktur in Renz 2008a)? Äußere Realitäten wie Mangel, Krankheit, Stress, institutionelle Zwänge und ein Dasein inmitten von Projektionen anderer machen zwar ohnmächtig, unglücklich und sogar krank. Sie tangieren aber nicht zwingend unsere innere Freiheit.

Bei Schwerkranken und Sterbenden lerne ich, dass ihnen – wenn angekommen in einem anderen Zustand – selbst Dauerschmerzen, einengende Apparaturen und Lärm nichts mehr anhaben können. Nichts und niemand kann sie einer letzten Freiheit berauben. Viele äußern: »Seltsam, ich bin frei, einfach frei.« Im Rahmen meines Projektes wurde das Wort Freiheit von 16 Patienten explizit ausgesprochen, um die Qualität ihrer spirituellen Erfahrung zu umschreiben. Sie sprachen von wunderbarer oder großartiger Freiheit, von sich Frei-Fühlen im Körper, frei im Brustraum, frei zu atmen, frei aber auch, einfach zu sein oder gerade sie selbst zu sein. Dies erstaunt umso mehr, wenn man, durch die Gänge und Zimmer einer Onkologie- oder Palliativstation geht, nicht das Gefühl hat, dort freien Menschen zu begegnen. Da liegen von ihrer Krankheit gezeichnete, ans Bett und an ihre Apparaturen gebundene, gekrümmte oder gar gelähmte Patienten. Und doch sind genau sie uns Lehrmeister, wenn es um existenzielle Freiheit geht. Was unfrei macht, kommt selten nur von außen. Es ereignet sich im Zusammenkommen von Äußerem und Innerem, dort, wo die Macht von Systemen oder realen Feinden an die verinnerlichte Macht eigener Verletzungen rührt. Macht ist die Gegenqualität zu Freiheit. Darum wird es zur Kernfrage: Wie gelangen Menschen in jene Freiheit, die nochmals größer ist und weiter und tiefer reicht als alles, was in dieser Welt Macht hat.

Freiheit ist ein Beziehungswort. Es geht dabei um die Art und Weise des In-Beziehung-Seins zu etwas, zu jemandem. Innere Freiheit ersteht aus der Erfahrung, dass mich ein Letztes frei sein lässt – in Rückbindung also an ein zutiefst Inneres.[123] Darin gründet auch die Kraft zum Widerstand gegen nicht länger gültige (äußere und innere) Abhängigkeiten. Diese Freiheit ist zugleich gnadenhaft geschenkt und Zeichen von Bewusstheit und Persönlichkeit. Sie ist anders als das unbeschwerte Lebensgefühl eines ins Spiel versunkenen Kindes in seiner Unbefangenheit. Innere Freiheit lässt inmitten aller realen Unfreiheit die Fesseln der Angst hinter sich.

Drewermann hat mit scharfem Blick den *Angsthintergrund menschlicher Unfreiheit* erkannt. Er schreibt: »Die erste Frage des Menschen ... lautet nicht: ›Was muss ich tun?‹, sondern ›Wer bin ich?‹ und ›Was darf ich sein?‹ Inmitten einer Welt, in der scheinbar alles ›machbar‹ ist, bildet die Religion im Verein mit der Psychotherapie den einzigen Freiraum eines voraussetzungslosen Sein-Dürfens und Angenommenseins des Einzelnen.«[124] Das spontane Gefühl, sein und leben zu dürfen als die, die wir sind, sei vielen äußeren und inneren Zwängen und Anpassungsansprüchen gewichen, die uns häufig ein Leben lang tyrannisierten.

*Sie sei nicht eigentlich religiös, sagt mir **Frau Mäder**. Der Arzt habe sie gedrängt, mich aufzusuchen. Im Türrahmen*

---

123 Rahner spricht von Freiheit als absolutem Begriff, von einem transzendentalen Vorgriff auf ein Absolutes, das mehr ist als das, was zum Ich gehört (1982, S. 20 und 46).
124 Drewermann 1985, S. 780.

bleibt sie stehen. Sie zittert vor Angst und weiß doch, was sie nicht will: keine Schrei-Therapie, kein Trommeln (keine aktive Musiktherapie), nichts Frommes. Bald beginnt sie zu erzählen: Eigentlich habe sie kaum je gewagt, als sie selbst zu leben. Ständige Verletzungen, schon als Kind, aber auch später immer wieder das Gefühl, sie sei »daneben«. »Wie hält man das aus? Was gibt Ihnen Halt im Alltag?« »Die Kinder, an ihnen liegt mir viel. – Und jetzt habe ich zu sehr Angst, um etwas Neues zu wagen, ich habe Angst vor jedem Arztbesuch.« In all dem erlebe ich Frau Mäders Angst nicht als pathologisch, sondern angesichts dessen, was sie im Leben prägte, als verständlich. »Eine Angst, wie ich sie an Ihrer Stelle auch hätte.« »Wie? **Dann bin ich ja fast normal.** *Meine Bekannten haben immer gesagt, ich sei gestört. Sagen Sie das bitte noch einmal.«*

Ich erzähle Frau Mäder von einer anderen Patientin mit Ängsten. Diese habe eines Tages, nach einer spirituellen Erfahrung, so etwas wie einen Engelschutz, ein Licht um sich herum, empfunden, etwas, das ständig da gewesen sei, selbst bei der Untersuchung. Das interessiert Frau Mäder. In einer Klangreise gelingt ihr tiefe Entspannung. Mit der hinzukommenden Musik (Monochord und Trommel) verschwindet die Angst (vollständig). Ich spüre Intensität. Danach ihre Worte: »Da war eine **Wüste** *– Weite – Freiheit, wie man sie kaum kennt, ich schon gar nicht.« Weite im Gegensatz zur Enge ihrer Angstzustände.*[125] *»War die Freiheit stärker als die Angst?«, frage ich. »Oh ja,* **wo diese Freiheit ist, ist keine Angst mehr.**« *In drei späteren Klangreisen vertieft sich diese Erfahrung: Aus der Wüste wird die Erfahrung von* **Oase**.

Wochen später, angesprochen auf ihre Ängste im Alltag, sagt Frau Mäder überrascht: »Stimmt, diese sind meistens wie weg. Mir geht es ›chaibeguet‹ (schweizerdeutsches Kraftwort für »sehr gut«). Ich lebe. Ich liege auf dem Balkon. Ich esse. Ich betrachte die Blumen. Wissen Sie, **jahrelang bin ich gelebt worden, jetzt lebe ich.**« *(Trotz der real schlimmer werdenden*

---

125 Das Wort »Angst« kommt, etymologisch betrachtet, von »eng«.

Krankheit). »*Und bei der Untersuchung war Ihre Stimme wie mit dabei.*« *Was die Stimme denn gesagt habe?* »*Ich sei normal. Ich habe nicht mehr vergessen, dass Sie mich ernst genommen haben.*« *Monatelang sehen wir uns nicht.*

Als Frau Mäder ins Spital kommt und es dem Tod entgegengeht, durchleben wir nochmals Oasen- und Wüstenstunden. Ich staune, dass aus den Blockaden von damals so viel Liebesfähigkeit hervorbricht. Der Abschied geht uns beiden ans Herz. Um den Blick nach vorne zu lenken, frage ich, ob sie Angst vor dem Sterben habe. »**Nein, ich habe keine Angst. Sterben ist Freiheit.**«

Ähnlich und doch anders **Frau Osterwalder**. *Diese junge, herbe Frau hält wenig von Psychotherapie. Doch das* »*Meeresrauschen*«, *welches ich ihrer Zimmernachbarin vorgespielt habe, habe sie berührt. Was das gewesen sei? Ich zeige ihr die Oceandrum und mache für sie eine Klangreise. Noch während des Spiels beginnt Frau Osterwalder zu weinen. Ob ich aufhören solle?* »*Bitte nein!*« *Sie weint und weint. Schließlich tritt Ruhe ein, eine Atmosphäre anderer Art. Nach der Klangreise schweigt sie, dann bricht es hervor:* »*Zuerst war es,* **als fiele eine ganze Tonne Gewicht von mir ab**. *Und dann – das kann man nicht glauben – war es da drin (auf ihren Brustraum zeigend) frei und weit. Sagen Sie, sind wir eigentlich frei?*« »*Sind wir nicht frei?*«, *frage ich zurück. Darüber möchte Frau Osterwalder nachdenken.* **Sie habe immer ein Muss in sich. Aber jetzt nicht.** *Wie sich denn diese Freiheit anfühle? Sie schweigt.* »*War es eine Freiheit, einfach zu sein?*« »*Ja, das war es. Eine Tonne Gewicht ist weg. Und ich muss nicht mehr tun, was meine Mutter will. Nicht länger Briefträger sein, einfach frei, frei, frei.*«

Bis hierher kann das Erlebnis von Frau Osterwalder als Freiwerden aus Druck und Zwang, aus Gebot und Verbot gedeutet werden: eine in der Psychotherapie häufige Herausforderung, die nicht unbedingt im Spirituellen angesiedelt werden muss. Doch war es nur dies? – *Monate später erfährt sich Frau Osterwalder im Rahmen einer Klangreise erneut als frei. Diesmal aber »gab es die Frage nach der Tonne gar nicht mehr. Da war einfach Freiheit und ein Raum. Soo schön.« »Raum zum erlaubten Sein?« »Ja, ein Raum des erlaubten Seins.«*

Genau dies zeichnet eine letzte Freiheit aus: Sie lässt alte Gewichte und Einengungen hinter sich und ist nicht länger – auch nicht im Kampf dagegen oder im »Daran-denken-Müssen« – davon bestimmt. Freiheit gründet tiefer als selbst existenzielle Angst, tiefer als alles Gespalten-Sein. Sie ist in Dimensionen eingebettet, die das menschlich Gewordene transzendieren und dem Menschen vermitteln, dass er mehr sei als seine bisweilen elende oder geschundene Existenz. Es ist eine Freiheit, die Menschen leben oder sterben lässt, die sie atmen, essen, schlafen, getröstet oder aktiv sein lässt. Sie ist nicht von dieser Welt und ragt doch in Raum und Zeit, in Patientenzimmer, Untersuchungsräume und, wie Gewaltopfer berichten, bisweilen sogar in Tatorte oder in innere Gefängnisse hinein.

*Mir gegenüber sitzt **Herr Niederberger**, Leukämiepatient. Seit Jahrzehnten leide er an Phobien und lebe wie in einem Gefängnis. Mir stockt der Atem: welch gequältes Dasein. Das Haus könne er ohne zwingenden Grund nicht verlassen ... seit damals, als seine Katze gestorben sei. Er sei wie mitgestorben damals. Spazieren gehen könne er nicht. Wenn er das Fenster öffne, sehe er Gitterstäbe davor. Er wisse zwar, dass das nur seine Phantasie sei, aber **die Gitterstäbe bringe er dennoch nicht weg**. Was er denn arbeite? Er habe vor Jahren seinen Job als Buchhalter verloren, dann aber eine eigene Beratungsfirma aufgebaut. Er habe eine fiktive Kundenkartei, rede sich ein, dass sein Geschäft floriere, aber Kunden habe er keine. Wovon er lebe? »Das weiß ich nicht, eine Rente.« Ich bin den Tränen nahe. Er fährt fort: »Ich komme wegen etwas anderem. Mir träumt neuerdings, ich werde wieder gesund und frei. Darum mache ich nochmals einen Therapieversuch. Vielleicht können Sie mir helfen?« »Wegen der Leukämie?«, frage ich. »Nein, das ist kein Problem im Vergleich zum Seelischen.« Ich weiß fast nicht, wie ich reagieren soll, bin nach einer Stunde wie zerschlagen. »Ja, so zu leben, das ist schrecklich, das erledigt einen«, kommt aus mir heraus. »Das* *weiß ich.« »Ich staune, wie Sie trotz allem unterscheiden können, was Realität und was Phantasie ist. Und ich staune, dass Sie so lange in diesem Gefängnis gelebt haben. Das ist eine Riesenleistung.« »Wie bitte?«* Herr Niederberger scheint betroffen zu sein, sowohl angesichts meines Mitfühlens als auch über diese Würdigung. Schließlich fragt er, ob ich ihm eine Heilungschance gebe. *»Es ist ein langer Weg, ich kann Ihnen helfen, eine einfühlsame Therapeutin zu suchen. Ich weiß nicht, wie viel möglich sein wird, aber etwas ist sicher:* **Ihren Träumen müssen Sie glauben.**« *»Was? Das tut sooo gut. Endlich jemand, der mir glaubt und sogar Mut macht.«*

Eine Woche später meldet er sich nochmals. Er habe gewusst, dass ich so viel Verdauungszeit brauche. Er komme nur, um zu sagen, dass es wie ein Wunder gewesen sei, was unser Gespräch bewirkt habe. Ein Mensch, der ahne, wie so ein Leben sei. Und dass ich das ausgehalten und ihn ermutigt und gelobt hätte ... »Verstehen kann ich das nicht, aber ich fühle mich anders im Körper, kein Gefängnis mehr, sondern ein kranker Körper. Und **die Gitter haben freie Löcher bekommen.**« *Er habe erneut einen Traum gehabt, er werde gesund und aus seinem Gefängnis befreit. Ich bin beeindruckt. Aber eine Deutung wage ich nicht. Wir verabschieden uns. Was heißt hier gesund, was heißt hier frei? Wenige Tage später stirbt Herr Niederberger unerwartet.*

Ist das alles einfach Pathologie? Das Ausmaß des Gefangenseins war es bestimmt. Und doch ist Spiritualität und eine darin gegründete Freiheit größer als selbst Pathologie. Auch in diesem Menschen gab es jenen Ort, wo etwas um ein Heilsein – und sei es im Tod – wusste.

2.3.2 Spiritualität als Freiwerden *von* und Freiwerden *hin zu* etwas

Freiheit wird zur Herausforderung auch in der spirituellen Begleitung, vorerst als Respekt vor dem je eigenen Weg. In solcher Wahlfreiheit kommt aber der Mensch doch dort mit sich an eine Grenze, wo es um **das Unbedingte des eigenen Wesent-**

lichen geht. Die Ausweichmanöver sind vielfältig: »*Ich bin einfach kein disziplinierter Mensch*«, »*Ich will mich nicht festlegen*«, »*Ich bin halt radikal ..., emotional ..., rebellisch.*« Führt der innere Weg über eine Konfrontation mit sich selbst, mit dem ureigenen Wesen?

Freiheit und Bindung ist ein seltsames Paar. Aus menschlicher Sicht sind es Gegensätze, Antinomien. Was Freiheit erlaubt, nimmt Bindung wieder zurück; Verbindlichkeit kann zur Fessel werden. Was Verbindlichkeit anzieht und zentriert, geht im Sog oberflächlich verstandener Freiheit wieder verloren. Als Früchte spiritueller Erfahrung gehören die beiden Worte dennoch zusammen und sind Teil einer (vielleicht als solche gar nicht erkannten) Liebesfähigkeit.

Oft wird im Spirituellen ein »Frei-Werden *von*« gesucht bis hin zur Sucht nach Entgrenzung und außersinnlichen Bewusstseinszuständen. Man möchte die Erdenschwere hinter sich lassen und abheben ins Geistige – und ist doch, sobald man dies gierig sucht, alles andere als frei. Demgegenüber macht ein »Frei-Werden *zu*« – also in Richtung einer neuen Qualität von Sein, Leben und Liebe – erst richtig fündig.

Die Biographie von **Herrn Voser** *ist geprägt von Drogensucht. Er weiß, wie ein Leben hinter (realen) Gittern ist und hat im Gefängnis bisweilen so etwas wie Freiheit erlebt: »wie ein Mönch in seiner Zelle«. Dann wieder habe ihn seine Ohnmacht in Besitz genommen, und die Schatten seiner Verfehlungen hätten über ihm gehangen wie ein Fluch. Wenn er es nach Tagen der Qual geschafft habe, sich bewusst schuldig und selbst darin noch in Ordnung (innerhalb einer großen Ordnung) zu fühlen, sei das Gefühl von Freiheit wieder zurückgekommen. Ich staune über diese Bewusstheit.*

Was er in Klangreisen erlebt, erinnert ihn an frühere Trips. Man flippe aus, »Licht pur, wunderbares Licht. Man ist darin aufgehoben, wie weg.« Ob das immer so gewesen sei bei seinen Trips? »Nein, höchstens jedes zehnte Mal, aber dafür nimmt man neun schreckliche Fehlschüsse in Kauf. Aber bitte, spielen Sie jetzt nochmals dieses Licht.« »Nein.« Ich will seine Trips *nicht unterstützen. Stattdessen spreche ich über spirituelle Erfahrung und über das, was mich an Religion und an Gott als dem Hintergrund letzter Sehnsucht begeistert. »Ja, ich glaube an die Bibel.« »Könnten Sie sich vorstellen, dass Gott selbst dieses Licht ist, und zwar auch dann, wenn Sie es nicht erleben?« »Ja, klar.« »Ihren Erfahrungen mit dem Licht dürfen Sie glauben. Licht hieß für Sie auch Angenommensein. Sie waren wie im Licht aufgehoben. Das ist aber kein Dauerzustand.« »Warum nicht?« Ich erkläre ihm, dass genau dies das Wesen der spirituellen Erfahrung sei, die eben da sei und dann wieder entschwinde. Manchmal geschehe lange nichts. »Stimmt.« »Die Frage heißt: Wie leben in Zeiten, wo es einem schlecht geht und dieses Licht und Angenommensein nicht spürbar ist?« Herr Voser fühlt sich von dieser Frage wie getroffen. Was er denn tun könne, jetzt, wo es ihm schlecht gehe? Er könne ins Nichts hinein »glauben«, erläutere ich. »**Tun als ob.**« Dunkelheit aushalten, weil man weiß, dass es das Licht gibt. »Genau so kann es zu der Erfahrung kommen, dass es plötzlich wieder hell wird.« Herr Voser hört aufmerksam zu. Er wolle nächstes Mal über das Geheimnis »Glauben« reden.*

*In den folgenden Stunden erlebe ich ihn als nervös, dann wieder als entspannt, in all dem aber als unfrei. Mich mache es traurig, dass er so leichtfertig über seine spirituellen Erfahrungen hinwegspringe. So ändere sich nichts an seiner inneren Not. »... wie ein Hin und Her zwischen Flucht und Sucht.« »Warum stimmt Sie das traurig?«, will er wissen. »Weil ich das Gefühl habe, dass Sie sich da etwas vorspielen. Sie hetzen durchs Leben und kommen weder in der Realität noch im Zustand von Glück wirklich an.« **Er weint und erkennt** in seinem Verhalten in Alltag und Partnerschaft genau diesen **»mangelnden Ernst«**. Eine für uns beide berührende Stunde, die zum Anfang einer neuen Verbindlichkeit wird.*

Herr Voser wird hospitalisiert. Er brauche jetzt meine Hilfe als Therapeutin, weil er sich Sorge mache um seine Frau. In einer Einfühlungsübung gelingt es ihm, sich in die Notlage seiner Frau und ihre Probleme mit ihm, dem ewigen Flipper, einzufühlen. Nochmals ist er sehr betroffen. – Viel später und wieder zu Hause berichtet er, es sei sensationell, was die Einfühlungsübung bewirke. Er mache sie jeden Abend und erlebe seine Frau und sich selber anders. Er sehe sich wie mit den Augen seiner Frau und **habe sie neu lieb gewonnen.** *Das Flippertum brauche er nicht mehr.* – Ein Freiwerden von ... ist diesem rastlos Suchenden erst gelungen mit einem Freiwerden in ein Neues (die Liebe) hinein.

2.3.3 Frau Keiser: Raum, über den die Welt keine Macht hat

Freiheit und Bindung. Was möglich wird, wo ein Mensch aus der Verbindung dieser beiden Grundhaltungen lebt, wurde für mich deutlich im Sterben von **Frau Keiser**.

Eine starke Persönlichkeit ohne große Worte, so liegt sie vor mir. Sie sei nicht fromm. Auf eine erste Entspannungsübung reagiert sie intensiv: »**Mein Körper war wie ein wunderbarer Raum,**[126] *mehr als einfach Arbeit*«, *formuliert Frau Keiser und umschreibt dieses Raumgefühl als* **Freiheit, atmen zu können mitten in der Not** – »*selbst noch in meiner Familie*«. *Ich verstehe nicht: Was bedeutet diese Aussage?*

Frau Keiser kann nicht sterben. Was muss noch geschehen? Ich taste mich an Hintergründe heran und erfahre Eckdaten ihrer Biographie: Harte Kindheit, über die sie nicht gerne geredet habe. Eine Ehe mit einem freiberuflich tätigen Schreiner, Alkoholiker, finanzielle Sorgen, zwei erwachsene Kinder, unentwegtes Durchtragen. Nach langem Drängen gelingt es mir, den Mann und die Kinder zu einer Familiensitzung am Bett der Sterbenden zu versammeln. Schlagartig verstehe ich, was gemeint war mit der Formulierung »*frei selbst in meiner Familie*«. *Die Probleme sind unlösbar, die Situation so emotionsgeladen, dass ich unsere Besprechung beende und Tochter und Sohn auf einen späteren Termin in mein Therapiezimmer einlade.*

---

126 Grün spricht vom inneren »Raum, über den die Welt keine Macht hat« (1993, S. 76), von einem »Schutzraum des Heils« (S. 107).

Wie war es dieser Frau möglich, unter solchen Umständen jahrzehntelang durchzuhalten? Mir kommt ihre Erfahrung vom inneren Raum der Freiheit in den Sinn. War dies ein Bild ihrer inneren Autonomie, aus der heraus sie jeden Morgen neu antrat? Im Gespräch mit Tochter und Sohn bin ich beeindruckt vom Format dieser zwei jungen Menschen. Die Mutter habe alles zusammengehalten. Ohne sie wäre es nicht gegangen. Da hätte man nicht leben können. Nach einer Weile formuliert die Tochter mit Ernst: »Ich bin bereit, Vati zu vergeben. Mami zuliebe verzeihe ich.« Der Bruder beginnt zu weinen. Mir klopft das Herz. Nach einer Weile sage ich: »Ich nehme an, dass ich nicht wissen muss, was hier zu verzeihen ist. Weiß Ihre Mutter, worum es geht?« »Ja«, sagt die Tochter. Ihr Bruder bekräftigt: »Ja, und es ist wahr. Und Mami hielt durch.«

Gemeinsam gehen wir zur Mutter. Die Tochter formuliert: »Mami, ich vergebe Vati, **ich werde mich einsetzen, dass das Leben auch für ihn weitergehen kann.**« *Die Mutter hört, versteht, schüttelt den Kopf, fragt nach und ist überwältigt. Die Stimmung ist intensiv. Und doch bleibt etwas in Frau Keiser steif, gewohnt, Fassung zu bewahren. Sie verstehe selber nicht, warum sie nicht vor Freude weine. Sie könne wohl diese überwältigende Botschaft noch nicht fassen, versuche ich zu erklären. Es dauert Tage, bis die Botschaft tiefer angekommen ist. Mir wird klar: So war ihr Leben, geprägt vom Durchhalten. Der Körper war wie zur Säule des Durchtragens geworden und verharrte noch immer im Standhalten und Raumgeben, als es bereits ums Sterben ging. Allmählich wird es weich in der Mutter, die zärtlich umsorgt ist von Tochter und Sohn. Tränen des Glücks weinend, kann sich Frau Keiser mehr und mehr loslassen in einen terminalen Zustand hinein. Als sie dem Tod schon nahe ist, trete ich nochmals ans Bett mit den Worten: »Frau Keiser, Sie haben durch Ihr Dasein und Ausharren der Familie Raum gegeben, damit das Leben weiterging. War all das nicht im Letzten Treue?« Beim Wort Treue reagiert die mittlerweile komatöse Sterbende ein letztes Mal.*

Karl Rahner spricht von einer **»anonym bleibenden Grund-**

entscheidung«,[127] einer alles umfassenden Freiheitstat des Menschen, in der er Ja sagt zu sich und seiner Verantwortung und (wahren) Selbst-Verwirklichung in der Geschichte.[128] Was Rahner in seinen immer ähnlich formulierten Texten von einer letzten Treue, einem letzten Aushalten ins scheinbar Leere hinein schreibt, wurde für mich nachvollziehbar an der Hingabe von Frau Keiser an ihre Kinder und ans Leben. Da war nicht nur Pflicht, Härte, sondern auch Freiheit, Lebensfreude. Und über oder unter allem ein Hort der Kraft (Spiritualität), ähnlich einem Raum, wo das Dunkle keine Macht hat. Grundentscheidungen dieser Art gründen im Spirituellen.

2.4 Spiritualität als Durchbruch zu neuer Liebesfähigkeit

2.4.1 »Siehe, ich mache alles neu« (Offb 21,5)

Liebesfähig(er) werden ist zeitlebens Thema. Wenn im Folgenden von Liebe als Frucht spiritueller Erfahrung die Rede ist, so vor allem mit Blick auf jene Durchbrüche zu neuer Liebeskraft, die ich als eigentliches *Neuwerden*, als *»Wunder einer Wandlung«* erleben durfte: Ehepartner, die erst noch erwogen hatten, sich von ihren Gatt(inn)en zu trennen, und diese später heiß liebten; Verhärtete, die unsäglich weich wurden; Verbitterte, denen plötzlich ein großes Verzeihen gelang. Männer und Frauen, die sich nach Einfühlungsübungen und spirituellen Erfahrungen neu auf ihre Partner einlassen konnten. Gerade Schwerkranke und Sterbende wuchsen bisweilen in Höchstformen einer Hingabe hinein, der etwas Endzeitliches anhaftete: Liebe zum Leben schlechthin, Liebe zu aller Kreatur, verzeihende Liebe, aus der niemand ausgeschlossen bleiben darf, bis hin zu einer eigentlichen Liebesmystik! Wann genau und wie

---

127 Rahner 1982, S. 175f.
128 Vgl. Rahner 1984, S. 46–52.

sich solche Wunder einer Wandlung ereignen, was sie ausgelöst hat, ist bisweilen kaum zu sagen. Vereinzelt war eine Initialerfahrung der Boden für einen Neuanfang, in anderen Fällen ereignete sich diese Wandlung langsam und unhörbar.

*Der Weg mit **Herrn Lanter** umfasste eine Zeitspanne von zwei Jahren. Im Spital war er als »unmöglicher«, ja psychisch hoffnungsloser Mensch bekannt. Ich weiß nicht, warum ich so viel daransetzte, dass der Aufbau einer therapeutischen Beziehung gelinge: vielleicht aufgrund eines Traumes, in dem ich den schwer kranken Herrn Lanter in meinen Armen trug und dabei realisierte, dass er »**tragbar**« sei.*

*Die Situation ist ernst. Niemand will ihn aufnehmen – keine Abteilung. Seine Frau zuhause denkt ans Ausziehen. In intensiven Sitzungen mit ihm und ihr geht es in der ersten Zeit darum, ihm – Woche um Woche – nochmals eine Chance zu geben. Wir suchen nach Wegen, mit seinen Seelenzuständen und seiner Krankheit umzugehen. Von Mal zu Mal verbünden wir uns: er im Versprechen, Tag um Tag konstruktiv statt zynisch zu sein; ich, indem ich abmache: »Ich gebe nicht auf«; sie, indem sie vom Ausziehen vorläufig absieht. Ein eigentlicher **Bund**. Im Spital werbe ich um Nachsicht, in einer fast naiven Hoffnung, dass es besser werde mit ihm. Derweil bringt er mich noch immer an den Rand der Verzweiflung. Ich formuliere dies und bleibe doch bei meinem Versprechen. Das berührt ihn. Wohl darum lässt er sich konfrontieren. – Dann wiederum kommt alles wieder wie Hohn bei ihm an, er reagiert zynisch. Hinter seiner coolen Bissigkeit fühle ich Verzweiflung. Krankheit ohne Ende, abnehmende Mobilität, eine Familie, die ihn nicht mehr aushält.*

*Monatelang ist er hospitalisiert. Dann darf er heimkehren, seine Frau nimmt ihn mit neuer Kraft auf, unsere Begegnungen werden seltener. Die Abmachung »Ich setze mich für ihn ein, und er bleibt konstruktiv« gilt aber nach wie vor. Er versucht, sein Versprechen zu halten. So kann er zuhause nochmals eine gute Zeit erleben, eine **Hochphase seines Lebens**, wie er beschreibt: Die Familie weiche ihm nicht aus, er könne die Kin-*

der versorgen, könne fast aufrecht gehen und sogar Fahrrad fahren. Dann geht es gesundheitlich wieder bergab.

Ich sehe ihn jetzt bisweilen am Spitaleingang beschaulich die Vögel füttern. Das sei seine Lebensfreude, sagt er mir in einem Stimmtonfall, der keine Bitterkeit mehr an sich hat. Seine Kinder besuchen ihn regelmäßig. Monatelang bleibt Herr Lanter in diesem Erleben von Gegenwart und in unserem Bündnis. Einmal bringe ich ihm eine Rose. Er schläft gerade. So stelle ich die Rose in eine Vase neben sein Bett. Drei Tage später frage ich nach. »Aha, Sie waren es, die die Blume brachte. Sie ist derzeit meine Tagesfreude.« Dann Intensivstation – Palliativstation. Jetzt sehen wir uns öfters. Er spricht mit mir über seine Angst, erneut ausquartiert zu werden. Wiederum erinnert er sich an sein Versprechen, alles daranzusetzen, um im Konstruktiven zu bleiben. Und ich erinnere mich an das meinige. Mein letzter Besuch: Schwankend zwischen eigener Verzweiflung ob diesem Schicksal und größter Hochachtung, trete ich an sein Bett. Er ist nicht mehr ansprechbar. Ich sage: »Herr Lanter, ich danke Ihnen. Unsere Abmachung bleibt bestehen: Ich glaube an Sie und bete für Sie.« Er schaut auf, lächelt mich intensiv an, nickt und ist wieder weg. Seine letzte Reaktion. – Zwei Tage später stirbt er.

Warum habe ich dieses Beispiel unter dem Thema Liebe eingereiht? Liebe war kein Wort zwischen Herrn Lanter, seiner Frau, dem Spitalpersonal und mir, wo es doch nur um »Aushalten statt Ausquartieren« ging. Auch von Spiritualität war nicht die Rede: Gott war kein Thema für ihn. Aber etwas war da: Er war mir **nicht gleichgültig**, es »ging nicht«, ihn zu vergessen. Mein Wort vom Bund schien in ihm äußerste Kräfte zu mobilisieren im Ankämpfen gegen seinen Zynismus. Dieser hatte ihn bis anhin unverletzlich gemacht und davor bewahrt, seine verzweifelte Lage fühlen zu müssen. Jetzt wurde dieser Mechanismus unterwandert durch unseren Bund. Schlussendlich war es seine Liebe zum Leben, zu den Kindern, den Vögeln, der Rose, die stärker war als aller Negativismus. Sein Schicksal annehmend, konnte Herr Lanter in der Gegenwart leben, beglückt durch kleine Dinge.

Dorothee Sölle spricht von *Affirmation*, was eine Grundhaltung von Bejahung meint, kein fromm ergebenes bis masochistisches Annehmen von Leiden.[129] Diese Affirmation stellt sie der stoischen Gelassenheit als weltüberlegene Kälte und als Abwesenheit von Leidenschaften gegenüber und sieht in Ersterer einen »Teil der großen Liebe zum Leben überhaupt, die Christen mit dem Wort Glauben ausdrücken. Glauben können heißt so viel wie ja sagen zu diesem Leben, zu dieser Endlichkeit, an ihr arbeiten und sie offenhalten für die versprochene Zukunft.« Simone Weil zitierend (»Ein Geschehnis der Welt nicht hinnehmen, heißt wünschen, dass die Welt nicht sei«), fährt Sölle fort: Dies wäre die »Sünde der Verzweiflung«, in welcher die radikale und bedingungslose Bejahung der Wirklichkeit zerstört ist. Das Leiden kann uns dazu bringen, dass wir wünschen, dass die Welt nicht sei, dass Nichtsein besser ist als Sein ...«[130] Herr Lanter hat von Verzweiflung und Zynismus zur Affirmation, zur Liebe zum Leben gefunden. »*Um leben zu können, brauchen wir Affirmation.*«

2.4.2 »Himmel ist erst, wenn alle dort sind« – Endzeitbilder

In der Verarbeitung eigenen oder fremden Leidens wollen wir verständlicherweise möglichst schnell wieder ankommen bei unserem inneren und äußeren Gleichgewicht, in der sogenannten Gelassenheit. Es lohnt sich, hinzuhören, um welche Gelassenheit es sich handelt: Darf ein Leiden so, wie es ist, wahr sein, oder suchen wir Gelassenheit am Leiden vorbei? Sölle legt dar, dass *Gelassenheit in der Sprache der Mystik* ein Zustand ist, der sich und alle Dinge gelassen hat und der so für Gott frei geworden ist. Er unterscheidet sich von jener (stoischen) Indifferenz, in welcher nicht mehr Gott die Quelle von Gelassenheit ist.[131] Dieser Unterschied ist unserer Zeit zu wenig bewusst. Christli-

---

129 Sölle 1993, S. 127–136.
130 Sölle 1993, S. 135.
131 Sölle 1993, S. 127.

che Spiritualität als Kreuzesspiritualität[132] bekennt sich zur Verletzbarkeit und riskiert es, wo Leiden unumgänglich ist, sich diesem auch auszusetzen. *Verwundbarkeit und Liebesfähigkeit gehören zusammen.* Die tief Liebesfähigen unter den Patienten waren immer auch jene, die hellhörig waren für das Leiden anderer. Sie konnten ihren eigenen Schmerz relativieren im Blick auf andere Schicksale: jüngere Sterbende oder Kinder, die vaterlos oder mutterlos zurückblieben, sie fragten nach meinem Befinden oder beteten in ihren schlaflosen Nächten für die Leiden der Welt. Leidensfähigkeit, Leiden an sich selbst, am Leben, an Menschen und letztlich an Gott ist *der Preis menschlicher Liebesfähigkeit*. Verletzbarkeit und Liebesfähigkeit sind angelegt auf ein Darüberhinaus, auf Verklärung.

In spirituellen Erfahrungen tritt die *Endzeitqualität*[133] von Liebe zutage. In Träumen vom Ende der Zeit tauchen Bilder auf etwa von der Gemeinschaft der Versöhnten, vom runden Tisch für Groß und Klein, Mensch und Tier, vom Fest der Schöpfung. Die Stimmung in diesen Träumen kündet von einem Zustand jenseits von Gewalt, Mangel und Isolation, von einem Zustand verklärter Wunden. Endzeitträume bringen zum Ausdruck, dass etwas im Menschen an eine Erfüllung am Ende der Zeit (was immer das bedeutet) glaubt. Endzeitqualität meint mehr als paradiesisch-symbiotisches Einssein, auch wenn Harmonie und wunderbares Aufgehobensein häufig mitschwingen. Liebe als Endzeitqualität umfasst auch das Er-

---

132 Sölle sagt zum christlichen Verständnis des Leidens, wie es sich in der Kreuzesmystik ausprägt: »Die Seele öffnet sich dem Leiden, sie gibt sich ihm hin, sie hält nichts zurück. Sie macht sich nicht klein und unberührbar, distanziert und unempfindlich, sie wird vollständig vom Leiden berührt« (1993, S. 128). »Es ist deutlich, dass die christliche Religion eine ungeheure Bejahung des Leidens ausspricht, stärker als in vielen anderen Weltanschauungen, in deren Mittelpunkt nicht das Symbol des Kreuzes steht. Aber diese Bejahung ist nur ein Teil der großen Liebe zum Leben überhaupt, die Christen mit dem Wort ›Glauben‹ ausdrücken« (S. 135).
133 Das heißt: etwas, das vom menschlichen Unbewussten als Zielzustand, finales Sein, Sinn erahnt wird (vgl. Renz 2009).

kannt-Sein in allem Weg, aller Differenzierung und Personalität. Teilhard de Chardin formuliert: »Es gibt keine totale Liebe außer vom und im Personalen.«[134]

In den spirituellen Erfahrungen von **Frau Höhn** *tritt etwas Paradiesisches und dann etwas Endzeitliches ins Bewusstsein. Zuerst ist es für sie wichtig, sich ausheulen zu dürfen. Dann erkundige ich mich nach den einzelnen Schmerzstellen, bitte sie, mit ihrer Hand diese Stellen zu berühren, während ich meine Hand über die ihre lege. Ich fordere sie auf, in die Schmerzstellen hineinzuatmen, worauf sich Verspannungen lösen. Die Krankheit zermürbe. Im zweiten Teil dieser Begegnung mache ich mit Frau Höhn eine Entspannung zu Monochordmusik. Sie reagiert intensiv. Ich vermute eine spirituelle Erfahrung: »Wunderbar, gänzliche Ruhe. Mehr noch: Sättigung, wie wenn meine (verstorbene) Mutter da gewesen wäre.« Ein Stück* **Paradies***? In den nächsten Klangreisen wiederholt es sich. Dieses Aufgehobensein im Mütterlichen wurde für Frau Höhn zur* **Initialerfahrung***. In der folgenden Zeit wünscht sie Musik und Kommunion.*

Heute, Wochen später, ist Frau Höhn verwirrt. »Nein, die Kommunion darf ich nicht nehmen, es sind ja nicht alle eingeladen.« Sie weint. Ich frage: »Ist das, was Sie jetzt (innerlich) sehen, so etwas wie eine große Einladung?« »Ja«, sagt sie und weint wieder. »Alle müssen dabei sein dürfen, alle.« Mir kommt das Gleichnis von den klugen und törichten Jungfrauen, die ihre Lampen nahmen und dem Bräutigam entgegengingen (Mt 25,1–13), in den Sinn. So frage ich weiter: »Gibt es Leute, die wie vor geschlossenen Türen stehen?« »Ja.« Erneutes Weinen. Ich führe unseren Dialog in der Sprache dieser Bilder fort: »Frau Höhn, vor der Türe bleiben und nicht hineinkönnen, das ist wie ein vorletzter Zustand. Das ist zum Weinen, eine Enttäuschung an Gott (am Bild, das wir von Gott haben). Diese Not kann nur durchlitten werden. Danach aber **sammelt Gott nochmals alle seine Schafe ein***, tröstet sie, nährt sie wie ein*

---

134 Teilhard de Chardin 1963, S. 161.

guter Hirte (vgl. Initialerfahrung vom Mütterlichen, zu deren Symbolbereich auch der Hirte gehört). **Dann werden alle bei seinem Fest dabei sein.«** *Stille. Sie sagt leise:* **»Ja – alle – Kommunion.«** *Sie schläft friedlich ein.*

Kommunion und Abendmahl sind Zeichen für die (endzeitliche) Gemeinschaft im Heiligen.[135] Intuitiv hatte Frau Höhn begriffen, dass eigentlich alle dazugehören würden.

Zu den schönsten Endzeitvisionen und **biblischen Aussagen** gehören Bilder vom großen Fest, von der Gott preisenden Liebesgemeinschaft, von der **Stadt auf dem Berg**, wo Menschen aller Nationen sich einfinden. **Herr Troxler** *träumte von dieser Stadt:* **»Am Anfang geht es steil den Berg hinauf. Ich bin – entgegen meiner Alltagsrealität – gut auf den Füßen. An einem Grenzdorf vorbei komme ich oben an. Da ist eine mittelalterliche Stadt. Ein Tor am Eingang.«** *Zu den Details der Stadt schildert er auf mein Nachfragen hin:* **»Es gab Treppen und Mäuerchen aus Stein, künstlerische Gärten, Paläste.«** *Mich der endzeitlichen Stadt in der Offenbarung des Johannes erinnernd, will ich mich vergewissern:* **»Gab es Straßenlampen? Gab es zu essen? Was taten die Menschen dort?«** *Worauf er antwortet:* **»Nein, keine Lampen, es war einfach hell. Und man hatte keinen Hunger, war einfach satt. Es kamen viele Menschen von allen Seiten, sie sangen Lieder und waren fröhlich.«** *In einem Folge-Traum fand* **»eine Königskrönung statt, ein junger König wurde eingesetzt.**[136] **Viele Prinzessinnen waren da.«** *Zunächst begriff Herr Troxler nicht. Als wir gemeinsam Kapitel 21 der Geheimen Offenbarung lasen, kam er nicht mehr aus dem Staunen heraus.*

135 Vgl. Kunzler 1998, S. 637.
136 Vgl. Offb 21: v. a. Bilder wie die heilige Stadt, das neue Jerusalem, das von Gott her aus dem Himmel herabkommt. Die Stadt, die ist wie eine Braut ... Der Tod wird nicht mehr sein, keine Trauer, keine Mühsal mehr ... Er sitzt auf dem Thron, ist ihr Alpha und Omega, Anfang und Ende. Er spricht: Seht, ich mache alles neu ... Er ist ihr Tempel. Die Stadt braucht weder Sonne noch Mond, die ihr leuchten. Denn die Herrlichkeit Gottes erleuchtet sie ... Die Völker werden in diesem Licht einhergehen ...

2.4.3 Herr Olejak: War das Liebesmystik?

»Liebe, absolute Liebe ... – dies als Letztes und dahinter nichts mehr.«[137] Wer unter uns Irdischen kann sich eine alles – Freunde und Feinde – umfassende Liebe, ein endzeitliches Zusammenfinden aller überhaupt vorstellen? Schon der Gedanke überfordert – speziell dort, wo Menschen sich jahrelang nur noch eines wünschten: »*endlich Ruhe von den anderen zu haben*«.

Nach Sölle führt der Weg durch die Nacht von Leiden und Sterben hindurch in eine Liebe hinein, die eigentlich Gotteserfahrung ist.[138] Aber kann ein Mensch, der in quälenden Schmerzen wie ans Kreuz genagelt daliegt, überhaupt noch lieben – ins Leere hinein? Kann einem Sterbenden (bisweilen auch einem Angehörigen) zugemutet werden, einen Partner oder einen Bruder, der nur Bitterkeit und Enttäuschung in der eigenen Seele hinterlässt, jetzt trotz allem zu lieben? Schafft es ein Mensch überhaupt, an einem äußersten Punkt sich nochmals der Liebe zu öffnen, um mit sich in Frieden zu kommen? Und ist ein der nackten Angst Anheimgegebener oder ein Sterbender überhaupt fähig, zu lieben, wo doch von seiner sichtbaren Persönlichkeit kaum anderes bleibt als ein geschundener Leib oder ein verzweifeltes »Nervenbündel«?

Spätestens an solchen äußersten Grenzen finden Menschen immer wieder in jene existenzielle Liebe hinein, die etwas anderes meint als das gängige Reden davon. »*Lieben kann ich nicht mehr – höchstens noch treu sein*«, sagte mir eine junge Frau in einer Verzweiflung, in der ihr Körper – mitten im Leben – bisweilen wie zu atmen vergaß. »*Treu sein für die nächste Stunde*«, das vermochte eine seit Jahren fast völlig Gelähmte gerade noch.

---

137 Balthasar 1963, S. 67f.
138 Sölle schreibt unter dem Titel: »Ich sehe das Leiden – ich glaube die Liebe«: »Hört die Seele in der Nacht der Verzweiflung nicht auf zu lieben, ›ins Leere hinein‹, so kann der Gegenstand ihrer Liebe nun zu Recht ›Gott‹ genannt werden« (1995, S. 218f).

Wenn ich Zeugnisse von Sterbenden oder Botschaften großer Träume ernst nehme, so scheint es trotz allem so etwas zu geben wie eine äußerste Liebeserfahrung mit der Dimension Gott. Als mystische Erfahrung ist uns dies über die Spiritualität des Karmel bekannt.[139] Das Liebesgeschehen wird, wenn man genauer hinschaut, nicht einfach als Eintauchen in ein ozeanisches Gefühl dargestellt: nicht nur ein Tropfen, der sich verliert im Meer; nicht nur Einschwingen in eine kosmische, alles durchdringende Liebe, sondern, darin und darüber hinaus, durchaus Begegnung. Was *Liebesmystik* meint, wird deutlich in den Bildern der *Brautmystik*, in welcher, symbolisch gesprochen, ein in seiner Seele »jungfräulich auf Gott hin offener Mensch« den Bräutigam Christus erwartet und ihn als Kommenden erfährt.[140] Jungfräulich kann hier nicht gedeutet werden als »enthaltsam«, sondern als »nicht verheiratet mit den Werten dieser Welt« und darum offen für ein Anderes.

Andrea, eine krebskranke junge Frau, entschließt sich im Anschluss an ihre Genesung zu einer Aufgabe im kirchlichen Dienst. »Auch wenn mich niemand versteht, genau das muss ich tun.« Ihr träumt, sie heirate ein zweites Mal, doch sei kein Bräutigam da. Sie selbst ist im Traum eine schöne Braut. Wofür steht die Braut im Traum, rätseln wir in der Nacharbeit und erinnern uns der biblischen Bilder von der Braut, die sich für das Kommen des Bräutigams bereitet. »Bist du in deinem kirchlichen Dienst, Braut Christi?«, frage ich. »Steht das Traumbild für diesen Entschluss?« Andrea ist nun ergriffen und sagt: »Jetzt sehe ich den Traum unmittelbar vor mir.« Er gebe ihr Mut zum unverstehbaren Weg.

Herr Olejak, gut 50-jährig, ist geduldig und friedlich. Mit großer Ausstrahlung liegt er da und nimmt an, wie es ist. Er liebt orthodoxe Choräle und meine Monochordmusik. Am

---

139 Vgl. Rotzetter 2000, S. 119–139.
140 Vgl. auch die entsprechenden biblischen Bilder: Mt 25,1–13 oder Offb 21,2: die heilige Stadt als Braut, die sich für ihren Mann geschmückt hat.

meisten liebt er die Stille. Ob er religiös sei, frage ich. Er antwortet in wenigen gewichtigen Worten, die Bibel sei immer bei ihm, er bete eigentlich immer. Er sage dabei einfach nur noch »Gott, Gott«. So liegt er »seiend« da. Worin mag das Geheimnis dieser großen Ausstrahlung liegen? Einmal nehme ich in der Gegenübertragung Impulse von Zärtlichkeit wahr, daneben eine so unbedingte Ehrfurcht, die mir gleichzeitig eine zwischenmenschliche Berührung wie versagt. Was hier im Raum ist, ist Liebe zwischen Gott und Mensch.

Ob das, was Herr Olejak erlebte, Liebesmystik genannt werden darf, weiß ich nicht. Was aber spürbar war: ein Geheimnis von Sanftheit, eine Konzentration in tiefstem Bei-Sich-Sein und darin eine Liebe, die nicht nur von dieser Welt ist; eine Gegenwart, in der Bei-sich-Sein und Bei-Gott-Sein identisch waren – jenseits symbiotischen Zerfließens. Liebe als Dimension spiritueller Erfahrung erschöpft sich nicht in (Mit-)Menschlichkeit, Barmherzigkeit und Milde, sondern ist äußerste Erfahrung von Gegenwart schlechthin.

Teil II:
Inhalte von spirituellen Erfahrungen

Da erschien ihm der Engel des HERRN (JHWH) in einer Feuerflamme mitten aus dem Dornbusch. Und er sah (hin), und siehe, der Dornbusch brannte im Feuer, und der Dornbusch wurde nicht verzehrt. Und Mose sagte (sich): Ich will doch hinzutreten (wörtlich: vom Weg abbiegen) und dieses große Gesicht (oder diese große Erscheinung oder Vision) sehen, warum der Dornbusch nicht verbrennt. Als aber JHWH sah, dass er herzutrat, um zu sehen, da rief ihm Gott mitten aus dem Dornbusch zu und sprach: Mose! Mose! Er antwortete: Hier bin ich. Und er sprach: Tritt nicht näher heran! Zieh deine Sandalen von deinen Füßen, denn die Stätte, auf der du stehst, ist heiliger Boden! Dann sprach er: Ich bin der Gott deines Vaters, der Gott Abrahams, der Gott Isaaks und der Gott Jakobs. Da verhüllte Mose sein Gesicht, denn er fürchtete sich, Gott anzuschauen.

2. Mose 33,2–6

1 »Wenn Gott – so muss es ein Gott aller sein«

1.1 Das Wagnis, von einer Erfahrbarkeit Gottes zu reden – Frau Werder

Ist spirituelle Erfahrung Gotteserfahrung? Erfahrung des letztlich unsagbar Einen, Heiligen, Ganzen? Ist das ewige Geheimnis also erfahrbar, auch heute noch? Ist es für einen in der christlichen Tradition groß gewordenen Menschen nicht halsbrecherisch, so etwas zu postulieren? Zu sagen, dass solche Gotteserfahrung bisweilen, aber nicht zwingend mit tradierten Glaubenswahrheiten übereinstimme? Ist es nicht vermessen, von verschiedensten Erfahrungsweisen des einen Gottes auszugehen und hinter der Art und Weise einer Erfahrung zugleich so etwas wie einen individuellen »Herkunftsstempel«, aber auch immer wiederkehrende Gesetzmäßigkeiten zu erkennen? Gar von kulturspezifischen Eigenheiten auszugehen? Ist Gott auch in der dunklen Nacht der Mystiker, ja der Patienten gegenwärtig? Ist Gottverlassenheit ihrerseits eine Gotteserfahrung, nämlich jene des schweigenden, wartenden, vielleicht mit-ohnmächtigen Gottes, dessen Allmacht der menschliche Geist nie versteht? Es hat mich zeitlebens befremdet, wenn in Darstellungen von Mystikern oder Heiligen der abwesende Gott gepriesen wurde. Es kam mir vor, als würde hier das Leid hochstilisiert. Erst im zweiten oder dritten inneren Durchgang ahnte ich, dass dies eine Form des Umschreitens eines äußersten Geheimnisses ist. Ob man inmitten des Dunkels immer neu am Geheimnis festhält oder nicht, ist nicht nebensächlich, sondern konstitutiv für die menschliche Seele. Das lehrten mich nebst eigenen Erfahrungen auch viele Patienten.

Wissen wir je, wo Gotteserfahrung beginnt? In welchen »Vorräumen des Heiligen« befinden wir uns etwa in inneren

Begegnungen mit Engeln oder mit einem unbeschreibbaren Licht? Können wir je in adäquater Weise von jenem äußersten Geheimnis Gott reden? Sollen wir es überhaupt? Und wenn ja – wie gelingt jene Offenheit in unserer Rede oder unserem Zeugnis, die dem Gegenüber seine andere ureigene Erfahrung mit dem Unsagbaren nicht verstellt? Wie wichtig Gotteserfahrung ist, lehrte mich Frau Werder. Sie hat *vom gedachten zum gefühlten Gott gefunden*:

»Gott ist hinterhältig, sonst gäbe es nicht so viel Leid in der Welt, und ich hätte nicht diesen Krebs.« So sagt **Frau Werder**, *evangelische Katechetin, bei unserer ersten Begegnung und zieht mich damit in eine theologische Diskussion hinein. Dazwischen zupft sie das Leintuch zurecht, legt sich bald so, bald anders hin und fragt selbst, woher ihre notorische Unruhe komme. »Vielleicht treibt Sie etwas um?« Über Klangreisen wird sie erstaunlich ruhig.*

Vierter Besuch: Heute ist der Tag, an dem Frau Werder ihr Augenlicht fast vollständig verliert. Sie ist traurig und wünscht Entspannung. Sinnliches Berührtwerden an Händen und Bauch tut gut, ebenso das Nach-Spüren zu meinem Satz, dass Bett und Boden sie tragen. Sie falle nicht durch die Erde hindurch. Sie scheint dieses Getragenseins zu spüren, lässt tief los ... Als ich beiläufig sage: »Vielleicht ist es auch Gott, der Sie trägt«, quellen Tränen hinter ihren Augenlidern hervor. Leise sagt sie: »Ja.« Ich fahre fort: »Vielleicht ist Gott, auch wenn Sie fast blind sein werden, unsichtbar da wie eine große tragende Hand, wie es bei Jesaja (49,14–16) beschrieben ist: Gott vergisst Dich nicht, Dein Name ist eingezeichnet in seine Hand.« Frau Werder atmet tief. Dazu Musik, dann Stille ... Plötzlich sagt sie: »Es ist unbeschreibbar, **Gott trägt mich wirklich!***« Ergriffen schüttelt sie den Kopf: »Unglaublich« und wird erneut andächtig. Dann nochmals: »Einfach unglaublich. Immer hat man uns Theorien von Gott erzählt. Und ich selbst habe jahrelang als Religionslehrerin so von Gott geredet. Dann kam der Krebs und das Gefühl, alles sei Betrug, Gott sei hinterhältig.* **Aber jetzt – das glauben Sie nicht – habe ich ›Ihn‹ erlebt:** *Er trägt mich wirklich,* *auch wenn ich kaum mehr sehen werde.«* Über Stunden bleibt Frau Werder in größter Gelassenheit. – Noch Monate später berichtet sie ergriffen von diesem Erlebnis.

Tradierte Gottesbilder und Glaubensinhalte sind kostbar, Gott als persönliche innere Erfahrungs-Realität nicht minder. *Beide* Komponenten möchten nebeneinanderstehen und sich gegenseitig befruchten. Dies gelingt, wo nicht recht gegen falsch, christlich gegen buddhistisch, pantheistisch usw. ausgespielt wird. Wo sich – wie bei Frau Werder – eine sinnliche oder innere Erfahrung in einem tradierten Bild wiederfindet, ruft dies regelmäßig Staunen hervor. *Aus dem dogmatisch (be)lehrenden Reden über Gott wird dann ein »Schauen«.* Mit Hiob (42,5) gesagt: »Vom Hörensagen nur hatte ich von dir vernommen; jetzt aber hat mein Auge dich geschaut.« Das Geheimnis wird darob nicht kleiner, doch das Staunen über Gottes Größe und Unauslotbarkeit nimmt zu.[141]

1.2 Herr Fauré: »Nennt man *das* Gott?«

Viele dichte Stunden des Zusammenseins mit Patienten haben mich darin bestätigt, dass es jenes »ganz Andere« gibt, das in sich keine Steigerung mehr hat und keine letzte Konkretisierung erträgt, sondern sich gerade dadurch auszeichnet, dass es sich verbirgt.[142] Und trotzdem, so frage ich: *Muss* man nicht bisweilen davon reden und das Unfassbare benennen? 101 Patienten sprachen vom solchermaßen Großartigen oder bestätigten ein Numinoses, Absolutes. 68 nannten es Gott. Nicht wenige waren darauf angewiesen, dass ich als Erste das Wort »Gott« aussprach, um dann selbst zum Außerordentlichen ihrer Erfahrung zu stehen:

---

141 Vgl. die erste Rede Gottes (Ijob 38 und 39): »Wo warst du, als ich die Erde gegründet ... Wer setzte ihre Maße? ... Wer hat die Messschnur über ihr gespannt? Oder wer hat ihren Eckstein gelegt ...?«
142 Vgl. hierzu Kasper 1995, S. 166f.

Herr Fauré, Mathematiker in den Vierzigern, leidet unter panischen Ängsten. Er wünschte Musiktherapie. Ich trete ans Bett dieses sensiblen, wie gelähmt daliegenden Mannes. Das Gesicht glänzt vor Angstschweiß. Wir schweigen. Mir kommen Tränen ob so viel Angst. Er scheint das zu bemerken und durchbricht nach einer Weile das Schweigen: »Wie halten Sie Ihre Arbeit aus?« »Ja, sie geht bisweilen ans Mark ... Ihre Ausstrahlung von Größe, Ihr stummes Aushalten inmitten aller Ohnmacht, das geht mir nahe und ist doch gut so.« – »Jaaa.« Nun hat er Tränen. Wir reden über seine Ängste, derzeit vor allem die Angst vor der »Röhre«. Dann wünscht er einfach Musik und beruhigt sich.

In den folgenden Begegnungen lässt er mich wissen, die Angst sei kleiner geworden, auch wenn der körperliche Zustand derselbe sei. Wir reden über die endlos langen Tage, er mag meine Empathie und meine Besuche. Kein Wort fällt über Gott und Religion. Unsere sechste Begegnung eröffnet er mit der Bemerkung, er habe vom Pastoralassistenten erfahren, dass ich Theologie studiere. »Wie kommen Sie dazu? Psychologen interessieren sich in der Regel nicht für Gott.« Ich frage zurück, was ihm Religion bedeute. »Ich bin Organist aus Leidenschaft, mal in dieser, mal in jener Kirche, aber mit Gott kann ich wenig anfangen. Es ist, als hätte ich keinen Zugang zu ihm.« Nun erzähle ich ihm, was mir Religion bedeutet und warum Theologie. »Das ist doch alles so trocken, so viel Moral«, kommentiert er und will doch wissen, welche Gestalten der Bibel mich faszinieren. »Aber was dabei herauskam, die Glaubenskriege, das war doch schlimm«, unterbricht er. »Ja, die Wirkungsgeschichte dieser Religion war in vielem schlimm«, bejahe ich. »Doch erzählen Sie mir, was Sie erleben, wenn Sie orgeln.« »Ohhh« ... dann schweigt er. »Das kann man kaum sagen. Da geschieht etwas, wofür ich keine Worte finde. Da bin ich gepackt, aber nicht hektisch, sondern ruhig, einfach tief gepackt.« Die Mühe, Worte zu finden für etwas, was zugleich so tief bewegt, lässt mich vermuten, Orgeln in solcher Qualität sei für ihn ein Ort spiritueller Erfahrung. »Herr Fauré, was Sie erzählen, erinnert mich an das Alte Testament,

wo Menschen eine große Erfahrung mit Gott machten: an Mose, dem Gott am Sinai erschien, seinen Namen Jahwe kundtat und seine Treue, die das Volk Israel aus Ägypten geführt und befreit hat. Das muss eine so gewaltige Erfahrung mit Gott gewesen sein, dass es einfach keine Worte, keine Bilder dafür gab – wie Sie vorhin sagten: ›Das kann man nicht aussprechen.‹ Wenn dann ein sogenanntes Gebot daraus entsteht: ›Du sollst dir kein Gottesbild machen‹, so müsste das treffender heißen: ›Du wirst dir kein Bild von Gott machen, denn die Erfahrung ist so numinos, dass es keine Bilder oder Worte dafür gibt.‹«
Herr Fauré unterbricht: »Sie meinen, dass das, was ich beim Orgeln erfahre, Gott sei, Gotteserfahrung?« – »Das könnte ich mir vorstellen«, antworte ich. Lange denkt er nach: »Ja, vielleicht haben Sie recht, es ist wirklich unaussprechbar.«

Ich fahre fort: »Es gehört zur großen Erfahrung, dass man ergriffen ist, weil in uns etwas geschieht, das uns übersteigt.« Er nickt: »Ja, das stimmt ... ich spiele so gerne Bach.« Er strahlt. »Das ist dann so schön ... und es heißt nicht: ›Du sollst nicht‹, sondern ›Du wirst nicht reden‹. Das klingt dann nicht nach Moral. Man schweigt von innen heraus«, fasst er zusammen. Wir sind still, dann hören wir gemeinsam Bach-Musik.

In den kommenden Wochen verdichten sich die Gespräche. Immer mehr will Herr Fauré hören und vor allem mit mir beten. Etwas beginnt, tiefer zu greifen, seinen Ängsten hat er ein neues Vertrauen entgegenzusetzen: so nachhaltig, dass er bei seiner Heimkehr das Bedürfnis empfindet, in einen Gottesdienst zu gehen und Gott zu danken. Er brauche einen Bezug zu Gott, Gott sei für ihn jetzt halt der »Gott von Frau Renz«.[143]

---

143 Auch die Formulierung »Ich glaube an den Gott meines Pfarrers, an den Gott meiner Großmutter usw.« entbehrt nicht der Gesetzmäßigkeit. Wie schon im AT der Glaube an den »Gott der Väter« dem Jahwe-Glaube vorausging, scheinen sich personale Gotteserfahrungen bisweilen über »Übergangs-Subjekte« und deren Gottesbeziehung anzubahnen.

1.3 Auch Gotteserfahrung ist menschliche Erfahrung

Spiritualität ist vor allem eines: *Erfahrung*: Etwas, eine Spur von einem Unfassbaren, wird zur inneren *Erfahrungs-Realität* und damit zu einem Stück eigener Wahrheit. Trotz dieser Nähe zum Absoluten hat Erfahrung mit *Wahrnehmung* zu tun und ist darin an ein Ich gebunden. *Es gibt keine Erfahrung ohne Erfahrenden,* auch nicht im Religiösen. Die Bibel sagt, dass Menschen Gott reden hörten, klare Worte vernahmen. Dem bin ich vereinzelt begegnet bei Menschen, die mir Träume mit irgendwie letztgültigen Aussagen erzählten. Aber trotzdem: Es sind Menschenohren, die hören. Und sie hören Worte, die einer bestimmten Kultur und Religion entstammen. *Erfahrung trägt einen Herkunftsstempel.* Da fließen unweigerlich Sehnsüchte, Befindlichkeiten und Projektionen des Ichs sowie tradierte oder kulturspezifische Bilder und Begriffe ein. Diese subjektiv eingefärbten Konkretisierungen wollen durchschaut sein und dürfen uns dennoch nicht davon abhalten, uns für das Absolute, Unfassbare, das sich dahinter verbirgt, zu interessieren und uns hineinnehmen zu lassen ins Geheimnis.

Gott ereignet sich,[144] was mehr umfasst, als Gott zu denken oder etwas über ihn auszusagen. Wenn dem so ist, dürfen wir darauf setzen, dass Gott erfahrbar war und – wie verheißen – nach wie vor ist. Das ganz Andere der Gotteserfahrung ist mehr als einfach Versenkung. Es ist Einbruch eines Transpersonalen, ein Durchblick, eine Bewegung, eine Auflösung, wo zuvor Starre und Spannung war (vgl. auch I.2: Wirkungen spiritueller Erfahrungen). Und doch frage ich zurück: Ereignet Gott sich wirklich, etwa in den endlosen Nächten der vielen Patienten, die verzweifelt mit Gott ringen? Wie? Wann endlich? Wo kann er einbrechen? In meinem Projekt geschah Gotteserfahrung am nachhaltigsten dort, *wo Menschen mit sich am Ende und dennoch offen waren auf die Dimension Gott hin*. Es

---

144 Vgl. Jüngel 1992, S. 205f.

ereignet sich im Sterben wie mitten im Leben dort, wo Menschen den Panzer des Ichs sprengen, wo sie bis dahin maßgebende Erwartungen von Leben und Lebensqualität loslassen oder bei einer tieferen Wahrheit ihrer selbst, bei ihren Verletzungen, ihren Sehnsüchten ankommen. Und es geschieht dort, wo im Sich-Ausstrecken auf ein letztes Heil hin ein existenzielles Ja gelingt. Häufig eben nicht am eigenen Geworden-Sein vorbei, sondern im Hindurch. Heil-Werden ist etwas anderes als medizinisches Gesundsein und ist auch inmitten von schwerer Krankheit möglich. Heil-Werden hat zu tun mit Abgeholt-Sein im genau Meinigen. Darum betone ich neben dem Absoluten, Göttlichen auch das Individuelle, den Herkunftsstempel innerhalb der menschlichen Gotteserfahrung. Eine tröstende Traum-Antwort aus großer Tiefe ist (zunächst einmal) genau »meine« Antwort. Die leibhaftig erlebte Gewissheit, dass Gott wirklich trägt, wird genau dort zur erlösenden Gotteserfahrung, wo einem Menschen oder einem Kollektiv die kmütterlich-bergende Dimension Gottes abhanden gekommen war. Die Gottesfrage ist (zunächst einmal) eine Menschenfrage. Anders gesagt: Gott würde am Menschen vorbeizielen, käme er nicht im Gewand von Gottesbildern und -erfahrungen daher, die für einen Menschen erträglich, tröstlich, heilsam sind.

*»An was für einen Gott glauben Sie denn?«, fragt mich **Herr Bürki** zwischen zwei Schmerzschüben. »An den Gott, den Sie gerade jetzt brauchen«, kommt es spontan aus mir heraus. Er schaut mich konsterniert an und findet, wenn es einem so elend gehe wie ihm jetzt, sei es am besten, an gar keinen Gott zu glauben. »Ich begreife«, formuliere ich: »**Wenn ein Gott**, dann nicht einer, an den man zwingend glauben muss, sondern einer, der Menschen frei sein lässt und ihnen Raum gibt, auch nicht zu glauben.« Herr Bürki horcht auf: Von einem Gott, der frei sein lasse, sei nie die Rede gewesen in seiner Kirche. In sich gekehrt, sinnt er nach. Die Schmerzen sind gewichen.*

Dann: »Ich habe mir Gott immer majestätisch vorgestellt, sicher nicht wie ein Kind in der Krippe und schon gar nicht am

Kreuz. Was hat das mit Gott zu tun?« Unsicher, ob er überhaupt eine Antwort brauche, schweige ich. Dann sage ich: *»Vielleicht ist es jetzt für Sie wichtig, erlaubterweise Raum zu haben, um nachzudenken. Antworten würden ohnehin zu kurz greifen.« Blickkontakt. Erneut fragt Herr Bürki: »Können Sie mir nochmals sagen, was Sie mit Erlaubtsein meinen?«* Ich erkläre: *»Wenn Gott – dann ein Gott, der Ihnen erlaubt, nachzudenken und nachzuspüren – der Ihnen auch erlaubt, einfach zu sein. Es gibt eine Atmosphäre des erlaubten Seins.« Herr Bürki ist erneut in sich gekehrt.*

*Dann ein nächster Schmerzschub und die verzweifelte Wut: »Aber Frau Renz: Wenn Gott – so kann er mich doch nicht hier elend liegen lassen!« »Genau. Ich gebe Ihnen einfach den Gedanken mit, dass genau das auch die Not von Gott selbst sein könnte, Menschen derart gequält daliegen zu lassen. Das gilt für Sie wie für die Straßenkinder von São Paulo. Vielleicht wollte Gott genau solche Menschen erreichen, wurde Kind und nahm selbst Hohn und Kreuzestod auf sich, um ihnen zu vermitteln: »Ich bin auf deiner Ebene, du bist mir nicht gleichgültig.« »Aber ... jede Religion hat doch ihren eigenen Gott und beharrt darauf, recht zu haben.« Ich atme tief. Er nimmt meine Betroffenheit wahr und scheint doch eine Antwort hören zu wollen. »Erinnern Sie sich an die Atmosphäre des erlaubten Seins von vorhin?« »Oh ja.« »Wenn Gott – dann meint er diese Atmosphäre des erlaubten Seins. Das ist alles andere als Recht-haben-Müssen mit diesem oder jenem Gott. Gott ist viel zu groß, als dass wir so eng von ihm denken oder ihn überhaupt verstehen müssten.« »Schön.« Nach einer Weile fahre ich fort: »Ich glaube, er ist groß, erhaben (majestätisch), wie Sie vorhin sagten. Aber zugleich meine ich, wenn ich Ihre Schmerzen sehe, dass Gott auch mit-leidend und ohnmächtig ist in dieser Welt.« »Hm.« Unsere »Wenn-Gott-Sätze« resumierend, sage ich schlussendlich erschöpft: »**Wenn Gott, dann auch für Sie.** Ich lasse es mir nicht nehmen, daran zu glauben, dass er auch für Sie da ist und auch Ihnen tief zur Antwort werden kann.« »Hmm!«* – Durch Ängste und Dunkelheit hindurch wird Herr Bürki später zu einer ureigenen Erfahrung mit diesem im Leiden gegenwärtigen Gott finden, einer Gotteserfahrung des Inmitten.

1.4 Die dunkle Nacht: Mystik oder Erfahrung von heute? – Manuela

Wo ist der Ort, wo mein Geliebter weilet?
Warum hat seufzend er mich hier verlassen? –
Dem Hirsche gleich ist flüchtig er enteilet
Und hat verwundet mich zurückgelassen.
Ich lief ihm nach und konnt' ihn nicht mehr fassen.[145]

Johannes vom Kreuz

Mystische Vereinigung und *dunkle Nacht* liegen für Mystiker wie Johannes vom Kreuz nahe beisammen: Ihre Erfahrung der Nacht ist zugleich äußerste Sehnsuchtserfahrung. Im Erleiden seiner Abwesenheit ist Gott irgendwie – negativ – doch da. Wenn in unseren Tagen in theologischer Betrachtung von »mystischer Erfahrung« gesprochen wird, so meist in einem offeneren Sinn. Für Karl Rahner sind mystische Erfahrungen »nicht seltsame parapsychologische Phänomene ..., sondern eine *echte, aus der Mitte der Existenz kommende Erfahrung Gottes* ...«[146] Im Ohr des nicht speziell frommen Menschen von heute klingen Worte wie diese mystisch abgehoben. Ich bevorzuge die Formulierung »spirituelle Erfahrung«. Da hat für mich mehr Erdennähe und mehr religionsübergreifende Erfahrung Platz. In ihrer wesentlichen Aussage stimmen aber beide Formulierungen überein: Es handelt sich um eine innere Erfahrung des einzelnen Menschen.

Gottnähe und Gottferne – »Erfahrung« und »Erfahrung von Nichterfahrung« – gehören zusammen. Das verleitet dazu, die mystische Liebesnacht und die dunkle Nacht der Gottferne in

---

145 Zit. nach Nigg 1986, S. 285 (Johannes vom Kreuz, Sämtliche Werke, Bd. 4, München 1924, S. 7).
146 Rahner 1982, S. 45 (Hervorhebung d. d. A.).

einem Atemzug zu nennen und gar nicht zu spüren, wie abgründig die Verzweiflung in Letzterer ist. Auch Mystiker und Heilige kannten solche Abgründigkeit, wie das oben zitierte Gedicht des Johannes vom Kreuz zeigt. Und doch scheinen mir Unterschiede zu bestehen zwischen der Nachterfahrung eines Mystikers und den Nächten eines verzweifelten Menschen irgendwo im Spital, in der Psychiatrie oder zu Hause. Es macht den Mystiker oder Heiligen aus, dass er einen inneren Draht zu Gott einmal gehabt hat oder bisweilen zu haben scheint. Seine grundsätzliche Entscheidung, sein Ja zu Gott, ist irgendwie gefallen. Er scheint sich besser – harrend – zu Gott durchringen zu können, auch inmitten grausamster Not und Verlassenheit. Man kann diesen inneren Draht Liebessehnsucht nennen, inneren Lehrer, inneren Führer, innere Kraft, Christus usw. Der Mystiker hat einen Ort in sich, vergleichbar einer inneren Insel, von der aus er den Sprung ins dunkle Nichts Mal um Mal wagt.

Haben Patienten diesen inneren tragenden Ort nicht? Zumindest scheint er ihnen weniger bewusst zu sein. *»Am toten Punkt ist Gott nicht zu finden«, wie eine Frau – Manuela – sagte.* Der Weg durchs Dunkel hindurch ist nicht eingeübt. Treffsicher formuliert Sudbrack: »Bin ›ich‹ (A. d. V. »Ist das Ich«) fähig, die ›Negative Mystik‹ von Leid und Dunkelheit zu bestehen, wenn das existenzielle Fundament der ›Positiven Erfahrung‹ von Urvertrauen und Geborgenheit in Gott fehlt? Würde sonst nicht alles brüchig? Würde sonst die Wirklichkeit Gottes nicht im Abgrund des Nichts versinken oder sich zum Gegenbild des finsteren, bösen Gottes verfälschen?«[147]

Wir »normalen« Menschen sind in Stunden innerer Nacht *auf den Beistand und das Mitaushalten anderer angewiesen,* auf deren vorauseilendes Vertrauen und durchgehaltene Hoffnung.[148] Etwas von dem, was für den Heiligen in seiner Nachfolge Christi bisweilen wie von innen her aufleuchtet, muss in

147 Sudbrack 1999, S. 29–30.
148 Innerhalb des Projekts kam es nur in ganz vereinzelten Ausnahmefällen dazu, dass Patienten autonom zu diesem Punkt fanden.

den Nöten »normaler« Menschen anderswoher einfließen. Gott braucht Menschen, um durch diese erfahrbar zu werden. Diese haben nicht Heiler-, wohl aber Mittlerfunktion. Sie bleiben mitfühlend »dabei«, leiden vielleicht bewusst und stellvertretend etwas durch, was einem Schwerkranken unbewusst im Wege steht. Sie bleiben auf der Seite des Guten, wenn es im Patienten böse wird, und grenzen sich damit ab vom atmosphärisch um sich greifenden Unguten. Sie leihen ihm ihre geistige Kraft, träumen vielleicht von ihm und halten in seiner spannungsgeladenen Ratlosigkeit mit aus – bis zu dem Punkt, wo sich im anderen oder in ihrem eigenen Unbewussten jene Hilfe oder jenes Wort konstelliert, das genau jetzt trägt: vielleicht ein Grundwort echter Achtung oder eine neue Berührbarkeit für eine Hoffnung, mit der etwas von dieser stimmungsmäßig schon gegenwärtig ist. »Es kommt an«, sagen Menschen bisweilen. Verzweifelte atmen wieder, sie nicken ein, Schmerzen weichen, in die Erstarrung eines irgendwie äußersten toten Punktes kommt Bewegung hinein.

Was eigentlich macht den toten Punkt tot? Worin besteht das innerlich so Schreckliche im Leiden? Ich erkenne dreierlei: a) die totale Ohnmacht, die umfassender nicht sein könnte, b) die Erfahrung von existenzieller Entwürdigung, denn alles extreme Leid entwürdigt, und c) darin und darüber hinaus die vollständige (Gott-)Verlassenheit, erlebt als totale innere Finsternis. Der Mensch am toten Punkt, nur mehr Kreatur und nicht mehr »Mensch«, ist sich selbst nur noch Fragezeichen, ohne Mitte, wie von allen guten Geistern verlassen. Jegliches Gefühl von Glück, von Sinnhaftigkeit oder einem Eingebundensein in ein Größeres ist ihm genommen. Der tote Punkt darf nicht vorschnell mystisch überhöht werden. Hier erscheint selbst Gott als ohnmächtig, als in menschlicher Erfahrungsweise stumm, fern und unbeteiligt. An diesem Ort innerer Finsternis ist es in der Tat gespenstisch still, bleischwer, trügerisch hohl, ohne Substanz, Würde und Bestand. Das Ich ist tot, sieht nicht weiter, sieht gar nichts und kann kaum die Kraft für die nächste Stunde, die nächsten Minuten aufbringen.

Das oftmals einzig Mögliche an diesem schauerlichen Ort ist *ein »körperhaftes« Dranbleiben* und damit eine *letzte Treue zu sich* und zum eigenen Weg. Und auch dies gelingt meist nur in schweigender Solidarität mit Verbündeten. *»Es ist unsinnig, und doch ist es das Einzige, was jetzt ist: ich liege weiterhin da. – Und meine Frau ist jeden Tag da.« – »Ich höre das Warten. Ja, ich warte. Ja, ich bin.«* Diese Form von Treue ins Leere hinein ist ein *verkörpertes Ja (zu sich, zum Leben, zu Gott) und darin »Entscheidung«*.[149] Auch wenn als solche meist nicht mehr gedacht noch willentlich vollzogen, so ist sie doch »gelebt« – und Anfang einer Öffnung: hin zu neuem Leben oder hin zum befreiten Sterben. Niemand kann einem dieses Ja abnehmen, weder Menschen noch Gott. Das Ja zur Ergebung resp. das Ja zu neuem Leben ist ein Sprung ins Leere. All dies kann nur der Betroffene selbst leisten. Ebenso kann nur der Betroffene selbst eigene Vorstellungen oder Widerstände opfern, sich selbst loslassen und sich in einem Akt von Großmut übersteigen. Der Theologe Roman Siebenrock sagte mir einmal: »Gott kann dem Menschen sein Ja nicht aufprügeln, sonst wäre es kein freies Ja. Hier bleibt selbst Gott Angewiesener.«

So vielschichtig wie die Not am toten Punkt, so umfassend kann – wo es sein darf – das neu Geschenkte sein: Im gelebten und erlittenen Hindurch wächst der Mensch in die ihm zugemutete Reife, Bewusstheit und personale Größe gleichsam hinein. Er erfährt Personalität und ein Darüberhinaus. Patienten, die den Sprung willentlich oder körperlich wagten, sagten: *»Es ist ›Ich‹ ebenso wie ›Du‹ – Präsenz. – »Plötzlich hörte das Gespenstische auf. Ich weiß nicht, warum. Es war einfach gut. ES war gut, und*

---

149 Weshalb die instinkthafte, körperliche Entscheidung unbedingt mit einzubeziehen ist in den theologischen Diskurs von der freien Entscheidung, der Gewissensentscheidung usw. Gerade in der verstummenden Einwilligung Sterbender und wohl auch im vorverbalen Ja des werdenden Lebens wird der ganzheitliche Charakter dieses Ja's deutlich: eine wahrlich »anonym bleibende Grundentscheidung« (Rahner 1982, S. 175f), die alle Einzelentscheidungen nochmals untergreift.

ich war gut. – Seit diesem Moment ging die Zeit wieder weiter. Zuvor stand sie still. Seither fühle ich mich wieder lebendig.« – *»Plötzlich war ER da und ich mit ihm. Seither ist Friede in mir.«*

Theologisch ist der tote Punkt brisant: **Dass Gott dabei war, ist immer Erfahrung im Nachhinein.** Sonst wäre die Leere nicht leer, die Abgründigkeit nicht bodenlos, die Angst nicht verschlingend. Und die Anfrage an den Menschen und seine Entscheidung wäre gar nicht ernst. Nicht nur Schwerkranke erfahren den toten Punkt mit der ihm innewohnenden Gottferne. Auch an ihrem Schicksal Zerbrechende, Perspektiven- und Arbeitslose und auch bereits Kinder und Jugendliche sind davon nicht verschont. *»Als meine Mami letzten Sommer starb, war es sooo kalt«, erklärte mir ein 6-jähriger Junge.*

Nachfolgend berichte ich, exemplarisch, von **Manuela**. *Mehrfach erfuhr diese differenzierte, lebensgierige Frau mittleren Alters, dass das ewige Dunkel sie über Tage wie »auslösche« und dass dieses dann doch »von einem Lebendigen, Spirituellen wie umfangen sei«: Zunächst gibt sie mir zu verstehen: Sie wolle das Leben haben, besitzen. »Die Krankheit akzeptiere ich nicht.« Zwei Jahre lang verharrt sie in dieser Haltung und kommt nur in großen Abständen zu mir. Immer neu kommt eine Wut auf Gott, auf ihr Schicksal und auf mich hoch, ein Gefühl, das ich bisweilen empathisch verstehen kann und dessen ich doch irgendwann überdrüssig bin. Ich konfrontiere sie. Wütend geht sie nach Hause. Therapieabbruch? Eine Woche später rufe ich sie zu Hause an und frage, wie es ihr gehe. Das wird ihr zum großen Erlebnis: »Ich bin es wert, angerufen zu werden.« Als sie wiederkommt, ist ihr Gesichtsausdruck weich. Sie sagt: »Sie haben recht, anrennen bringt nichts.« In der heutigen Klangreise erlebt sie sich als mütterlich getragen, wie auf Mutters Teppich. Dann: »Mutter sein ist schwer, ich sorge mich so um meine Kinder. Doch mutterlos sein ist auch schwer. Ich habe meine Mutter früh verloren.« – Eine Woche später erfährt sie zu Monochord- und Trommelmusik etwas, das sich im Laufe der Zeit wiederholt und zur Gotteserfahrung verdichtet: ein »Alles«. »Da war eine große Sorglosigkeit. Ich musste nicht mehr um meine Kinder* *bangen.* **Lösungen waren wie gefunden, einfach da, ohne dass ich gewusst hätte, welche. Aber es war nicht einfach »nichts« – sondern ein Alles.** *Wie wenn es auf alles eine Lösung gibt.« Ich staune. Ihre Gelassenheit hält über Wochen an.*

Manuela wird hospitalisiert. Erneute Wut und Trauer, aber beides überdeckt von Müdigkeit und Schwere. Sie könne nach wie vor nicht verstehen, dass die Welt ohne sie weitergehe, als ob es sie nie gegeben hätte. »Ja – einfach ausgelöscht zu werden, das geht so nicht für dich.« Mein Verstehen und meine Wertschätzung trösten sie. Doch ihr Zustand wird schlimmer und schlimmer: Lähmungen – Infusionen – Schmerzen – Enge. Als ich heute in ihr Zimmer trete, ist es seltsam still. Dicke Luft kommt mir entgegen. Tot? Nein, leider nicht! Sie lispelt: »Monika – ich kann kaum mehr atmen.« Ich bin wie gelähmt. Nach einer Weile: »Bist du noch da?« »Ja.« Ich merke, dass auch ich nur stoßweise atme, und doch ist die Atmosphäre alles andere als zum Sterben. Ich spreche das aus. »Schön gesagt.« Eine leise Verbindung steht im Raum. »Manuela, wir brauchen einen weiteren Verbündeten, so geht das nicht.« – »Wie meinst du das?« – »Wir – ich – brauche hier Gott.« – »Nein.« Erneut lähmende Schwere, wie wenn alles in einer untergründigen Wut erstickt wäre. Irgendwann schaffe ich es, zu intervenieren: »Manuela – dir selbst zuliebe – brauchen wir jetzt größere Hilfe. Einverstanden?« »Ja.« »Du weißt, anrennen bringt nichts. In der Wut bleiben auch nicht, so verständlich diese auch ist. Ich schlage dir vor, dass ich deine Wut an jene Adresse bringe, wo sie hingehört: zu Gott, konkret in die Spitalkirche. Das ist ein Ritual und doch mehr. Probiere es aus: Formuliere zuerst deine Wut und übergib sie mir dann.« Skeptischer Blick: »Meinst du?« Eine Minute Schweigen. Schon glaube ich, meine Übung abbrechen zu müssen ... da sagt sie unerwartet: »Okay.« Wort um Wort holen wir ihre Wut in den Raum. Dann unvermittelt der Satz: »Ich will einfach nicht sterben.« »Verständlich, und doch: Willst du lieber so weiterleiden ohne Perspektive auf Besserung?« »Ach ...« Tiefes Seufzen. »Nein – hier, nimm meine Wut.«

Als ich tags darauf wiederkomme, empfängt mich Manuela mit den Worten: »*Nie hätte ich das gedacht ... kaum warst du aus dem Zimmer, war die Wut weg ... konnte ich atmen und fühlte mich so* **frei**. *Wieder war jener Zustand (der Sorglosigkeit) da. Nichts mehr war wichtig – nein, alles war wichtig, aber so, als wäre klar, dass alles gelingt.* **Als gäbe es ein großes Ziel.**« *Wir schweigen. Schließlich erzähle ich ihr von Teilhard de Chardin und seiner mystischen Schau eines Angezogenseins vom Ziel her. Und dass dies bedeute, dass man gerade nicht ausgelöscht werde, sondern geheimnisvoll anderswie eingeordnet sei. Sie nickt und schweigt. Ich bedanke mich und gehe. Sie bleibt über Tage angstfrei und gelöst ...*

Neuer Schub: Notfallmäßig werde ich gerufen. Wieder ist alles bleiern. »*Schrecklicher als die Nacht*«, *formuliert sie.* »*Mutterlos und gottfern*«, *ergänze ich. Lange bleibt alles still. Dann löst sich etwas in der Atmosphäre. Manuela sagt:* »*Ich liege jetzt einfach da.*« *Im Stimmtonfall liegt Einwilligung. Ich spreche meine Hochachtung aus. Blickkontakt. Manuela atmet tief, es ist, wie wenn etwas vollbracht wäre. Bald schläft sie ein. Immer häufiger müde, friedlich, klingt ihr Leben langsam aus.*

1.5 Engel, Licht und wunderbare Musik – Im Grenzbereich zum Unfassbaren

… wo fängt es an mit der Gotteserfahrung? Wo endet das rein Menschliche und beginnt das ganz Andere? Niemand weiß hier Bescheid, das eine greift ins andere über. Für den einen bedeutet ein Traum über einen Verstorbenen nur die Begegnung mit diesem ehemaligen Freund, für einen anderen ist dasselbe etwas Heiliges. Aus phänomenologischer Sicht kann nur aufgelistet werden, was erlebt wurde. Erst die Interpretation erlaubt die Deutung im Sinne der Nähe eines Absoluten. Und diese bleibt persönlich. Solchermaßen offen sehe ich es auch mit den Engelerfahrungen und Lichtphänomenen, welche nicht nur in Todesnähe bisweilen ins Leben von Menschen einbrechen.

»Da war ein Engel ... aber deuten kann ich es nicht«, vertraut mir eine Patientin an. Ob sie mit dem Unintegrierbaren dieser Erfahrung leben könne? Sie nickt.

Engelerfahrungen siedle ich vornehmlich im *Grenzbereich Mensch – Gott* an, gleichsam in Vorräumen des Heiligen. Vorsicht ist geboten in der Frage, ob es »nur« Grenzerfahrung war oder ob man von eigentlicher Gotteserfahrung sprechen dürfe, ja müsse. Mal um Mal bedarf es des Abwägens und Rückfragens: »Wie würden *Sie* dieses Andere benennen? Wie war die Atmosphäre? War da Begegnung? War ein Sein? Wurde etwas geschaut, gefühlt oder gewahrt?« Engelerfahrung ist Brücke hin zur Gotteserfahrung[150] und damit oft bereits Bestandteil des Heiligen. Engel sind Überbringer einer Botschaft. Doch ihr Erscheinen ist *in sich* schon Botschaft, nämlich die Ankündigung: Gott tritt an Dich heran, auch wenn er unsichtbar bleibt.[151] Das Geheimnis kann als Licht präsent, in einer Gestalt verkörpert oder atmosphärisch gegenwärtig sein, etwa als heiliger Raum oder als unsäglich schöne Musik in einem Traum.

Anita, halb gelähmt, träumte von einem unendlich schönen Raum, in dem ein Engel aufgeleuchtet habe: wie ein indirektes Licht, ohne zu blenden, ein wunderbares Blau. – Ich fragte, wie es sich angefühlt habe in diesem Raum. Nun musste Anita weinen: »Einfach schön. Ich konnte mich normal bewegen, einfach sein, war gut, wie ich bin. Es sei mehr da gewesen als nur (heilige) Stimmung, erkannte Anita, und konnte doch nicht sagen, was es war. »Präsenz, Gegenwart?«, fragte ich. Nicken. »Vielleicht!« Über Tage war Anita ergriffen.

Engel und andere Lichtgestalten sind **Wesenheiten des Grenzbereiches**. Sie tauchen in den Träumen vieler Patienten und Angehöriger auf. Meist erfahren sich diese als von ihnen

---

150 Eines der schönsten biblischen Beispiele für dieses Hingeführt-Werden zur eigentlichen Gotteserfahrung stammt aus dem ersten Buch der Könige (19,4–18) bei Elija.
151 Boros: »Die Engel sind »Boten« Gottes in dem ungeheuren Sinne, dass sie irgendwie den Sendenden selbst bringen« (1974, S. 99).

abgeholt, geführt, beschützt, bisweilen auch ins Leben zurückgeschickt. Manchmal liegt das Erschütternde in der Begegnung, in anderen Fällen hat es eher den Charakter einer Schwingung (vgl. Engelflügel = Schwingen) und einer unbeschreiblichen Dichte. Umso trostloser muss es sich anfühlen, wenn Menschen im Grenzbereich zwischen Leben und Tod – etwa auf der Intensivstation – nichts von dieser Dichte spüren.

Frau Dietschi ist, seit sie im Koma auf der Intensivstation lag, traumatisiert. Sie kann niemanden an sich heranlassen. Der Chefarzt schlägt vor, mich zu rufen. »*Ja, diese Frau darf kommen, sie hat auf der Intensivstation für mich Musik gespielt.*« *Alle staunen, dass sie das weiß.* »*Ja, einmal habe ich sie dort besucht*«, *erinnere ich mich und höre doch erst jetzt, wie es damals für Frau Dietschi war:* »**Ständig fror ich, wie in einem Eisloch.**« *Und das wochenlang, rechne ich aus.* – »*Darf ich Ihre Hände berühren, Ihnen so sagen, dass jetzt Wärme da ist?*« »*Schön*« *findet sie das, beginnt aber bald zu weinen. Ihr kommt in den Sinn, dass vorher oder irgendwann noch etwas ganz Anderes da gewesen sei: eine wunderschöne Stimmung.* »*Mir war so wohl, doch dann wurde ich wie zurückgestoßen ... an einen angrenzenden kalten Nebenort – wie in eine Eishöhle.*« *Sie schluchzt, meine Worte hört sie nicht. So spiele ich auf meiner kleinen Harfe. Sie blickt auf:* »*So haben sie damals gespielt auf der Intensivstation, das war schön.*«

»*Möchten Sie sich aufs Bett legen? Ich könnte für Ihren Körper musizieren. Das bringt vielleicht Trost – oder Wärme.*« *Frau Dietschi willigt ein. Nach einer Weile:* »*Es tröstet wirklich ... vielleicht schon damals auf der Intensivstation ... Aber die Stimmung, von der ich vorhin sprach, war nochmals etwas Anderes.*« »*Wissen Sie, was Sie damals erlebt haben?*« *Sie schüttelt den Kopf.* »*War es vielleicht so, wie wenn Sie ein bisschen Ewigkeit eingeatmet hätten, eine Glückseligkeit, für die es kaum Worte gibt? Wie wenn im Koma ein Fenster zur Ewigkeit offen gewesen und Ihnen etwas Wunderbares entgegengeströmt wäre?*« – *Frau Dietschi sinnt nach:* »*Verstehen kann ich das nicht, aber ich spüre, so war es.*« *Bei unserer nächsten Begeg-*

nung friert Frau Dietschi erneut. Sie will mit mir darüber reden, aber »nein, spielen Sie einfach Harfe.« Von Woche zu Woche geht es ihr besser, die Kälte sei erträglicher. Und – was wir besprochen hätten, stimme ... »Die Harfe war's.«

Im Vokabular der Spiritualität ist aller Grenzbereich auch **Vorraum des Heiligen**. Was hier greift, sind Riten, Sakramente, Gebete von authentischer Andacht, heilige Worte und geistliche Musik, ehrfürchtiges Schweigen und spirituelle Übergangsobjekte. Und nicht minder wichtig ist die innere Gegenwart derer, die an Spitalbetten in einem priesterlichen Mittler-Dienst stehen: Priester, Seelsorger(inn)en, Therapeut(inn)en, Ärzte, Pflegende, Laienhelfer. Sie alle *begleiten Menschen auf der Suche nach dem, was letztlich heilt*. Sie »machen« ihrerseits die Atmosphäre des Heiligen nicht. Auch ihnen ist nicht immer danach zumute. Und doch möchte ich die einmalige Chance dieses Dienstes so ernst nehmen, dass ich noch über mich erschrecken kann, wenn ich da oder dort zu wenig bei der Sache war.

1.6 Gott, der ewig Andere – Kann man spirituelle Erfahrungen dennoch kategorisieren?

Niemand kann mit Sicherheit sagen, was es ist, was (letztlich) heilt? Und doch ist genau dies die Schlüsselfrage aller im Bereich von Medizin, Therapie, Spiritualität und Seelsorge Tätigen. Es sei von einem biologisch-psychologisch-soziologisch-spirituellen Ansatz auszugehen, höre ich mehrfach und widerspreche dieser These nicht. Höchstens bin ich geneigt, nicht alle Faktoren auf der gleichen Ebene anzusiedeln. Medizinische Kunst heilt, tragende Beziehung heilt, spirituelle Erfahrung heilt, jedes auf seine Weise. Von jeder Disziplin ist ein bewusstes Wissen um die Grenzen der eigenen Möglichkeiten ebenso wie Bereitschaft und Offenheit zu grenzüberschreitender Zusammenarbeit gefordert. Integrative Bemühungen dürfen nicht dazu führen, dass eine Disziplin oder Religion – welche auch immer – andere Heils-Antworten dem Ihrigen unterordnet. Das gilt im Angesicht des einzelnen Menschen resp. Patienten, seiner ureigenen Biographie und seiner Heilserwartungen. Und es gilt noch mehr in wissenschaftlichen und religiösen Grabenkämpfen. Keine Disziplin, keine Religion hat je voll begriffen, wer resp. was Menschen letztlich heilt, rettet und erlöst.

Ich befasse mich andernorts mit dem, was Heilssehnsüchte mit frühester individueller und kultureller Prägung zu tun haben und was Menschen unterschiedlicher Prägung und Herkunft letztlich heilt.[152] Jeder vorschnelle Brückenschlag ist gefährlich.

Im Projekt »Grenzerfahrung Gott« bin ich radikal praxisorientiert vorgegangen, indem ich fragte: Was wurde als spirituelle Erfahrung erlebt? Mit welcher Wirkung, mit welchen Auslösern, mit welcher Benennung? Wurde von Gott gesprochen oder wovon sonst? Wie und als was resp. wen erleben Menschen unserer Tage dieses ganz Andere? *Dass* solche Erfahrungen für die, die sie machen, so heilsam sind, lehrte mich erst das Projekt. Und es zeigte mir: Ja, Heil-Werden ist ein *Prozess*, ein Gnadengeschehen dort, wo Türen offen sind oder daraufhin aufgestoßen werden. Ja, Heil-Werden hat mit mir als Menschen und Empfangender zu tun, aber auch mit nichts weniger als einem uns gänzlich verborgenen Geheimnis – »Gott«. So wurde die Frage nach dem, was heilt, ihrerseits weg-weisend: *Wo wir von der konkreten Frage, was heilt* (entspannt / erlöst / beruhigt / befreit / gibt Antwort) *ausgehen, genügt eine einzige letztgültige Erfahrungsweise dieses Einen nicht.* Es geht dann nicht primär um die dogmatische Frage »Wer, wie oder was ist Gott?« und schon gar nicht um die besitz- oder standesorientierte Frage »Welche Religion hat Recht?«, sondern es geht darum: wie es – innerhalb des ewigen Geheimnisses Gott – dazu kommt, dass Menschen in genau ihrer Not ein Stück Befreiung und Erlösung erfahren.

So möchte ich auch die nun *folgende Kategorisierung spiritueller Erfahrungen* eingeordnet wissen: Es geht nicht um Rich-

---

152 Renz 2008a und 2009.

tig oder Falsch, nicht um den einen oder anderen Gott, sondern darum, dass Kategorien uns helfen, unsere eigenen Erfahrungen zu verstehen und zu achten. Und es geht darum, die – heute m. E. engführende – Diskussion darüber, was spirituelle Erfahrung sei, aufzubrechen. Menschen auch unseres Kulturkreises, Gesunde wie Kranke, Zweifelnde wie Glaubende, müssen mit ihren Gotteserfahrungen Platz haben. So erachte ich etwa die sogenannte Einheitserfahrung als eine wichtige, aber nicht als die einzige Erfahrungsweise des Göttlichen. Die heutige Spiritualitätsdebatte beginnt allmählich, dem Rechnung zu tragen, etwa im Diskurs »monistisch oder dialogisch«.

Thematisiert Gotteserfahrung ein letztliches Sein oder Beziehung? Und gibt es – über diese Grundspannung hinaus – auch Mischungen und immer wiederkehrende Nuancen? Ich jedenfalls habe in den mir anvertrauten Erfahrungen meiner Patienten solche wahrgenommen. Die gut 300 Protokolle der insgesamt 135 erfassten Patienten studierend, fragte ich immer wieder: Welches sind explizite, welches implizite Inhalte? *Was* genau erleben resp. umschreiben die Patienten? Ein *Suchprozess* begann, den ich hier im Sinne einer Hinführung zum nachfolgenden Kernkapitel des Buches wie folgt zusammenfasse:

- Am Anfang stand die Unterscheidung *Einheitserfahrung – Gegenüber-Erfahrung,* also Erfahrungen eines wunderbaren kosmischen Einsseins neben Erfahrungen von letzter Beziehung und Würdigung.
- In einer nächsten Differenzierung wurde deutlich, wie breit gefächert das Spektrum von Erfahrungen mit einem Gegenüber ist. Hier entfernteste Ahnungen von einem als solchen anonym bleibenden Ur- oder Endzeit-Gegenüber, vielleicht nur eine Stimme im Traum. Dort Umschreibungen eines sinnlich-zärtlichen oder gütigen Gottes, der fast menschliche Eigenschaften hat und den Eindruck des Personalen hinterlässt, z.B. die Beschreibung: »*wie eine ganz große Mutter*«. Damit waren drei Kategorien umrissen: Einheitserfahrung, Gegenüber-Erfahrung und Gott als *das Väterlich-Mütterliche.*

- Eine nochmals neue Beziehungserfahrung hat mit äußerster Ohnmacht zu tun. Ausgelöst durch radikale zwischenmenschliche Empathie, wurde sie inhaltlich als *Mitsein Gottes, als Präsenz* erfahren: als käme das Transzendente aus dem Inneren, als wäre Gott ganz eingestiegen ins eigene Leid. Ich spreche bei dieser vierten Kategorie vom *Gott des Inmitten* und möchte sie hier durch ein Beispiel veranschaulichen: *Herr Bürki erwartet zitternd eine schwierige Operation. »Haben Sie Angst?«, frage ich. »Ja – und da hilft Gott wenig.« Die Situation übersteige ihn, er verstehe nichts, sei verzweifelt. Als er mein Mitfühlen spürt, horcht er auf, seine Stimme klingt weich. Ich ergreife seine Hand und sage: »Ich bin jetzt da. Ihr Befinden ist mir nicht gleichgültig. Sind Sie einverstanden, wenn wir jetzt einfach zusammen aushalten?« »Gerne.« Herr Bürkis Atem wird ruhig. Bald geht die Türe auf, er wird abgeholt. Nochmals mein Satz: »Ich denke an Sie, nehmen Sie das mit.« Dann ist er weg. – Tags darauf sagt er ergriffen: »Ihre Stimme kam mit. Und zugleich war es mehr als Ihre Stimme. – Es war schließlich nicht mehr schlimm.« Ohne diesem Mehr einen Namen zu geben, hatte er zur Erfahrung einer übermenschlichen Präsenz inmitten des Leides gefunden.*
- Noch immer lagen vor mir viele Erfahrungsprotokolle, die sich nirgends einordnen ließen: Wohin mit einer *»reinen Dynamik, einem roten Kraftfeld, einem Blitz, einem Schub, einer Aufwärtsbewegung«*? Wohin mit Visionen von Vollendung oder einer Schöpfung im Werden? Wie verstehen, woher ein Sieg im geistigen Kampf etwa an einem Sterbebett rührte? Warum tritt da plötzlich Friede ein? An zahlreichen Beispielen lernte ich ein Geistwirken Gottes in seiner Vielfalt kennen und fand damit zur – fünften – Kategorie: *Geist*.

Diese fünf Kategorien nebeneinander betrachtend, realisierte ich mit einigem Staunen, wie mir hier über den Weg der Erfahrung die Rede vom dreieinen Gott sinnvoll wurde: Vater/Mutter – Sohn als menschgewordener Logos (hier begriffen als

Erfahrung des Inmitten) – Heiliger Geist. Und all dies hineingeholt in die numinosen Dimensionen von Einheits- und Gegenüber-Erfahrung, von letztem Sein wie von letzter Beziehung. Ausschlaggebend war dabei nicht die theologische Diskussion, sondern letztlich das, was ich von den Patienten erfahren hatte: Alle Patienten und spirituellen Erfahrungen hatten nun ihren Platz. Jede Erfahrung konnte in eine Kategorie eingereiht oder als Kombination verstanden werden. Dies hieß gleichzeitig, dass nicht einfach ein interpretierendes, sondern – im Sinne einer Pionierarbeit – ein *systematisierendes Erfassen möglich* wurde: *fünf Erfahrungsweisen eines äußersten Geheimnisses Gott,* die gleichzeitig Antwort geben auf fünf Aspekte von Heilssehnsüchten.

In der folgenden *Übersicht der fünf Erfahrungsweisen* ist mitzubedenken, dass diese Kategorisierung entstand im Zusammensein mit Menschen, von denen die allermeisten eine westliche Sozialisation durchlaufen haben. Ich kann nichts aussagen über Heilssehnsüchte tibetisch, japanisch oder anderweitig sozialisierter Menschen. Und ich kann nicht abschätzen, wie sehr sich solche Menschen in dem finden würden, was nachfolgend als Einheitserfahrung umschrieben wird.

1. Einheitserfahrung (bei 41[153] *Patienten).* Erfahrung von All-Eins-Sein, von einem Zustand jenseits von Zeit und Individuum. Erfahrung von Sein, Teilsein, Angeschlossensein. Diese Erfahrung »eint«, integriert, überwindet Spaltung. Sie wird oft körperlich erlebt und zugleich als »grenzensprengend, sinnenjenseitig« umschrieben.

2. Gegenüber-Erfahrung (bei 44 Patienten). Erfahrung von Würdigung, Identität, Berufung, Sinn durch ein namenlo-

---

153 Diese *Zahlen* bezeichnen die Anzahl der Patienten und Patientinnen, die solche Erfahrungen machten; und dies oft mehrfach und in Variationen. Nicht nur ich beurteilte die protokollierten Erfahrungen und »teilte ein«, sondern auch zwei weitere Personen. Über Diskrepanzen wurde diskutiert.

ses, gesichtsloses, irgendwie letztes Gegenüber. Erfahrung des Numinosen, das als solches immer überfordert. Erfahrung ferner von Freiheit wie auch von Korrektur und Rückbindung. Das Unanschaubare wird oft – etwa in Träumen – »gehört«, oder man erfährt sich als angeschaut, berührt.

3. Väterlich-mütterliche Gotteserfahrung (bei 34 Patienten). Erfahrung mit einem irgendwie fassbareren, tröstenden, schützenden, tragenden, zärtlich wärmenden Gegenüber. Ob geschaut oder (nur) gespürt, immer kommt es zum Eindruck eines väterlich-mütterlichen Ganzen, das als solches nahe ist. Antwort auf das vom Menschen her Unverkraftbare und auf das Ungetröstete, das innere Kind.

4. Der Gott des Inmitten (bei 33 Patienten). Erfahrung eines innewohnenden, im Leiden gegenwärtigen Gottes. Erfahrung extremer Solidarität, ein Gott des existenziellen Mit-Seins, umschrieben etwa als »ER/ES in mir« oder »ER aus mir heraus«, häufig erlebt als »Christus«. Antwort inmitten extremer Angst und Not.

5. Der Gott der Energie, des Geistes (bei 49 Patienten). Spirituelle Erfahrung als Innewerden eines Wirkens oder Bewirken Gottes, einer Dynamik durch/mit/in Gott. Kraft des Werdens, die aus Fixierung herausrüttelt und nach Leben, versöhntem Dasein (Liebe) und Vollendung (auch im Sterben) drängt. Erfahrung von Kraft an sich.

Diese fünf Erfahrungsweisen werden nun näher ausgeführt. Sie sind Annäherungen an das Eine, Heilige, Ganze, das trotz aller Erfahrung Geheimnis bleibt.

2 Fünf Erfahrungsweisen des Einen, Heiligen, Ganzen

2.1 Einheits- und Seinserfahrung

Wage den Sprung in den Abgrund,
geblendet, verwundert und dich befreiend.
Löse dich von allen irdischen Fesseln,
verliere dich selbst und taumele ins Nichts.
Wer grenzenlos stürzt, ist schon grenzenlos geworden
und der Mittelpunkt von allem Seienden,
vom drehenden Rad,
das ihn regungslos macht
und eins.[154]

2.1.1 Ganzheit – Einheit – Unvorstellbarkeit

Es gibt Erfahrungen von einem umfassenden Einssein und Ganzsein. Eigentlich unbeschreiblich fühlen sich Menschen dann wie »*eins mit dem Kosmos*«, »*eins in Gott und also nicht verloren*«, »*ganz und vollständig, als wäre da nie Spaltung noch Abgespaltenheit gewesen*«. Warum ganz, warum eins?

Ganzheit ist ganz. Ganz bedeutet, dass alles enthalten ist. Nichts fehlt, nichts ist überflüssig, nichts fällt heraus. Wo alles ein Ganzes bildet, ist dieses Ganze auch das Eine. Ein Zweites daneben oder außerhalb davon kann nicht gedacht werden. Ganzheit ist nicht denkbar ohne eine Einheitswirklichkeit als Seinsweise auch für den Menschen.

---

[154] E. v. Ruysbeek, Mystiker und Dichter (nicht zu verwechseln mit dem mittelalterlichen Mystiker Jan van Ruusbroec), zu Logion 74 des Thomasevangeliums. Zit. nach Ruysbeek/Messing 1993, S. 136.

Ganzheit ist letztlich ein anderer Begriff für Gott, aber nicht nur in einem personalen Verständnis, sondern zugleich transzendent wie immanent, seiend wie absichtsvoll wirksam. Im Ganzen sind auch Unterschiede, Gegensätze, ja Antinomien enthalten, was nicht heißt, dass Gegensätze einfach in eine Indifferenz aufgelöst wären. Vielmehr sind sie überwunden, ist selbst die Spannung Gut – Böse in ein Drittes hineingenommen. Ich unterscheide zwischen einer Einheitswirklichkeit im Ursprung und einer Endzeitqualität.[155] Erstere wird als unbewusst seiend, Letztere als eine wie vom Ziel her kommende, auf neue Weise vollständige Seinsqualität vorgestellt. Gegensätzlichkeit, Identität, Beziehung, Sinn sind darin nicht einfach aufgelöst, sondern transzendiert. So jedenfalls künden Träume von Menschen. Doch wer kann sich wachen Sinnes darunter etwas vorstellen? Das zugleich Ganze und Eine bleibt unvorstellbar. *Ganzheit, nur schon die Qualität »ganz« übersteigt das vom Menschen her Fassbare.* Das Ganze kann nicht gefasst, Qualitäten wie ewig, voll (Fülle), seiend können nicht zu Ende gedacht werden. Dieses ständige Zurückbleiben im Angesicht eines Numinosen muss vergegenwärtigt bleiben, um der Gefahr verkürzender Definitionen von »Einssein« nicht zu erliegen. Obwohl mystisch vielleicht so erfahren, kann es nicht darum gehen, Gott und Mensch einfach als »eins« zu sehen, denn im Ganzen ist auch alle Differenz eingeschlossen, sonst wäre das Ganze nicht mehr ganz. Nirgends so sehr wie am Begriff »ganz« wird der Geheimnischarakter Gottes einsichtig. *Einheits- oder Seinserfahrungen als wichtige Erfahrungsweise des Heiligen sind uns von Mystikern aller Zeiten überliefert.* Beispiele:

»Ich schaute um mich, und überall sah ich das Eine. Ich schaute in mein Herz: ein bodenloses Meer des Einen« (Rumi).[156]

---

155 Renz 2009.
156 In Ruysbeek/Messing 1993, S. 33.

»Einheit und Licht bin ich, ein einzig Ding mit allen Dingen, nicht einzig vor den Dingen, sondern zeitlos im Zeitlosen« *(Ruysbeek).*[157]

»Jesus sprach: Selig seid ihr, Einsgewordene, Auserwählte, denn ihr werdet das Königreich finden. Da ihr aus Ihm hervorgegangen seid, werdet ihr dahin zurückkehren« *(Thomasevangelium, Logion 49).*[158]

Wie werden solche **Erfahrungen von modernen Menschen** umschrieben?

2.1.2 Sein statt warten – drin statt daneben

»Jetzt BIN ich, während ich früher immer wartete«, umschrieb ein zum Tetraplegiker gewordener Mann seine spirituelle Erfahrung. Über Tage war er danach glücklich und sozusagen schmerzfrei. Eine Patientin: *»Großer **Friede** ist in mir, nicht mehr das ständige Warten. Ich bin einfach. Ich wusste gar nicht, dass das so schön sein kann.«*

Ein Mann, der früher einmal einen Bergsturz überlebt hatte, umschrieb: *»In den Sekunden des Falls wurde die Zeit ewig. Vergangenheit, Gegenwart und Zukunft sah ich wie nebeneinander, alles war **gleichzeitig**. Es war ein Sein. Und alles reihte sich ins Mosaik Leben ein und war in Ordnung auf eine Weise, wie wir uns das nie vorstellen können.«*

Ein ältere Frau, die ein Leben lang an mangelndem Selbstbewusstsein, am Gefühl, »daneben« zu sein, gelitten hat, liegt nach einer Klangreise lange still da. Dichte Atmosphäre. Schließlich sagte sie: *»Es war wunderbar, **ein großes Sein**, eine große Ordnung ähnlich einem Sternenmeer. Ich war in dieser Ordnung wie drin.«* Ergriffen erkannte sie den Zusammenhang zwischen *»in einer Ordnung drin sein«* und (somit) *»**selbst in Ordnung sein**«*!

---

157 Ebd., S. 103.
158 Ebd., S. 118. »Königreich« ist auch als Ungrund zu verstehen (Böhme).

Erfahrungen von Sein und Einssein holen das Abgespaltene und Einsame in eine letzte Ordnung, ein letztlich Eines hinein. Das Verlorene findet heim, das sich selbst Überlassene erfährt sich als angeschlossen, das Zufällige ist nicht länger Zufall. *Die Einheitserfahrung transzendiert das Begrenzte* und eröffnet Dimensionen, in denen sich auf undenkbare Weise Friede ereignet. Zeit und Körperlichkeit werden relativ und sind doch bei genauerem Hineinhorchen nicht einfach überflüssig, wohl aber durchlässiger. Das Eine wird bald als Raum, bald als Substanz (etwa Licht) erfahren, aber stets als kaum mehr erfahrbar. Alle Einheitserfahrung ist Grenzerfahrung zwischen Sein, Identität und Nicht-mehr-Sein.

2.1.3 Körperlich weit – zugleich frei und eingebunden

Einheitserfahrungen werden meist körperlich erlebt. Sie verbinden Ur-Sinnliches mit Sinnenjenseitigem.[159] Sie werden umschrieben als Fülle in der Leere, als ein Zustand, in dem körperliche Grenzen überwunden sind. Sie bewirken häufig Schmerzlinderung und tiefste Entspannung.

Eine junge Frau: »*Es fühlte sich* **körperlich unerklärbar weit an, voll und zugleich leer.** *Irgendwo hörte mein Körper auf und ging über in Raum. Ich fühlte mich warm und wohl, angenehm durchdrungen, als würde eine andere Substanz durch mich fließen. Die Schmerzen waren weg.*«

Ein Geschäftsführer mit großer beruflicher Verantwortung: »*Ich war im Ferienhaus und zugleich auch nicht. Ich war absolut frei. Ein noch nie erlebtes wunderbares Gefühl.*« Als ich ihn einlade, in dieses Gefühl hineinzuatmen und jenes Sein bewusst wahrzunehmen, ergänzt er: »*Seltsam, ich bin* **zugleich frei und eingebunden.** *Man IST einfach, man gehört dazu.*« »*Wozu?*«, frage ich nach. Antwort: »*Man ist wie* **angeschlossen** *... darüber muss ich nachdenken.*«

Teil eines größeren Ganzen zu sein, wurde für viele Patien-

---

159 Vgl. hierzu auch Grof, Jäger usw.

ten zum eindrucksvollen Erlebnis. Harte Geschäftsmänner und -frauen, Patriarchen alten Stils, im Machtdenken verhaftete Politiker, ein von seiner Einmaligkeit überzeugter Künstler ... immer wieder geschah dasselbe: Eigenmächtigkeit und Machtdenken lösten sich auf in eine Erfahrung von wunderbarem Angeschlossensein – von Teilhabe.

2.1.4 Zeitlosigkeit oder »begnadete« Gegenwart?

Fast im selben Atemzug mit der veränderten Körperlichkeit wird die veränderte Erfahrung von Zeit und Gegenwart erwähnt: »*Zeit gab es irgendwie nicht mehr*« – »*die Zeit war wie voll geworden*«. – **Frau Mathis:** »*Wichtig ist nur noch die Gegenwart. Jetzt sind Sie (Frau Renz) da, heute Nachmittag meine Tochter. Wenn ich esse, so esse ich, wenn ich gebadet werde, bade ich.*« In solchem Zeiterleben wird jede Welterfahrung, jede Begegnung einmalig: »*Selbst diese Aprikose schmeckt wunderbar, könnte besser nicht sein. Noch nie aß ich eine so köstliche Frucht.*« Oder: »*Das Drin-Sein im Wasser ist etwas schwerelos Einmaliges. Jeder Augenblick ist Leben, ist fast spirituell.*« Die Lebensfreude dieser Frau war ansteckend.

Schwer kranke Menschen leben radikal in der Gegenwart: Aller Schmerz, alle Angst ist unausweichlich. Aber auch Stunden der Gelassenheit und die Beziehung zu den Nächsten sind von solcher Dichte, dass die Patienten genau jetzt begreifen, was Lebendigkeit und Liebe ist. Im Grenzbereich zwischen Leben und Tod entdecken sie das Leben. Inmitten von Ohnmacht bricht Sinnlichkeit auf. Eine spirituelle Erfahrung, insbesondere eine Einheitserfahrung, kann auch darin bestehen, dass dieses Gegenwärtige bewusst und wesentlich wird und darin über den Moment hinaus andauert: »*Seit jener Klangreise ist das Daliegen zwar gleich und doch anders geworden. Ich lebe*«, sagt später Frau Mathis. Und ein andermal: »*Die Gnade wird mir heute geschenkt und morgen genommen. Nicht mein ist Er, sondern sein bin ich.*«

Das Phänomen Einheits- und Seinserfahrung ist als solches

innerhalb der heutigen Spiritualitätsdiskussion unangefochten und wird oft als allein letztgültig hingestellt. Offen bleibt sein Zustandekommen[160] und seine *Interpretation*. Zur Einsicht, dass solche Erfahrung nicht einfach Phantasie oder Täuschung sei, kam schon der Psychologe Abraham Maslow, überzeugter Atheist und Ketzer der zur Religion hochstilisierten Wissenschaft.[161] Zunächst hatte er solche Befunde als Hysterie abtun wollen, kam dann aber zu der Einsicht, dass es nicht die krankhaften, sondern die besonders begabten, tüchtigen, außergewöhnlich gesunden Menschen seien, die von solchen *Gipfelerlebnissen* berichteten.[162]

Wo es zu einer Einheitserfahrung kommt, hat sich vor allem *der Zustand, die innere Befindlichkeit, das Erleben von Ich und Nicht-Ich verändert*: vom Verlorensein zum Angeschlossensein oder zur Unio mystica. Das Ich ist nicht nur in seiner Selbstherrlichkeit, sondern in seiner Selbsterfahrung als Subjekt relativiert. Heißt das, dass damit alles Subjekt-Sein aufgehoben ist? Gibt es Erfahrung ohne Erfahrenden? Das ist der Punkt, an dem sich die Geister scheiden. Wer – wie Frau Mathis und dies selbst inmitten ihrer Einheitserfahrungen – von *Gnade* spricht, bekennt sich zu einer Differenz zwischen einer Gnadenquelle und dem Begnadeten, zwischen einem Ganzen und dem erfahrenden Subjekt. Die Frage lautet nicht, ob es

160 Inwieweit eine mystische Erfahrung chemisch, hirnphysiologisch und/oder neuropsychologisch erklärbar ist, muss und möchte hier offengelassen werden (vgl. u.a. GeoWissen, Nr. 29. Erkenntnis – Weisheit – Spiritualität).
161 Maslow beobachtete seinerzeit, dass Triebverzicht nach der Befriedigung der Grundbedürfnisse die Basis war zur Entfaltung höherer Bedürfnisse (vgl. die Bedeutung des Fastens bei Wüstenvätern, Mönchen, Mystikern). Und ferner, dass »die Gesunden häufiger als die Normalen spontan von Momenten stiller Ekstase berichteten, verbunden mit intensivster Sinneswachheit und ungeahnter Präsenz, mit Einverständnis, Selbstverständlichkeit und Aufgehobensein, mit dem Gefühl der Ungebundenheit durch den Körper in Verbundenheit mit aller Schöpfung, mit Im-Licht-Sein und mit All-Eins-Sein« (zit. nach Büntig 1990, S. 144).
162 Vgl. Büntig 1990, S. 144f.

Teil-Sein oder Teilhabe gebe oder nicht, sondern ob aufgrund der gemachten Erfahrung auf die Ganzheit schlechthin geschlossen werden dürfe oder nicht, ob der Mensch sich – nur weil es gnaden- und momenthaft so erfahren wird – mit einem Ganzen identisch wähnen darf! Die Gefahr liegt in einer vorschnellen Relativierung der Relation Gott – Mensch, im Verwischen einer Grenze, um so – gegen alle Gefühle eigener Nichtigkeit – sich selbst größer, bedeutsamer vorzukommen.[163] Die Einheitserfahrung darf niemals über eine bleibende Differenz zwischen Mensch und Gott hinwegtäuschen. Gnade besagt immer schon »Verwiesenheit«.[164] Der Mensch hat ES/IHN nie im Griff oder begriffen, sondern ist selbst ergriffen davon.

2.1.5 Einheitserfahrung und zugleich mehr

Einheitserfahrungen *sind*: Erfahrung, die nicht wegdiskutiert, wohl aber interpretiert werden kann. *»Seiend in allem und mit allem«, »ein Sein wie ein wunderbares Fest, und ich gehörte dazu«.* Ist das reine Einheitserfahrung? Muss ich nicht gleichzeitig das Zugehörigsein oder das Berührtsein durch ein Geladensein heraushören? Wo eine konkrete Erfahrung vorliegt, hilft allein schon das genaue Nachspüren. Patienten sagen dann von selbst: *»Natürlich war auch Beziehung da, ich war wie angeschlossen an etwas«* oder *»Ich wurde auf dem Fest erwartet, hatte aber das Festkleid noch nicht an«.* Auf vielfältige Weise

---

163 Vgl. auch II.3.3.: Umgang/Inflation.
164 Meister Eckhart, Vertreter der deutschen Mystik des 13./14. Jahrhunderts, formulierte dies wie folgt: »Wenn der Mensch seiner selbst völlig entäußert ist um Gottes Willen und er niemandem gehört als Gott allein und für nichts mehr lebt als einzig für Gott, dann ist er wahrlich dasselbe von Gnade, was Gott ist von Natur, und Gott erkennt von sich aus keinen Unterschied zwischen sich und diesem Menschen. Ich habe nun aber gesagt ›Gnade‹. Denn da ist (einerseits) Gott und ist (anderseits) dieser Mensch, und so gut wie Gott ist von natur, so ist dieser Mensch gut durch Gnade, denn Gottes Leben und sein Sein ist ganz und gar in diesem Menschen« (Meister Eckhart 1993, Bd. 2, S. 11).

vermischen sich Einheitserfahrungen mit Erfahrungen *anderer* Kategorien (Gegenüber, Energie).

Das Problem einer radikalisierenden Interpretation der Einheitserfahrung taucht in der Praxis kaum auf – mit Ausnahme von Patienten, die durch Beziehungen oder Kirchen verletzt wurden und darum den Gedanken eines größeren Eingebundenseins nicht ertragen. Anders hört es sich – etwa auf Spiritualitäts-Kongressen – an, wenn Grundsatzdiskussionen nur dogmatisch geführt werden und dabei so getan wird, als gäbe es ein letztes Verbundensein (Beziehungs- und Verantwortungsaspekt) gar nicht.

Es kann von ausschlaggebender Bedeutung sein, das Eine und zugleich ewig Andere wirklich als ein Mehr zu begreifen: dies etwa dort, wo *in einer Einheitserfahrung eine leise Sinn-Antwort mitschwingt.* »*Seltsam, ich war eingeordnet in ein größeres Geschehen. Ich fühle in diesem Sein Frieden und Sinn. Ich kann das nicht verstehen, aber alles hat in dieser Ordnung seinen Platz.*«

*Esther, eine junge, im Religiösen skeptische Frau, träumt: »Ich werde in höchste Höhen geführt und **erfahre Überblick**, bis schließlich alles einfach Licht wird – ein großes lichtvolles Sein. Unbeschreibbar – und doch das Gefühl totalen Überblicks, als wäre ich Teil von allem. Nichts ist zufällig, nichts überflüssig. Unsichtbar und doch klar ist, dass Gott selbst mich dahin führt.«* Über Stunden weint sie vor Ergriffenheit.

*Andrea, Patientin in größter Not, schrie: »**Nicht Auflösung brauche ich, sondern Lösung**. Was hilft mir das Wissen meiner Meditationen, dass ich in meinem Ich (Ego) vergehe und sich alles einordnet. Mein Problem ist, dass ich ohne Lösung auch für Petra (ihr Sorgenkind) gar nicht sterben kann!«* Ihr Nicht-Sterben-Können war in der Tat ein medizinisches Problem. Tage später kam sie in einem offenbar spirituellen Traum an einen »Zustand von Sinnerfüllung« heran. Sie konnte ihn zwar weder beschreiben noch begreifen. Doch jetzt konnte sie sterben.

Solchermaßen ausdifferenzierte spirituelle Seinserfahrung ist tief sinnstiftend, kündet von Einssein *und* von letztlichem

Bezogensein (Beziehung). Wo immer möglich ist die ehrfürchtige und feinfühlige Nacharbeit für die Einordnung der Erfahrung klärend. Welche Umschreibungen stimmen mit den Gefühlen einer Erfahrung, eines Traumes überein, welche nicht? Was holt das innere Glück hervor, was lässt den Träumer unberührt? Wie fühlen sich einzelne Motive (die Ordnung, der Überblick, das Getroffensein durch den Blitz, das Grün einer geschauten Wiese) an? Wie war es körperlich, wie seelisch, wie geistig? Zu welcher Reaktion lädt die Erfahrung, der Traum ein? Erst über das genaue Nachspüren kann ein behutsames Interpretieren einsetzen. Bei den obigen Beispielen – und vielen anderen mehr – wurde der Begriff »*Sinn*« zum Schlüsselwort neuen *Zugehörigseins*. Der Überblick half Esther im Akzeptieren der alltäglichen Niederungen. Die Sinnerfahrung half Andrea im Loslassen ihres Sorgenkindes. Leben im Bewusstsein um einen größeren Sinn ist eine Form von Weltfrömmigkeit[165], ist bejahtes Drin- und Teilsein.

Damit ist auch die Frage beantwortet, ob Einheitserfahrung Auflösung im Nichts sei oder aber Erfüllung. Es geht darum, dieses »Nichts« genau zu *fühlen*. Dann erscheint es gleichzeitig als ein Alles, Ganzes, bisweilen sogar als ein Du, aber nicht länger als ein Nichts im abwertend-zynischen Sinne. Am Beispiel *Sinnerfahrung* kann veranschaulicht werden, wie viel von einer stimmigen Deutung abhängt. Nach meiner immer neuen Erfahrung ist – wenn *angekommen* im Zustand des Seins – die Sehnsucht nach Sinn *erfüllt*. Sinn oder Überblick ergeben sich dann von *innen* her, natürlicherweise. Wird hingegen nur das leere Nichts gesehen und als letztgültiges Ganzheitsbild gedeutet, so wird damit alle Anstrengung und Sinnsuche ad absurdum geführt und alles evolutive Drängen zum Verstummen gebracht. Heroisches Aushalten inmitten von Krise und Krankheit wird ins

---

165 Sölle schreibt: »Dem Sinn vertrauen, aus dem Sinn leben, sich vom Sinn tragen lassen ist eine Art, fromm zu sein. Fromm – wenn ich das ins Englische übersetzen würde, würde ich nicht ›pious‹, sondern ›devout‹ sagen – devot, ergeben aus einer Hingabe lebend …« (1990, S. 252).

Belanglose nivelliert. Das aber ertragen Menschen unseres Kulturkreises zwar vielleicht im Glück, nicht aber mitten im Leid.

Das Eingeständnis eines letztlichen Bezogenseins (im Sein) bedeutet nicht, dass Menschen nun an einen personalen Gott (Gott verkürzt als Person) glauben müssten. Man kann sehr wohl auf ein letztlich Unfassbares hin bezogen sein. Oder man kann letzte Fragen offenlassen. Unter meinen Freunden sind mehrere sich durch Ehrlichkeit auszeichnende Agnostiker. Ihre Offenheit hat aber nichts Negativistisches an sich. Sie machen auf ihre Weise Ernst damit, dass wir nicht wissen ... während andere nicht zur Ruhe kommen ohne letzten Grund.

»Sollte ich denn wirklich nur geschaffen sein,
um zu der Überzeugung zu kommen, dass mein ganzer
innerer Aufbau nichts als ein Trick ist?
Sollte wirklich nur darin der ganze Zweck meines
Daseins liegen? Glaub's nicht!«
Dostojewskij: Aufzeichnungen aus dem Untergrund[166]

2.2 Gegenüber-Erfahrung

2.2.1 Der unbekannte Gott

Der Begriff »Gott« verweist auf ein numinoses, autonom wirksames Gegenüber. Gegenüber-Erfahrung ist die *totalste, radikalste, brutalste und zugleich vielleicht großartigste Form von Erfahrung eines übermächtig Anderen*, eines »schlechthinnig Unnahbaren«[167], *Heiligen*. Vor allem im Alten Testament finden sich Erfahrungen dieser Art. Doch auch Menschen unserer Tage erfahren ein äußerstes Gegenüber. In Abhebung von der Einheitserfahrung kommt es in der Gegenüber-Erfahrung zu einem Gewahr-Werden, dass ein Unfassbares, Numinoses irgendwie mit im Spiel ist. Dieses Unbedingte ist es, das dem

166 In H. M. Emrich 1990, S. 95.
167 Otto 1979.

Menschen die Gewissheit schenkt, zutiefst erlaubt und den Gebundenheiten dieser Welt gegenüber frei zu sein. Auch Erfahrungen von Versöhntsein, letzter Liebe, Friede und Erfüllung verweisen nebst dem atmosphärisch seienden Aspekt auf ein letztes Gegenüber. Meist erleben Menschen sowohl den ganz anderen Zustand der Einheitserfahrung (etwa das Erfülltsein) wie auch, beim genauen Hinhören, eine Letztgültigkeit, wie sie nur von einem ebenso Letzten ausgehen kann.

Alle Gegenüber-Erfahrung lässt erschaudern und im Menschen das Gefühl entstehen, nur Kreatur, aber auch einmalig zu sein. Der Gott der reinen Gegenüber-Erfahrung bleibt meist kontur- und gesichtslos, irgendwie anonym, im Gegensatz zur mehr sinnlichen (entwicklungspsychologisch und religionsgeschichtlich betrachtet: jüngeren) Erfahrung eines väterlich-mütterlichen schützenden Gottes. Gegenüber-Erfahrung ist die entferntestmögliche »Erfahrung« des Unfassbaren. In ihrer Gewaltigkeit und Unbedingtheit hebt sie sich ab vom weicheren Berührtwerden durch ein Väterlich-Mütterliches, auch wenn die Grenzen fließend sind. Abstrakt bleibend, tut sich der Gott der Gegenüber-Erfahrung öfters kund als *Stimme, eindringlicher Blick* (vgl. das Augensymbol in Renz 2009) oder in unfassbarer und doch irgendwie numinos spürbarer Anwesenheit: so etwa beim Stammvater Jakob, der am Jabbok gegen einen Unbekannten kämpfte und keine Antwort erhielt auf die Frage, wer dieser andere sei (Gen 32,12–33).[168] Im Folgenden

---

168 Jakobs Kampf mit Gott: »Da rang ein Mann mit ihm, bis die Morgenröte heraufkam« (Gen 32,25, was nach Kassel auf eine vorisraelitische Erzählung von einem dämonischen Wesen oder einer Flussgottheit verweist). Indem Jakob dann eine Identitäts- und Berufungserfahrung macht (»Nicht mehr Jakob soll dein Name heißen, sondern Israel; denn du hast mit Gott und mit Menschen gekämpft und hast überwältigt«, Gen 32,29), wird für ihn im namenlosen Gegenüber Gott selbst erfahrbar. Im Wort Gott erhält das Unfassbare eine benennbare Form. Aus dieser Gotteserfahrung geht Jakob als Gezeichneter und Gesegneter heraus, d.h. hier ist sowohl der Ort äußerster Zumutung als auch der Ort größtmöglichen Segens (Kassel 1980, S. 269–271).

wird einzelnen Aspekten von Gegenüber-Erfahrung nachgegangen – und ebenso der Frage, welche Nöte es vor allem sind, auf die gerade eine Gegenüber-Erfahrung Antwort zu geben vermag.

2.2.2 Der Charakter des Unbedingten

Häufig sind es Träume, hinter denen sich eine unanschauliche letzte Instanz oder Botschaft verbirgt. Sie erschüttern tiefer als andere Träume. Man erlebt sich vielleicht angesprochen, gerufen, angeschaut und spürt darin etwas Unausweichliches, das den Träumer unbedingt erreichen will und ihn tief angeht. Oft werden solche Botschaften über Jahre nicht mehr vergessen. Und vor allem sind sie nicht nur eine verbale oder bildhafte Botschaft. Sie überbringen dem, der versteht und gehorcht, *gleichzeitig auch die Kraft zur Umsetzung* oder – wie die Bibel sagt – Segen und Verheißung von Zukunft (Gen 12,1–3).

*Eine Patientin war enttäuscht über eines ihrer Kinder und beschloss, es einfach zu vergessen, aus ihrer Lebensgeschichte zu streichen. Sie sei am Ende ihrer Liebeskraft gewesen, erzählte sie, habe dann aber in einem Traum diese Tochter als Kind vor sich gesehen, dann nur noch ein **Augenpaar**, das sie so eindringlich flehend angeschaut habe. Seither könne sie nicht mehr anders, als auch dieses Kind lieben.*

*Eine andere Frau hatte den Entschluss gefasst, sich von ihrem Mann zu trennen. In der Folge hatte sie einen Traum, in welchem sie nur eine **Stimme** hörte: »Mach nur das nicht!« Sie habe sich entschieden, auf diesen Traum zu setzen, und ab diesem Moment auch die Kraft zum Durchhalten und die Phantasie zum Neuanfang gehabt.*

2.2.3 Entferntester Fluchtpunkt – letzter Bezugspunkt

Gegenüber-Erfahrung ist *Erfahrung einer äußersten Instanz, in deren Angesicht der Mensch sich verantwortet, Korrektur und Relativierung erfährt und zu einer letzten Verbindlichkeit und Dankbarkeit findet*, ein Ort, wo Scheidung, Entscheidung, Unterscheidung stattfindet. An diesem Ort letzter Gerechtigkeit und »Gesamtsicht« von Wahrheit[169], im Angesicht eines unbestechlichen Anderen, findet das Subjekt zu seiner *Wahrheit*, erfährt es sich darin erkannt und gewürdigt. Hier finden Menschen zu ihrer tiefsten *Identität*, zur ersten und zugleich letzten *Freiheit*. Hier wird – z. B. durch entsprechende Träume – *Berufung* und *Sendung* erfahren. Dies ist der Ort, wo das Leben gewissermaßen stillsteht oder neu beginnt, wo das *Eigene zu sich kommt* und darin Motivation, *Gnade* und *Segen* empfängt. Wer sich hier verantwortet, fragt nicht nach einem besseren oder schöneren Leben, sondern nur: Was kann resp. muss ich tun, damit das Leben gelingt? Er kehrt zurück ins Leben mit neuer Bewusstheit um das, was genau sein Beitrag in der Schöpfung sein will.

In dieser äußersten Form von Gotteserfahrung ereignet sich Gott in seinem *Schöpfer*-Aspekt – in archaischster Zuwendung, als ein an allem Leben und Werden Interessierter. Rudolf Otto betont das Gewaltige, Numinose, Faszinierende, äußerst Spannungsgeladene und Dynamische solcher Gotteserfahrung.[170] Und diesem Übermächtigen gegenüber steht ein erzitternder, verstummender, absolut ohnmächtiger Mensch in seinem Kreaturgefühl.[171] Im Alten Testament sind solche Erfahrungen vielfach thematisiert: Als Erhabenheit und Gewaltigkeit Gottes etwa in den Reden Gottes zu Hiob (38–41), als äußerster Bezugs- und Fluchtpunkt im Buch Jona oder in den Wüstenerfahrungen Elijas (1 Kön), als Verbindung von unerbittlicher Wahrheit und Zuwendung in Gen 4,9–15, wo Kain zugleich zur Rechenschaft gezogen und durch ein Zeichen geschützt wird.

---

169 Kunzler 1998, S. 43.
170 Otto 1975.
171 Vgl. Herr Mahler, I.1.4.7.

Gegenüber-Erfahrungen heutiger Menschen:

Ein alter Mann, unfallbedingt in prekärem Zustand, träumt: »Ich bin an einem Ort voller seltsamer Figuren an den Wänden (Assoziation: Spielkarten – Kartenlegen – Schicksal – Ort, wo über Leben und Tod entschieden wird). Ich wurde zurückgeschickt.« (Von wem, das wusste er nicht.) »Ich hätte noch Dinge zu erledigen, wurde mir gesagt.«

Eine Frau erlebte im Rahmen einer Nahtoderfahrung nur eines: **Reue** *und das tiefe Bedürfnis, neu anzufangen.*

Die **»Erlaubnis«, nochmals ins Leben zurückzukehren und aufzublühen,** *empfing eine junge Patientin über eine Klangreise, die durch einen nachträglichen Traum vertieft wurde: Sie sah eine Seerose vom Grund auftauchen und aufblühen und hatte danach auch ein neues Körpergefühl. Die ärztliche Diagnose einige Tage danach bestätigte die innere Erfahrung.*

Auch *tiefe Gewissensentscheidungen*, die mehr beinhalten als Über-Ich-Gehorsam oder Moralvorschriften, entspringen Gegenüber-Erfahrungen oder münden in eine solche. Dies geschieht insbesondere im Gewahr-Werden jener Kraft, die sich einstellt, wo Menschen wider alle weltliche Erwartung einer unmöglich erscheinenden Lebensaufgabe (etwa einem Problemkind) gegenüber treu bleiben, oder wo andere, sich im Gegenüber eines Letzten verantwortend, eine Veränderung oder einen Widerstand wagen oder sich für ein Schweigen entscheiden. Dass die unbedingte Dimension im Spiel ist, wird erkannt an der Gretchenfrage: Weshalb tue ich das? Wer gebietet mir: mein Vorgesetzter, die öffentliche Meinung oder eine *innere* Instanz?

Eine Klientin wurde wegen einer früher gefällten Entscheidung massiv angegriffen. Sie fühlte sich deswegen so elend, dass sie nicht mehr aus noch ein wusste. Ich schlug ihr vor, innerlich ihren Weg hin zu der damaligen Entscheidung nochmals abzuschreiten und diese und sich selbst einfach in die Richterhand Gottes hinein loszulassen. Er möge ihr zeigen, was richtig und was falsch gewesen sei. Und dann solle sie ein-

fach aushalten und auf Antwort hoffen. – Einen Traum habe sie nicht gehabt, ließ sie mich später wissen. Aber sie habe plötzlich zu einer solchen Gelassenheit gefunden, dass sie vor wem auch immer zu ihrer Entscheidung stehen könne.

Erfahrungen solchen Sich-Verantwortens sind zugleich Erfahrungen einer neuen Identität und Freiheit: Boden zum Stehen und innere Rückbindung.

2.2.4 Jüngstes Gericht meint im Erleben Sterbender nicht Strafe, sondern Würdigung, Wahrheit und Barmherzigkeit

Die Erfahrung einer letztgültigen Würdigung scheint im Sterbeprozess vieler Menschen viel bedeutsamer zu sein, als man üblicherweise annimmt.

*Als ich mich kurz nach der Befindlichkeit von **Herrn Dürrmüller** erkundige, bemerkt er, er habe einen seltsamen (blöden!) Traum gehabt: **einfach ein Stuhl**, aber eine sehr schöne Musik. Hellhörig werdend, setze mich zu ihm: »Erzählen Sie von dieser Musik.« Er beginnt und weiß doch nicht, warum die Stimmung so schön war. Irgendwann frage ich: »Was würde geschehen, wenn Sie sich auf diesen Stuhl setzen und diese Musik hören?« Er wird still – dann rollen Tränen hinter seinen geschlossenen Augenlidern hervor. Jetzt schaut er mich an und sagt unbeholfen: »**Hier wird man gewürdigt.**« Das klingt so abstrakt, dass ich weiterfrage: »Wie geschah das, was genau hörten Sie?« Worauf er – fast beschämt – beschreibt: »**Ich hörte immer die Worte: ›Du hast es soo gut gemacht. Es war so vieles gut, was du in deinem Leben gemacht hast.‹**« Still und meinerseits ergriffen, bleibe ich noch kurz an seinem Bett, wo sich wenige Stunden später auf seinen Wunsch hin die ganze junge Familie zu einem Segensritual trifft: Ich nehme die Worte vom Traum auf, er segnet in großer Feierlichkeit Kinder und Gattin – und taucht in ein großes Loslassen ein, das nahtlos in einen komatösen Zustand übergeht. Stunden später stirbt er – medizinisch unerwartet.*

Zwei weitere Patienten erlebten eine letzte Würdigung verblüffend ähnlich. *Ein Patient formulierte im Anschluss an eine*

*Klangreise: »Ich hörte **eine Stimme, die mich lobte**.« – Ein dritter Patient sah sich in einer Klangreise »einfach auf einem Stuhl sitzend«. Er habe – **ohne zu wissen von wem** – ein »**großes Würdigungsschreiben**« in die Hand gedrückt erhalten. Auch er starb in der folgenden Nacht unerwartet.* – Zu realisieren, dass dieses Geschehen mit Erkannt-Sein und mit Gott als äußerster Wahrheitsinstanz zu tun haben könnte, hat alle Träumer zutiefst ergriffen.

Im Sterben von *Frau Werder*, jener Katechetin, von der bereits früher die Rede war,[172] erhielt das Wort Würdigung eine zentrale Bedeutung. Sie verstand noch im terminalen, Zustand, in dem die Patienten sonst nicht mehr ansprechbar sind, meine theoretischen Ausführungen zum Jüngsten Gericht und dass dies eigentlich Würdigung beinhalte: *Zurück aus einem Urlaub, trete ich ans Bett und sage: »Liebe Frau Werder.« Sie scheint mich zu erkennen und reagiert mit veränderter Atmung und Zungenbewegungen. Familienmitglieder finden zärtliche Worte, alles sei bestens geregelt, sie dürfe sterben .... und kann doch nicht.*

*Nachmittags liegt sie in großer Spannung da. Was braucht sie wohl noch, um sterben zu können? Würdigung? Ich schlage ein gemeinsames Abschiedsritual vor, in dem jeder seine persönlichen Worte des Dankes findet. Zum Erstaunen aller reagiert die sonst reglos Daliegende auf jeden Dank unüberhörbar mit »Ja«. Danach Verdauungsgeräusche. Der Sterbenden zugewandt, erkläre ich: »Was Sie jetzt erleben, ist die eigentliche **Bedeutung des Jüngsten Gerichts**, das nicht Strafe meint, sondern Würdigung. Es heißt: Sie haben es gut gemacht. Sie sind von Gott erkannt und gewürdigt.« »Jaa.« Alle erschaudern, so eindringlich war dieses Ja – und umso erstaunlicher, als es um eine derart schwierige theologische Erklärung ging. Frau Werders Augen sind geschlossen, keine Bewegung ist ihr möglich, und doch scheint sie wachen Geistes da zu sein. Immer noch ist Spannung. Warum nur kann sie nicht sterben? Ob noch ein Problem anstehe, frage ich die Töchter. Ja, Peter, er sei in Süd-*

---

172 II.1.1.

afrika, jetzt endlich gehe es ihm gut. An die Sterbende gewendet, sage ich: »Sie machen sich wohl noch Sorgen um Peter. Denken Sie, dass sie ihm bald auf andere Weise nahe sein werden und dass es ihm jetzt gut geht.« »Ahhh« und erneute Verdauungsgeräusche. Die Töchter weinen. Die Stimmung wirkt gelöster. Ich frage nach dem Lieblingslied von Frau Werder. Großer Gott, wir loben dich. Ich singe, so gut es eben geht, die Töchter stehen auf. Ein großartiger Moment. Tränen kullern hinter den geschlossenen Lidern der Sterbenden hervor. Und immer wieder »Ah.« Nochmals Verdauungsgeräusche.

Notfallmäßig zu einem anderen Patienten gerufen, komme ich eine halbe Stunde später zurück. Ich frage die Sterbende, ob ihr noch etwas fehle. Nein. Die Töchter bitten mich, ihnen den Satz vom jüngsten Gericht und der Würdigung nochmals zu erklären. Noch während ich am theoretischen Erklären bin, werde ich unterbrochen von einem kommentierenden »Ja« der Sterbenden.

*Stimmungsabfall im Raum. Mir ist, als wäre das Ende ganz nahe, und doch spüre ich nochmals jäh eine **Not im Raum**. Mich der ersten wichtigen Erfahrung von Frau Werder erinnernd, ergreife ich wiederum ihre Hand und sage: »Denken Sie an unsere Erfahrung vor einem Jahr. Sie sind **getragen wie von einer großen Hand**. Niemand kann da herausfallen. So wie Jesaja sagt: ›Und vergisst eine Mutter ihr Kind, ich vergesse dich nicht. Sieh her, in meine Hand bist du eingezeichnet.‹« Für alle ist spürbar, dass die Sterbende hört. Sie atmet tief und neigt ihren Kopf trotz ihrer Bewegungsunfähigkeit mit letzter Kraft mir entgegen. Verstehe ich richtig? Ich schiebe meine zweite Hand unter ihren Kopf und sage: »Fassen Sie Mut, lassen Sie sich nicht nur in meine, sondern in Seine große Hand hinein los.« – Sie atmet tief aus – und stirbt.*

In der Bewusstheit geistigen Erfassens und Sich-Mitteilens bis zum letzten Atemzug war dieses Sterben einmalig. Bei dieser Frau, die früher Religion unterrichtet hatte, wurde deutlich, dass **Theorien über letzte Dinge allein nicht tragen, es braucht deren Übersetzung in die erfahrungsnahe Realität.** Das gilt auch für das gesamte Motiv des Jüngsten Gerichtes. Der eine

Sterbende braucht Würdigung, ein anderer Bestätigung von Wahrheit, ein Dritter jene Sanftheit, die ihm zur Erfahrung eines barmherzigen – mutterschößigen – Gottes wird: insgesamt ein verstehendes, erkennendes Gegenüber am Rande der Zeit.

2.2.5 Der Herr über die Zeit

Zu den Gegenüber-Erfahrungen gehört das, was der Volksmund *Herr über die Zeit* nennt. Bisweilen müssen Menschen, um überhaupt loslassen zu können, zu dem Gedanken finden, dass es einen Ort gibt, wo Einer/Eine über die Erdenzeit hinaus »weiß, was war« – »hütet, was gehütet werden muss«: Gott als Ort und Instanz, wo durchgestandenes Unrecht, eine Not, die nie wahr sein durfte, ein Verzeihen, das nie abgeholt wurde, verwahrt bleiben. – *Herr Lehner, ein seit Wochen unansprechbarer Sterbender, konnte offensichtlich vor lauter Sorge um ein Kind nicht sterben. Zum Erstaunen aller musste er die Worte hören: »Denken Sie, Gott ist so groß, da hat auch Ihr Bastian Platz, wo immer er jetzt ist. Und denken Sie, Bastian hatte einen Vater, der ihn nie vergessen hat. Auch das geht nicht an Gott vorbei.«* – *Kaum war das ausgesprochen, folgte ein Stöhnen, Verdauungsgeräusche, Entspannung. Stunden später starb er.*

Vom Bild eines Gottes als Herr über die Zeit geht eine tief heilsame Wirkung aus – nicht nur in der Begleitung Sterbender, sondern überall dort, wo Probleme innerhalb der Zeit oder »hienieden« nicht lösbar sind. Psalm 56 spricht vom Krug, in dem Gott die Tränen sammelt, vom Buch, in dem sie aufgezeichnet sind. Bisweilen haben mich Patienten (indirekt) gebeten, die Aufgabe einer »Mittlerin« zwischen ihnen und Gott zu übernehmen, um so in einem letzten Vertrauen oder einer Gewissheit von Erlösung ankommen zu können: »*Mit Ihnen mache ich jetzt ab, dass es gut kommen wird mit meinem Kind.« »Bei Ihnen deponiere ich mein Verzeihen, das ich ihm (dem Täter) nicht mehr selber sagen kann.«* Andere konnten sterben, wenn noch im komatösen Zustand bei ihnen ankam, dass auch ihre Partner oder Kinder dereinst verstehen würden, wie sehr sie gelitten hatten. Meine Mittlerrolle bestand darin, zu bezeugen, dass in Gott als dem Herrn über die Zeit Dinge möglich werden über das Erdenleben hinaus.[173]

Antworten, die als Gegenüber-Erfahrung empfunden werden, kommen aus Dimensionen jenseits von Raum und Zeit. Und es gibt Fragen, die nur von dort her beantwortet werden können – so die für westliche Menschen zermürbendste Frage: Was gibt mir Bestand und Bedeutung jenseits des Todes? Was bleibt von mir, wenn ich gestorben bin? Einzig die Gegenüber-Erfahrung vermag zu bewirken, dass sich diese äußerste Angst und Kontingenznot nicht nur auflöst, sondern als gelöst, ja erlöst erfahren wird. Viele Patienten fragen konkret: »*Glauben Sie an einen Himmel?*« »*Wie geht es weiter mit mir?*« Das in der Spiritualitätsdebatte oft gebrauchte Bild vom Tropfen im Ozean ist in ihrem Empfinden zu wenig würdigend. Es überlässt zu sehr dem Zufall, was für sie vielmehr in ein Letztes eingehen will. – *Eine Patientin stellte mir und ihren Angehörigen immer wieder die eine Frage. Keine Antwort trug, bis zu dem Punkt, wo sie einen wunderbaren Traum hatte. Sie schaute im Traum in den Sternenhimmel hinein und erkannte den erhabenen Raum Gottes. Und sie wusste: »Ich werde sein **wie ein Stern am Himmel**. Mein Licht wird andere an mich erinnern.« Gegenüber-Erfahrung ist Beziehungserfahrung am Rande von Raum und Zeit.*

2.2.6 Franca: »Nicht verloren, nicht verloren«

Dass die Gegenüber-Erfahrung selbst die Kontingenzangst (Angst, hinfällig, zufällig zu sein, Angst, als Kreatur ausgelöscht zu werden) überwindet, lehrte mich eine der jüngsten Sterbenden: Franca. *Diagnose Krebs mit Metastasen, feuriger Lebenshunger, 22-jährig – wer würde da nicht mit allen Fasern*

---

173 Vgl. auch die Bedeutung des hebräischen Begriffes *schafat*, wonach Gott als Richter dort herbeizuholen ist, wo irdische Dimensionen einer Sache nicht gerecht werden (Renz 2008a, 186).

gegen den Tod ankämpfen? Franca – seit einem Jahr im Rollstuhl und jetzt bettlägerig – schwankt zwischen Weinen und Fröhlichkeit: »*Das Leben ist schön, ich will leben!*«*, ruft sie, um gleich wieder vor Schmerzen zu verstummen.*

Derzeit will sie mit mir über Probleme mit ihrer Mutter sprechen. Es findet ein Gespräch zu dritt statt. »*Warum kamst du mich nicht besuchen damals?* **Bin ich dir gleichgültig?** *Kümmert es dich nicht, dass ich bald sterben werde?*« *Eindringlichste Fragen – ehrliche Antworten – größte Betroffenheit.* »*Ich meinte, du wollest nicht auf das Kranksein angesprochen werden. Ich hatte solche Angst. Dass du stirbst, ist soo schlimm für mich, viel schlimmer als damals, als dein Vater starb.*« *Die beiden umarmen sich. Kurze Zeit später tauchen ähnliche Fragen auch im Angesicht ihres treuen Freundes auf: Warum er so wortkarg dasitze, was denn in ihm vorgehe, was er denn fühle? Einen Moment lang bleibt sie still, bis plötzlich die Frage hinter den Fragen durchbricht:* »**Was bleibt von mir, wenn ich gestorben bin?** *Bin ich dann für dich einfach weg?*« *Später stellt sie auch ihren Geschwistern, einfach allen Bezugspersonen ähnliche Fragen. Von allen will sie in Frieden scheiden und in der Gewissheit, ihnen etwas zu bedeuten.*

Von Gott und Religion war in Francas Familie nie die Rede. »*Nein, einen Gott gibt es nicht*«*, sagt sie eines Tages von sich aus.* »*Was würde er denn über mich denken? So krank. Verstehst du?*« »*Vielleicht würde er etwas fühlen, wenn es ihn gäbe*«*, antworte ich, und wir weinen beide. Wenige Tage später:* »*Seltsam, ich glaube nach wie vor nicht an Gott, aber kürzlich ertappte ich mich, dass ich in meiner Verzweiflung zu beten begann. Vielleicht gibt es irgendetwas.*« *Gemeinsam beten will sie nicht: Das sei zu heilig. Nach einer Krankheitsverschlimmerung will sie mit mir über Gott reden und beten. Wie beten, das wisse sie eigentlich nicht. Ich schlage ihr vor, sich in ihrer Krankheit einfach Gott zu zeigen, vielleicht gebe das Trost. Franca findet das gut, entspannt sich und schläft mehrfach kurz ein. Zwischendurch:* »*Gezeigt – entspannt – gibt es nicht so eine Ölung?*«*, und schon schläft sie wieder. Wenige Tage* *später kann sie nochmals nach Hause. Sie nimmt im Rollstuhl an einem Fest teil und soll gesagt haben: »Warum soll ich nicht Grund haben, fröhlich zu sein?«*

Als sie wiederkommt, wird sie immer häufiger unansprechbar. Ich erinnere mich an das Wort »Ölung« und spreche den Priester an. Der Zufall will es, dass die Zimmernachbarin in diesen Tagen die Krankensalbung erhält. Franca beobachtet das Geschehen und kommentiert: »Nein, das will ich keinesfalls. Ich sterbe nicht« ... und taucht wieder ab. Tags darauf versucht sie mir in terminaler (in Symbole verschlüsselter) Kommunikation klarzumachen, es seien überall Luftmenschen im Raum, Gespenster, die sie verfolgen würden. Ich frage, ob sie möchte, dass ich dort, wo sie Gefahr sehe, den Segen spreche. »Ja.« Mir fällt auf, dass sie genau wahrnimmt, wo ich mich sicher und wo unsicher fühle. Wenn ich unsicher oder fragend zu ihr hinschaue, wächst ihre Unruhe. Wenn ich ruhig und klar handle und bisweilen sogar sage »Gott ist stärker«, wird sie ihrerseits ruhig und sagt: »Genau das.«

*Mein heutiger Sonntagsbesuch freut Franca außerordentlich: »Bist du wirklich wegen mir hierher gekommen?« »Ja, und ich habe sogar nachgedacht, was du mir bedeutest«, beginne ich ein für Franca wichtiges Gespräch. »Ich habe mich gefragt, was mir in Erinnerung bleiben wird von dir und wo du in mir weiterleben wirst. Es ist **deine Fröhlichkeit, dein Humor, deine Lebensfreude** trotz so vieler Schmerzen. Das vergesse ich nicht mehr. Darin bist du für mich endgültig geworden.« Franca öffnet die Augen, hört genau hin, schaut mich intensiv an und schließt die Augen wieder. Dann hebt sie ihre Arme, als wolle sie mich umarmen. Ich komme ihr entgegen, und sie hält mich wohl eine Minute lang intensiv fest. Die Mutter steht daneben und weint ergriffen. Meinerseits ermüdet, muss ich mich aus der Umarmung lösen. Sie schaut mich nochmals an und versinkt erneut in ihren Dämmerzustand. Der Mutter gebe ich die Anregung mit, ihrerseits zu einem »letztgültigen Satz« zu finden und diesen ihrer Tochter zu sagen. In ihrem tief komatösen Zustand erreichen sie nur noch wenige Worte: der Satz der*

Mutter und später die Worte, die ich mit Blick auf ihren Freund spreche: »Auch Matthias vergisst dich nicht. In ihm lebst du weiter.« Immer öffnet Franca die Augen und versinkt wieder. Sie hat die Hände gefaltet und einen weichen Gesichtsausdruck. Ich darf sie in Anwesenheit der Mutter (die bis dahin nichts von Religion hielt) segnen und sage laut: »Gott, Vater: Franca hat Frieden mit DIR, DU hast Frieden mit ihr. Sorge DU dafür, dass sie in uns allen weiterlebt.« Franca zuckt, die Mutter weint vor Ergriffenheit. Wenige Stunden später die Worte: »Nicht verloren, nicht verloren.« Franca soll bald danach mit gefalteten Händen und offenen, wie in die Ferne gerichteten Augen gestorben sein.

Monate später bin ich noch immer sehr berührt von Francas letzten Worten und der Art und Weise, wie sie aus ihr herauskamen. Woher kamen sie, mag man sich fragen, wo doch Franca bewusstseinsmäßig schon weit weg war und von mir das Wort nie gehört hatte. Durch Franca habe ich den Begriff »nicht verloren sein« neu entdeckt. Er wurde für mich zu einer Schlüsselqualität, wenn es darum geht, eine *Antwort auf die Kontingenznot* zu finden. Nicht verloren zu sein, greift auch in tragischen Schuldbiographien. Niemand fällt aus einer letzten Beziehung und Liebe heraus. Gegenüber-Erfahrung!

2.3 Der beschützende, väterlich-mütterliche Gott

2.3.1 Der verkraftbare und verlässliche Gott

Das Numinose ist der Inbegriff des Zuviels. Aus Menschensicht gesprochen, **muss Gott verkraftbarer erscheinen, um vom Menschen ausgehalten, ja geliebt werden zu können**. Dies geschieht z. B. dort, wo das Abstrakte, atmosphärisch Uneingrenzbare sich einbindet ins Konkrete und Form, Gestalt, ein »Gesicht« und menschliche Eigenschaften annimmt. Was fassbar ist, wird für den Menschen *berechenbarer* und *verbindlicher*. Ein Stück (Ur-)Angst vor dem übermächtigen Gegenüber ist gebannt. Gott wird zum Beschützer in der Not, der überwältigende Gott zum Bundespartner.[174]

Zwischen Verkraftbarkeit und Unverkraftbarkeit – so lautet das Thema der Gotteserfahrung am Sinai (Ex 19,1–20,2). Nur Mose darf Jahwe, der in einer dichten Wolke kommt, gegenüberstehen.[175] Das Volk Israel darf weder auf den Berg steigen noch diesen mit dem Fuß berühren, da dies den Tod bedeuten würde. Der Sinn der Offenbarung Gottes ist es aber auch, herauszutreten aus der gesichtslosen Numinosität, sich in die *Nähe zu seinem Volk* zu begeben, in dessen Mitte zu wohnen (Ex 29,45f). In Namen und Wesen[176] tut er sich kund als empathischer, sich ins Schicksal seines Volkes einbindender Bundesgott, als Vater-Gestalt im alttestamentlichen (analogen) Sinn.[177]

Geschieht Ähnliches im Erleben heutiger Menschen? – *Schon der Händedruck sagte es:* **Herr Werner** *braucht einen respektvollen Abstand: interessante theologische Diskussionen ja, aber keinerlei persönliche, gefühlsbetonte Gespräche. Warum aber las dieser abstrakte Denker und tiefgläubige Mensch in den letzten Wochen vor seinem Tod nur noch den immer selben Bibeltext: Der Herr ist mein Hirte, nichts wird mir fehlen?* Kann sich hinter dem intellektuellen Reden von Gott

---

174 Vgl. hierzu etwa die Grundschrift der Priesterschrift in der exegetischen Deutung von Erich Zenger (1983). Einem Urchaos und damit auch einer Urangst des Menschen vor dem »überflutenden«, grenzenlosen Gott wird eine göttliche Ordnung entgegengestellt. Gott rettet, indem er seiner Schöpfung Struktur und Ordnung und dem Menschen Lebensraum gibt. Er erweist sich als machtvoller (Gottes Bogen in den Wolken) und verlässlicher (Bund) Gott, der unter seinem Volk zeltet.
175 Nach Maimonides spricht Gott nur mit Mose ohne Medium (von Mund zu Mund) und in freiem Hinhören des Mose, ganz im Gegensatz zu den anderen Propheten. Vgl. Maier 1995, S. XLVIIIf.
176 Vgl. Kunzler 1998, S. 159f: JHWH will nicht als ontologischer Seinsbegriff, noch als Eigenname verstanden werden, sondern als Aussage über sein Wesen, das Wirken sei.
177 Kunzler 1998, S. 175–178.

eine Urangst vor dem Zuviel schlechthin (wovon im Kapitel Gegenüber-Erfahrung die Rede war) verbergen? Und kann diese Urangst vor dem Grenzenlosen zu tun haben mit erhöhten Abgrenzungsbedürfnissen auch im Gegenüber von Menschen? Bei Herrn Werner leuchtete mir ein, dass genau Psalm 23 für ihn heilsam war: der väterlich-mütterliche, natur- und instinktnahe Hirten-Gott inmitten seiner Herde, der das Verstreute und Abgespaltene einsammelt.

Berührungsangst (körperlich, seelisch und geistig) ist im Spitalalltag oft Thema.

*Frau Kaufmann, kinderlose, kirchenferne Akademikerin, thematisiert Eheprobleme. Ihr Mann könne nicht mit ihr und ihrer Krankheit umgehen. Ich selbst versuche immer neu an ihren Ambivalenzen vorbei Nischen der Erreichbarkeit zu finden. Das macht sie glücklich. Ihr Zustand wird schlimmer: Schmerzen, Atemnot, panische Unruhe, weit aufgesperrte Augen, Angst vor der Intensivstation. Ich versuche es mit einer Klangreise, führe imaginativ ein Licht durch ihren Körper und fordere sie auf, sich dabei einfach zuzuschauen: Wo wird das Licht aufgenommen, wo weniger? Wo ist es angenehm, wo nicht? Religiöse Worte fallen keine, doch die Erfahrung wird intensiv: »Das war wie **Engelnähe**. Das Licht wurde größer und größer, kam von außen und war wie Jesus, der zu mir sagte: **Du überlebst es, lass es zu.**« In der Tat überlebt Frau Kaufmann die Krise. Noch völlig erschöpft, äußert sie Tage später: »Das Licht war auch auf der Intensivstation da – wie eine Nahtoderfahrung –, das vergesse ich nie mehr.« Sie darf nach Hause zurückkehren.*

*Sechs Wochen später und wieder stationär: Hinter den bekannten Ängsten spüre ich eine uralte **Riesenangst: ein kriegstraumatisiertes Kind**? Hinzu kommt, dass ein Besuch ihrer Mutter angekündigt ist. Ihr schaudere nur schon beim Gedanken daran. Details aus dem Krieg dürfen im Dunkeln bleiben, aber was ich spüre, ist: Im Leben der kleinen Uli gab es niemanden, der einfühlsam und geduldig mit dem traumatisierten Kind hätte umgehen können, niemanden, der es in die Arme* *schloss, auch wenn es zerstört und widerspenstig (wie noch jetzt in ihren Panikattacken) reagierte.*

Seit Frau Kaufmanns Engelerfahrung hat etwas zu tragen begonnen. Das Religiöse ist nicht mehr gleichermaßen tabuisiert, auch wenn alle Annäherung rational bleibt. Sie denkt und denkt. Dazu unser Zusammensein und einfach Stille, die irgendwie berührt: »Eigentlich habe ich auch Glück im Leben gehabt ... also kann Gott mich nicht fallen lassen.« *Und leiser:* »... trägt«. *Ich staune: Glückserfahrungen, Gefühle von Getragensein, da ist Gott-Mutter-Erfahrung*[178] *gegenwärtig. Der ganze Körper liegt entspannt (= getragener) da. – In der Zeit danach lernt sie, dass man im Gefühl von Getragensein oder von Licht immer neu ankommen könne, den Sprung ins Vertrauen jedes Mal neu wagen müsse. Sie nennt das »einfach glauben« – und merkt selber, dass sie dann weniger verspannt sei und weniger Schmerzen habe.*

Dann plötzlich reichen Nachdenken und einfach Glauben nicht mehr. Nackte Angst! Wie das traumatisierte innere Kind erreichen? Ich erkläre die Möglichkeit eines Segensrituals. Sie will es sich überlegen. Tags darauf wartet sie auf mich auf dem Korridor: »Bitte segnen Sie das Kind.« – »**Wo in Ihrem Körper hat es Angst? Wo möchten Sie berührt werden? Wo möchte das innere Kind den Segen erhalten?**« – »*Der Bauch, immer der Bauch!*« *– Ich lege meine Hand auf die gezeigte Stelle. Sie schließt die Augen und atmet tief.* »*Der Engel von damals (Intensivstation) ist mit Ihnen und mit der kleinen Uli. Im Namen Ihres und meines Gottes ist Uli jetzt geschützt.*« *– Stille, sie atmet tief. – Allmählich nehme ich meine Hand weg. Noch immer atmet Frau Kaufmann tief: Zehn Minuten vergehen, bis sie die Augen öffnet und bemerkt, dass meine Hand nicht mehr auf ihrem Bauch liegt.* »**Ihre Hand ist geblieben – das ist wohl der**

---

178 Vgl. das Märchen von Frau Holle: Mythologisch betrachtet, sind es die Schicksalsgöttinnen, die großen Spinnerinnen, die über Glück und Pech befinden. Für die Erfahrung im Sinne einer mütterlichen Gottheit spricht auch das Gefühl von Getragensein.

Segen.« Ich präzisiere: »Meine Hand ist nur meine Hand. Sie hat den Segen nur gebracht. Was Sie gefühlt haben und was blieb, ist mehr.« Die Angst ist gewichen, Frau Kaufmann ist schläfrig. Beim Abschied sagt sie: »Sie, Frau Renz, gehen, der Engel bleibt.« **Berührung hat bewirkt, dass aus einer Angst vor Berührung eine eigentliche Gnadenerfahrung wurde.**

Nochmals darf Frau Kaufmann heimkehren. Es sind von Liebe zu ihrem Gatten und allen Dingen geprägte glückliche Wochen. Kaum zu glauben, wenn ich mich der ersten Gespräche über ihre Ehenöte erinnere. Als auf den Tod hin ihre Ängste nochmals aufflackern, bittet sie mich, ihr einfach ein bisschen nahe zu sein. Bald hält sie meine Hand, bald lehnt sie sich mit ihrem Bein an meinen Körper, **einfach Nähe,** *dazu etwas Musik (Oceandrum) – so kommt sie zur Ruhe.*

2.3.2 Angst, die nach einem beschützenden Vater schreit

Erfahrungen mit einem väterlich-mütterlichen Gott ereigneten sich oft bei **Menschen mit übergroßen Ängsten**. Oft war es Angst aus einer Zeit, als Vater oder Mutter hätten schützend oder helfend nahe sein müssen. Spirituelle Erfahrungen können später zum Hort von Ruhe und Schutz werden; die Patienten fühlen sich auf neue Weise verstanden.

Das innere Kind in seiner Angst, das ist das Thema schlechthin von **Frau Burger.** *Allein um damit zu mir zu kommen, braucht sie Wochen. Sie sei noch nicht so weit. Wochen später: »Jetzt bin ich so weit.* **Ich habe solche Angst.***« Neben mir im Flur auf und ab schreitend, beschreibt sie mir ihre Unrast. Was ihr denn wohltue, Schutz gebe zu Hause, frage ich. Sie sei halbwegs religiös, bete oft zu Maria. »Möchten Sie morgen in meinen Therapieraum kommen, Musik hören, vielleicht auch ein Zeichen des Segens gegen Ihre Angst bekommen?« Um 7.30 Uhr am nächsten Morgen steht Frau Burger angezogen vor der Türe meines Zimmers. Ob sie kommen dürfe? Drinnen wünscht sie ein Kreuz auf Hand und Stirn. Dazu sage ich betend: »Sie sind geschützt im Namen Gottes, des Vaters, des*

Sohnes und des Heiligen Geistes.« »Und Maria ist auch dabei«, ergänzt sie sofort. »Kann ich mitbeten?« Gemeinsam beten wir: »Ich bin geschützt im Namen des Vaters, des Sohnes und des Heiligen Geistes. Und Maria ist auch dabei.« Nun wagt sie den Tag, verabschiedet sich, und ich ziehe meinen Mantel aus und schalte meinen Computer an. – Später am selben Tag besuche ich sie in ihrem Zimmer. Sie wolle überall dort, wo es in ihr Angst habe, ein Kreuzzeichen erhalten. Dann etwas Musik. Sie lächelt und wird schläfrig. Die Pflegenden lassen mich abends wissen, mit Frau Burger sei etwas Wichtiges passiert. Sie sei anders.

Als die Frage nach der Verlegung in ein Pflegeheim diskutiert wird, zittert sie unaufhörlich. Woher diese immense Angst?, versuche ich herauszubringen. Sie sei im Krieg aufgewachsen, Schießereien in nächster Nähe, Rennen in den Luftschutzkeller, Flucht, ständig Russen um sich herum ... (x-mal vergewaltigt, rechne ich aus). Mitzi habe sie als Kind geheißen. ... Wie ich all dies aushielte, ich sei sicher »ganz erledigt«. Als ich verneine, zuckt sie zusammen und beschließt das Gespräch mit dem Satz, sie brauche jetzt ein paar Tage Ruhe. Ich war zu wenig empathisch, muss ich mir eingestehen.

Wie weiter mit dieser Frau? Was beruhigt ein solches Ausmaß an Angst?, überlege ich und schreibe Auszüge aus Psalm 34 für sie auf ein Blatt. »Ich suchte den Herrn, und er hat mich erhört, er hat mich all meinen Ängsten entrissen.« Und ich nehme – im Sinne eines Übergangsobjektes – auch eine zufällig gefundene Ansichtskarte der Gnadenmutter von Einsiedeln,[179] auf deren Rückseite ein Gruß meines Vaters an mich steht, mit. So suche ich Frau Burger auf. Die Wirkung dieses Geschenkes ist überwältigend. Zur Karte fragt sie: »Lebt Ihr Vater noch? Mein Vater wurde im Dorf umgebracht. Geht Ihr Vater wieder einmal nach Einsiedeln?« Dann schließt sie die Augen, sitzt ohne Zittern im Stuhl, scheint die Zeit zu vergessen. Und nach zehn Minuten:

---

179 Im Volksglauben erhält Maria über die Mittlerfunktion hinaus nicht selten die Bedeutung einer beschützenden Muttergottheit.

»Jetzt habe ich einen neuen Vater. Sagen Sie ihm meinen Dank. Und jetzt, was machen wir?« Ich lese die Psalmensätze vor. »Singen Sie sie«, bittet sie und legt dann die geschenkten Kostbarkeiten in ein Sichtmäppchen. Nach diesen 20 Minuten, in denen ich mich voll auf Frau Burger eingelassen habe, bin ich wirklich »erledigt« aber auch dankbar. Es wird fortan bis hin zu ihrem Todestag kein Tag vergehen, ohne dass Frau Burger das Mäppchen mit den Habseligkeiten hervorholt, öffnet und wieder liebevoll versorgt.

Das war eine unter vielen Patientenerfahrungen dieser Art. Bisweilen, wo es nicht um existenzielle Kinderängste ging, waren es Menschen mit schlichtem Gemüt oder andere, die sterbend wieder zum Kinde wurden. *Ein Mann, der zunächst alles andere als kindlich war, rief sterbend immer wieder nach seiner Oma. Der liebevoll bemühten, aber nun verunsicherten Gattin empfahl ich, ihren in Phantasien daliegenden Gatten jetzt so zu besänftigen, wie sie das mit einem Enkel tun würde. Es gelang wunderbar.*

Eine andere Frau hörte im Traum nur das Wiegenlied »Schlaf, Kindlein, schlaf.«

2.3.3 Ein Gott, an dem sich das Überstrenge relativiert

Die Erfahrung eines **milden, gütigen oder treuen Gottes** hilft oft mit, ein **überstrenges Gewissen** und dessen internalisierte Gebote und Verbote zu **relativieren**. Oder umgekehrt werden Patienten dadurch, dass sich am inneren Vater- oder Mutterbild etwas ändert, auch offen für Erfahrungen mit einem anderen, weicheren, menschlicheren Gott. *»Soo schlimm bin ich nicht vor Gott«*, fasste eine Frau ihre Erfahrung zusammen.

Bei mehreren Patient(inn)en schienen überstrenge Anforderungen an sich selbst auch eine Folge hochgradiger Sensibilität zu sein und in Richtung einer frühen Prägung (Scham des Vorhandenseins) zu weisen. Bei einzelnen Patienten entwickelte sich daraus ein derart ausgeprägtes Schamgefühl, dass sie, um in ihrem elenden Zustand möglichst von niemandem gesehen zu werden, ihr Krankenzimmer nicht mehr verließen, – als hätten sie etwas Schlimmes verbrochen. So irrational solche Ängste auch sein mögen, sie bedürfen der heilsamen Erfahrung mit einem nicht länger verurteilenden, sondern verstehend-liebenden Gott. Für *Frau Koster* war dies ein Gott, der trägt, sprich: der uns (in der Prüfung) nicht »durchfallen« lässt. *Sie stehe schon lange zwischen Tür und Angel, antwortet sie auf meine Frage nach ihrem Vorhaben und zittert vor Angst. Nur ja so nicht gesehen werden, erklärt sie und folgt mir dann auf mein Zureden hin in meinen Therapieraum. Sie möchte die Wirkung einer Entspannungsübung ausprobieren. Ich wähle das Motiv des Getragenseins: getragen vom Stuhl, auf dem sie sitze, vom Erdboden, vielleicht auch von Gott. Dann nur noch Musik. Sie wird ruhig. Anschließend bemerkt sie, die Musik habe gut getan, das Getragensein ... »Es tat gut auf eine Weise, wie ich mir dies gar nicht hätte vorstellen können.* **Ich kann nicht ›durchfallen‹.«**

Frau Thalers Scham *steht im Zusammenhang mit ihrem geistigen Zerfall in der Folge von Hirnmetastasen. Ich gebe ihr in einem lichten Moment den Jesaja-Vers mit:* »*Vergisst eine Mutter ihr Kind ...*«. *Der Satz trifft ins Schwarze, zumal ihre leibliche Mutter jetzt ihre treueste Bezugsperson ist. Erstaunlich klar führt Frau Thaler den Gedanken fort:* »*Eine Mutter schämt sich auch nicht für ihr Kind. Auch nicht, wenn man so ist wie ich.*« Ob irdische Mutterliebe oder Erfahrung mit einem väterlich-mütterlichen Gott: An solcher Liebeserfahrung werden Menschen geheilt von ihrer existenziellen Angst, nicht zu genügen oder in ihrer Persönlichkeit zerstört zu werden.

2.3.4 Grund-gut, sinnlich-schön, liebend-bejahend

Für einige Patienten waren ganz *sinnliche* oder *gemütsnahe Erfahrungen* mit einem als grund-positiv erlebten Göttlichen bedeutsam. »*Ein Gott, der mich trägt und nährt, der sich freut, wenn ich heimkomme, der tröstet und zärtlich ist, bei dem es einfach gut und schön, weich und warm ist.*« Wo Menschen bei solchen Ahnungen von Glück ankommen, ist das Pech eines

Lebens, der Mangel karger Jahre überwunden, Eifersucht kommt zur Ruhe, Traurigkeit löst sich auf in eine Erfahrung von Fülle und Geborgenheit. Nicht selten fließt das Erleben von Einheit und Harmonie in die Erfahrung mit dem väterlich-mütterlichen Gott ein, wobei aber Einbettung, Getragensein und Heimat immer auf ein Subjekt bezogen sind.

Frau Zahner weint über alles, was sie nicht mehr tun könne. Nach einer Dreiviertelstunde geteilter Trauer schaut sie mich mit anderen Augen an. Was denn die Schönheit ihres Lebens gewesen sei, frage ich: »Farben, Glück, Blumen, einfach das Schöne«, antwortet sie. Wochen später hat sie Ängste wie nie zuvor, erschrickt über die geringste Bewegung und zittert. Selbst die tickende Uhr im Zimmer dröhne. Ich frage, ob sie sich an einen Schlupfwinkel erinnere, wo es ihr früher wohl gewesen sei. **»Ja, in der Wiese vor dem Stall, dorthin kam niemand, da war es gut«,** *beschreibt sie und zittert weiter. An eine Annäherung an Ursachen der Angst ist nicht zu denken. Um die Angst in Grenzen zu halten, bitte ich das Team, jede pflegerische Maßnahme, jede Bewegung, jeder Lärm im Voraus anzukündigen. Beim nächsten Besuch bringe ich Frau Zahner ein paar Wiesenblumen aus meinem Garten. Sie solle sich einfach Farben und Blumen um sich herum vorstellen, so leite ich eine Körperwahrnehmungsübung ein.* **»Getragen wie von Mutter Erde«**, *dazu Bogenharfe. Frau Zahner entspannt sich und fällt – übermüdet – in einen tiefen Schlaf. Beim nächsten Besuch, im Anschluss an meine Musik, meint sie: »Das geht ganz da hinein (auf ihren Brustraum zeigend), wie wenn ich wirklich in den Blumen läge.« Schnell wird sie terminal und stirbt friedlich, alleine.*

2.4 Der Gott »inmitten«

2.4.1 Gegenwärtig inmitten extremer Not: »ES/ER war da«

In *Gefühlen tödlicher Bedrohung und Extremsituationen der Ausweglosigkeit ist Gott wie nicht mehr da*, selbst für religiöse Patienten. Im Spital sind dies die Stunden äußerster Ohnmacht, Schmerzen und Ängste: so etwa unmittelbar vor einem schwierigen chirurgischen Eingriff, vor einer Verlegung auf die Intensivstation oder in ein Pflegeheim, die (in der Sicht des Patienten) zur Schreckensvision *absoluter Verlassenheit* werden kann, oder im Zugehen auf einen als schlimm erwarteten Tod. Auch die sogenannte »Röhre«[180] in ihrer Enge macht Angst. Zu den schlimmsten Erfahrungen, denen ich im Spital begegne, gehört die in Grenzzuständen innerlich bisweilen nochmals gegenwärtige Not längst vergangener Traumata (Gewaltübergriffe, Krieg). Die Patienten sind wie nochmals mittendrin, während die Umstehenden nicht begreifen, was los ist. Existenzielle Verlorenheit gibt es aber auch draußen in der Welt, in Befindlichkeiten inneren Gefangenseins, im »Nicht-mehr-können-noch-weiter-Sehen«. Vor lauter Scham oder Unwertgefühl kann man sich keinem Menschen mehr öffnen. Wertschätzende Worte anderer oder fromme Reden von Gott kommen in all diesen Situationen an als hohle Phrase, Lüge oder *Verrat*. Ähnlich unempathisch wirkt der Ratschlag, einfach Vertrauen zu haben oder einfach loszulassen. Ein Eintauchen in einen gelassenen Seins- und Einheitszustand ist gerade jetzt nicht möglich. *Die Passion ist total.* Patienten in panischer Angst zittern am ganzen Leib, klammern sich fest oder irren im Zimmer herum. Es macht die Totalität der Ausweglosigkeit gerade aus, dass Menschen sich in solchen Stunden abgekoppelt erfahren vom Ganzen, Einen, ausgeschlossen aus allem Guten und Helfenden. Die alles verschlingende Totalität sol-

---

180 Apparatur für die Computertomographie, d.h. zum computerisierten Schichtröntgen einer Körperregion.

cher Passion gilt es zu begreifen, um umgekehrt auch das Einmalige der Rettungserfahrung nachvollziehen zu können.

Hilfe inmitten von Ausweglosigkeit kann nur von innen kommen, sich im Leidenden selbst konstellieren, ihn durchfluten – gleichsam als Offenbarung von innen: *»Retter inmitten«* – *»Gott in mir drin«.* Diese höchst eindrückliche und mit keiner anderen Erfahrungskategorie gleichzusetzende spirituelle Erfahrung darf in Spiritualitätsdiskussionen auf keinen Fall übersehen und damit ausgerechnet den am schlimmsten Bedrängten vorenthalten werden. Innerhalb meines Projektes ereignete sich diese Gotteserfahrung zwar nicht extrem häufig (bei insgesamt 33 Patienten), jedoch *auf höchst übereinstimmende Weise.* Umschrieben etwa: *»ER war mit in der Röhre.« – »Die berührende Hand meiner Frau kam mit. Dann – auf den Brustraum zeigend – war die Hand von Christus da.« – »Eine Lichtgestalt, die ER sein muss, war bei mir.«* Bei 26 der insgesamt 33 Patienten geschah dies wirklich am Tiefpunkt solcher Not. Und was dabei als *Präsenz* erfahren wurde, war nicht einfach ein Zustand (Einheitserfahrung) noch eine abstrakte Antwort (Gegenüber-Erfahrung) noch Schutz (väterlich-mütterlich). Vielmehr konnte es nicht anders umschrieben werden denn als *Gottes Anwesenheit inmitten des Schrecklichen. »Es war, als hätte ER sich selbst meinen Schmerzen und Ängsten ausgesetzt«,* sagte ein gut 60-jähriger Mann. – Diese 26 Patientengeschichten könnten gelesen werden als moderne Wundergeschichten, wenn auch mit einem nach außen unsichtbaren Gott. Wo zuvor Kälte war, ist plötzlich Wärme; wo Verlassenheit war, wird Beistand erfahren; in eine Ohnmacht hinein kommt das schöne Gefühl »ER in mir und ich in IHM«. Bei den übrigen sieben Patienten ereignete sich dieses Finden zum »Gott in mir« leise und allmählich oder war aufgrund früherer Erfahrungen einfach da als ständig gespürte Präsenz.

Frau Urbani, eine evangelisch gläubige, naturverbundene alte Frau ist traurig über ihren desolaten Zustand. Sterben mache ihr nichts aus, aber sie fürchte sich vor der zunehmenden Ohnmacht. Lange weint sie, streichelt meine Hand, und ich die *ihre. Wir mögen uns, sie lässt sich trösten. Musik und Entspannung vertiefen diesen Trost: »Es war wie Engelmusik. Sie kam von weit her und ganz nahe heran. – Es kann nicht schlecht ausgehen«, stammelt sie ergriffen. Lange schweigen wir. Dann schüttelt sie den Kopf, kann nicht verstehen, was mit ihr geschehen noch warum sie plötzlich voll Vertrauen sei. Ich frage zurück: »War das nicht **Präsenz**?« Frau Urbani nickt und ergänzt: »**ES war nicht nur, ES ist**« (immer noch). – Die Symptome eskalieren, die Luftröhre ist angegriffen, Angst vor dem Ersticken. Ausgerechnet jetzt ist eine Verlegung ins Regionalspital geplant. Nochmals besuche ich sie. Sie wünscht Musik und den Segen. Ich frage: »Gibt es eine Bibelstelle, die Sie besonders lieben?« »Ich liebe Jesus und stelle mir jeweils vor, wie er durch Dörfer wanderte und zu den Menschen ging.« »Könnten Sie sich vorstellen, er komme auch zu Ihnen und tröste Sie?« »Warum nicht?« In diese Stimmung hinein spiele ich Monochord und spreche ein Segenswort: »Frau Urbani, Sie sind von Gott gesegnet. Jesus begleitet Sie, als wären Sie seine Jüngerin. Er kommt mit ins Regionalspital und wird seine geistige Hand auf Ihren Hals legen, um Sie zu schützen und um Sie dann im Tod zu empfangen.« Wortlos spiele ich noch eine Weile auf dem Instrument. Frau Urbani atmet tief. Die Atmosphäre ist dicht. Langes Schweigen. Dann weint sie sehr, anders als üblich. Schließlich sagt sie: »Das hilft. Mir kann nichts geschehen.« Erneute Gelassenheit. Zwei Tage später suche ich sie ein letztes Mal auf. »ES ist immer noch da, ES hilft«, sagt sie. Drei Tage später sei sie in anhaltender Gelassenheit gestorben – Erstickungstod.*

2.4.2 Der ohnmächtige Gott – der in mir auferstehende Gott

Was kann die Welt mit der Religion eines ohnmächtig am Kreuz hängenden Gottes anfangen? Ärgernis für die Starken, Rettung für die Ohnmächtigen: so muss schon bald nach Jesu Tod die Botschaft vom Kreuz bei den Menschen angekommen sein. Zwiespältig sind die Reaktionen noch heute, außer im Leiden: »*Solange es mir gut ging, konnte ich nichts anfangen mit diesem elenden Kreuz. Karfreitag war ein Tag, der aus der Agenda gestrichen werden sollte. Jetzt ertrage ich nur noch diesen einen (seinerseits ohnmächtigen) Gott, der mir nicht helfen* kann, *auch wenn er wollte.« (Sätze einer 70-jährigen Frau)*

Im Zusammensein mit extrem Leidenden habe ich begriffen, warum in solchen Situationen *einzig* ein Gott am Kreuz zum Rettenden werden kann: Sie kämen sich in ihrem Elend noch mehr ausgegrenzt und verlassen vor, wenn nicht ein Gott gedacht – gefühlt – werden dürfte, der ins Leid der Welt selbst eingestiegen ist. Gott wird gerade dadurch, dass er die menschliche Ohnmacht teilt und dort zunächst mit-ohnmächtig ist, zum Retter für die notleidenden Menschen. Ist das reine Vertröstung, selbst Gott sei es nicht besser ergangen in dieser Welt? Vermag dies zu trösten? Eine bemerkenswerte Zahl von Patienten fand einen neuen Zugang zu Gott über den Gedanken, dass Gott mit-ohnmächtig sei in dieser Welt, ohnmächtig auch in ihren Schmerzen und Lähmungen.[181]

Und doch: Ist mit dem Aspekt des ohnmächtigen Gottes das rettende Moment des Christusmysteriums schon erschöpft? Bleibt es für die Patienten bei dem Trost, dass Gott das äußerste Leiden mit ihnen teile, Stunde um Stunde? Frau Kaufmann[182] beschrieb es nach einer schwierigen Operation so: *»Ich hatte so schlimme Angst vor all den übermächtigen Apparaturen um mich herum und dazu das schleichende Gefühl, gestorben zu sein.* **Wie lebendig begraben.** *Das ist wohl schrecklicher als der wirkliche Tod. Alles war wie tot, nur noch lächerlich: die Ärzte und Operationsschwestern eigentlich unwirklich ...* **bis ich**

---

181 Vgl. Jüngel 1992 (S. 79), Bonhoeffer zitierend: »Gott lässt sich aus der Welt herausdrängen ans Kreuz, Gott ist ohnmächtig und schwach in der Welt und gerade und nur so ist er bei uns und hilft uns. Es ist Matth.8.17 ganz deutlich, dass Christus nicht hilft kraft seiner Allmacht, sondern kraft seiner Schwachheit, seines Leidens!« Und (S. 279f) zur Bedeutung von Ohnmacht in der paulinischen *theologia crucis*: Ohnmacht nicht als Widerspruch zu Gottes Macht, sondern als Möglichkeit sich vollendender Macht Gottes im Ereignis der Liebe.
182 Vgl. II.2.3.1.

plötzlich wie in mir drin eine Flöte hörte. So wie mein Mann für mich Flöte gespielt hatte. Die Flötentöne waren einfach da, als würde Gott sagen: ›Hab Vertrauen, ich bin da. Atme.‹ **Dann war es plötzlich einfach anders, lebendig.**« Indem Frau Kaufmann diese Erfahrung mit Gott in Verbindung bringen konnte, begriff sie das Geheimnis von Auferstehung: » Ich *fühlte mich wieder lebendig, und doch war es ER in mir. Seltsam, die Flötentöne, das war Jesus.*« Das ist mehr als Trost, sondern Erfahrung neuen Lebendig-Werdens, **Auferstehungserfahrung im Kleinen.**

Wären solche Berichte Einzelfälle, bliebe es wohl bei einem milden Lächeln. Doch geschah Ähnliches bei 26 Patienten, darunter fünf nicht-religiöse. Die Ähnlichkeit, die sich beim genaueren Betrachten herauskristallisierte, lag in der Kombination des zunächst selbst ohnmächtigen und dann auferstehenden Gottes, was zu einer Bewegung von Auferstehung, zur Stimme im Notleidenden selbst wurde: ein Gott, der heilt, indem er aus der seelischen Erstarrung rettet. Warum? Nur dem seinerseits ohnmächtigen Gott kann in einer derart desolaten Situation überhaupt Vertrauen entgegengebracht werden. Nur den Gedanken an ihn lassen Notleidende noch an sich heran. Und nur wo genau an solch totem Punkt das Schicksal sich wendet, geschieht das Unglaubliche als seelische Realität im Notleidenden selbst. Es kommt zur Erfahrung von »Gott inmitten«, von Gott *von tief innen*, zur Erfahrung auch von Bewegung, Aufbruch. »*ES lebt in mir.*« »*ER steht in mir auf.*« Aufgrund der Gewissheit, dass hier ein Mehr am Werke gewesen sei oder dass dies mit Gott zu tun gehabt habe, wird das Leben wieder gewagt. Leidende gingen nach solchen Erfahrungen anders in die Herausforderungen ihres Lebens hinein oder auf ihren Tod zu. Die Erfahrung von »Rettung im Inmitten«, ob als Gott bezeichnet oder nicht, wurde jedes Mal zum überwältigenden Offenbarungsgeschehen. Mehr als andere Erfahrungen blieben diese über Tage hinaus wirksam und auch für Dritte geheimnisvoll spürbar. Im Projekt geschah es insgesamt 29-mal, dass Erfahrungen so auffällig und nachhaltig wirkten, davon in

19 Fällen als Folge einer Inmitten-Erfahrung. Ihr scheint also eine außerordentliche Wirkkraft innezuwohnen.

Ein Ergriffenwerden vom »Gott inmitten« *geschieht bisweilen auch im Traum* und auch bei Menschen mitten im Leben. Ich greife den Traum einer jungen, ernsthaft kranken Frau heraus, die sich damals in einer undurchsichtigen Entscheidungssituation befand: *»In einer ersten Szene bin ich mitten in einem verführerischen Marktgetümmel. Ich erschrecke, taumle – und setze mich ab vom Marktgetümmel. Dann höre ich Flötengesang und immer deutlicher das Osteralleluja. Ich bin am Mitsingen, doch es singt aus mir heraus wie eine großartige Oper. Ich spüre: ›DU singst in mir.‹ Es reißt mich förmlich ins Leben hinein, dorthin, wo ich hingehöre.« Drei Tage lang habe der Traum nachgeklungen.* Mir war, als habe nach diesem Traum eine andere (neue) Frau vor mir gestanden.

2.4.3 Herr Tobler: »Ich muss Gott richtiggehend verzeihen«

Ohnmacht wachen Sinnes auszuhalten, ist außerordentlich schwer. »Was dagegen tun«, ist die natürliche erste Reaktion. *Der gebildete, wortkarge* **Herr Tobler** *findet zur Erfahrung des »Inmitten«, indem er sich zuvor seine eigene Ohnmacht eingesteht: Tagelang, wochenlang schweige er vor sich hin, klagt mir seine Frau. Es sei, als erreiche ihn kein Wort.*

Mir fällt Herr Toblers Nachdenklichkeit und Behutsamkeit im Formulieren auf, die Gespräche zwischen uns sind echt und gut. »Verstehen Sie, dass ein solches Leben unmöglich ist?«, fragt er mich prüfend. »Ihre Not geht mir nahe«, sage ich, »derartig schlimme Schmerzen, ohnmächtig daliegen, sich kaum mehr bewegen, nicht mehr arbeiten können, da ist keine Lebensqualität mehr.« »Genau, das ist das Schlimmste«, fällt er mir ins Wort. »Alles, was ich früher konnte und liebte, geht nicht mehr.« Und er zählt auf, was alles ihm das Leben eigentlich noch schuldig sei. »Sind Sie auch wütend auf Gott?« »Nicht direkt, wobei ... schon auch.« Und in weicherem Stimmtonfall: »Aber sagen Sie mir, was macht mein Leben lebens-

wert?« Ich versuche, Worte zu finden: *»Zustände, wo das ganz Alltägliche plötzlich tief beglückt: das Rot einer Blume oder eine Begegnung wie die unsrige, Befindlichkeiten, in denen man selbst das Daliegen anders wahrnimmt, z.B. als wunderbares Getragensein. Das sind dann Zustände, in denen man sich tief eins fühlt mit den Dingen, so als wäre Gott ganz nahe. Dann ist dieses Glück plötzlich wieder weg.« »Ja, dann ist es wie ein **Fall, kilometertief nach unten, und ich bin total verzweifelt«**,* konkretisiert er. Was man dagegen tun könne? *»Vielleicht geht es darum, den Mut zu haben, sich tief fallen zu lassen.« »Wie meinen Sie das?« »Wenn ich an unser Gespräch von vorhin denke, geht es vielleicht darum, alle Rechnungen, alle Auflistungen dessen, was das Leben Ihnen noch schuldig sei, fallen zu lassen; selbst das Denken und Nachdenken loszulassen«,* antworte ich. *»Den Mut, nicht zu denken«,* wiederholt er und fährt fort: *»Ich muss Gott richtiggehend verzeihen. – Ist so vielleicht nicht richtig ausgedrückt, ist auch schrecklich, aber es stimmt: Ich muss Gott verzeihen. Das ist mein wunder Punkt.«* Ich staune und sage ihm, dass seine Betroffenheit mich beeindrucke: *»Indem Sie am Punkt Ihrer Betroffenheit ankommen, hat das Verzeihen bereits begonnen.«* Herr Tobler tut einen schweren Seufzer, dann ein in sich gekehrtes *»Ja«*, und er wird sehr ruhig. Er schläft ein, während in mir seine Formulierung *»Gott verzeihen«* nachklingt.

*Eine Woche später sagt er: »Danke für die rote Blume (gemeint war mein Hinweis auf das, was sein Leben lebenswert mache). Es war – obwohl nicht real – die schönste Blume meines Lebens. Und auf seine Brust zeigend: »**Da drin wurde es farbig und ist es immer noch**, immer wieder. – Und die Verzeihung, das war gut.«* Wieder sucht er Worte. *»Es war wie ein großes Einverständnis. Nicht gedacht ... und doch genau so, als wäre **Gott identisch mit mir, doch ich nur ein Teil**.«*

Vieles, was in Herrn Toblers stillen Stunden geschah, blieb wortlos. Der Impuls, Gott verzeihen zu müssen, war öffnend. Er musste sich in der Tat »kilometertief« in das Einverständnis mit dem Schicksal hineinfallen lassen. Aus dem Sich-hineinfallen-Lassen in die Ohnmacht wurde auch ein Hineinfallen in Gott. Und daraus erstand die Erfahrung, Gott sei identisch mit ihm und doch ewig mehr.

2.4.4 Der solidarische Gott

Nicht weniger schlimm als die Erfahrung äußerster Ohnmacht ist die Erfahrung letzter *Verlassenheit*. Gefühle von Angst und Verlorenheit sind total, und gleichzeitig ist kaum eine menschliche, geschweige denn göttliche Nähe mehr erträglich – ausgenommen dort, wo jemand, wo Einer da ist, der weiß, wie solche Zustände sich anfühlen. Es gibt Menschen, die solche Zustände kennen und, wenn auch hilflos, so doch ein Stück weit mit auszuhalten vermögen. Jede Unsensibilität würde zur neuen Verletzung, jede Verschönerung zum Hohn werden. In der Beziehung zu Gott gilt dies umso mehr. Ein vom Schicksal hart getroffener Familienvater sagte: *»Der einzig erträgliche Gedanke an Gott ist der seinerseits verhöhnte Christus am Kreuz.«* Er ist das Urbild eines verwundeten Heilers, eines mit dem Leiden der Welt solidarisch gewordenen Gottes. Andere Leidende bleiben mit ihrer Not lieber alleine. Nur so sind sie geschützt vor immer neuer Verletzung durch mangelnde Empathie – doch gleichzeitig leider auch unerreichbar für Wandlung und echte Hilfe. Was durchbricht solche Mauern des Selbstschutzes und der Resignation? Was vermochte bei Patienten eine Inmitten-Erfahrung mit-einleiten? Was half? Drei Faktoren:

1. Vereinzelten (!) Patienten halfen frühere religiöse Erfahrungen oder einfach *eine echt erlebte Religiosität*: Gesänge, gemeinsames Schweigen, die spirituelle Atmosphäre der Natur, einer Winterlandschaft etwa. Diese Patienten wuchsen still in das Geheimnis des innewohnenden Gottes hinein.

2. Anderen, ebenfalls wenigen, ist ein Brückenschlag *über ihr eigenes Solidarisch-Werden* gelungen: *Eine lebensfrohe ältere Frau ist verzweifelt, dass ihr Krebs unaufhaltsam fortschreite.*

Wir schauen uns an. – Stille. – Dann erzähle ich, was mich innerlich noch immer bewegt und was sich im Zimmer nebenan abspielt: eine 30-jährige Frau mit Hirntumor. Schweigen – dann: »Das ist schlimmer, ich habe ein gutes Leben gehabt.« – Wie von innen heraus kamen solche Patienten an bei der Erfahrung, dass sie nicht allein seien in ihrem Leid. Trost und Kraft stellten sich von innen her ein; Einzelne wurden sogar fähig, sich aus dieser Kraft heraus regelrecht an andere Mitleidende zu verschenken.

3. Am nachhaltigsten wirkte *ein qualitatives Höchstmaß an menschlicher Nähe*: Angehörige, welche ihre notleidenden Partner, Eltern, Söhne oder Töchter in größter Liebe und Einfühlung umsorgten, in innerer Stärke Betroffenheit zuließen, sie streichelten, sangen, Flöte, Cello oder Gitarre spielten, ausharrten. *»Es genügt, dass einer wacht. Und der muss gar nicht immer hier sein«,* antwortete eine Patientin auf die Frage, warum sie so getrost sei. **Wachen** ist ein wunderschöner Begriff für das, worum es hier geht. Eine Nachtschwester sagte mir einmal nach einer eindrücklich durchwachten Nacht: »Wachen, das ist meine berufliche Identität.« In solch geistig aktivem Dabei-Sein geht es nicht um äußere Aktivitäten noch um irgendeine Wirkung von Dauer-Gebet, sondern um fühlbare Gegenwart im Leiden, um existenzielles Mit-Sein. Wichtig zu wissen: Selbst wenn Patienten – im Koma oder auf der Intensivstation – unansprechbar zu sein scheinen, sind sie zwischendurch da, wenn auch anders und dann u. U. sogar sehr auf Beistand angewiesen.

Immer wieder tritt diese zugleich schwierigste und schönste Aufgabe als persönliche Anfrage auch an mich heran. Das Erstaunen ist dann umso größer: *»Dass Sie sich so viel Zeit nehmen für mich!« – »Wie halten Sie es aus, so mitzugehen?« – »Extra für mich kamen Sie hierher!«* Das zeigt, wie sehr die **authentische Botschaft »Du bist mir nicht gleichgültig«** in solchen Situationen berührt. Darin liegt die Chance wahrer Solidarität im Leiden: Indem sie an einem äußersten Punkt – im menschlich nicht mehr zu Erwartenden – berührt, **wird sie zur Ahnung von Geliebt-Sein und Liebe schlechthin** und mündet in eindrücklicher Häufigkeit in eine eigentliche Gotteserfahrung: »*Ich war nicht allein – ER.*« Gott inmitten des Leides! Solche Erfahrungen sind vergleichbar mit Zeugnissen, die uns auch von den Ärmsten unserer Welt vereinzelt zukommen: von den Entrechteten in den Elendsvierteln in ihrer geistigen Solidarität, von Inhaftierten und KZ-Insassen in ihrer für uns unverständlichen Gottnähe, von Folteropfern inmitten von Qual. Darin liegt die letzte Größe der jüdischen und christlichen Aussage über Gott: Er ist ein empathischer (sym-pathischer) Gott, der die Klage der Leidenden hört – im Christlichen mit seinem Mensch gewordenen Logos noch zugespitzt zum gekreuzigten und in die Unterwelt hinabsteigenden Gott, der auf diese Weise identisch wird mit dem zu einem »Wurm-Dasein« verurteilten Menschen, mit den auf tiefster Ebene Verlorenen. Den Ärmsten dieser Welt gibt ER gerade so ihre menschliche Würde zurück, den einen, um zu leben, den anderen zum Sterben (mehr zum Christusmysterium in Renz 2008a).

2.4.5 Frau Erni: Menschennähe – Gottesnähe – ständige Präsenz

Frau Erni, eine einst sportliche, religiöse Fünfzigjährige ist durch ihre Krankheit zur Tetraplegikerin geworden, erblindet, fast taubstumm, aber geistig voll da. (Man denke sich diese Zumutung aus!) Sie schwankt zwischen Verzweiflung und heroischem Auf-sich-Nehmen ihres Schicksals. Musik und Gespräche berühren sie.

Bisweilen, wenn ich ins Zimmer trete, liegt ihr Gatte Körper an Körper neben ihr. Fast wird man verlegen, bis Frau Erni mir eines Tages erzählt, dass sie ihren Gatten manchmal bitte, sich zu ihr hinzulegen, weil das die einzige Weise sei, wie sie ihren Körper noch spüre. Ich bin berührt ob diesem Maß an Zuwendung. Auch meinerseits wirken – mehr als alles Trösten-Wollen – das fast wortlose Bei-ihr-Sein, mein Streicheln oder Mit-ihr-Weinen, ein paar betende Worte oder etwas Musik. Klangreisen bewirken auf ihre Weise, dass sie eine seltsame Lebendigkeit im Körper spürt. Das fühle sich an wie ein Frei-Sein im Körper. Einmal ist sie nach einer Klangreise lange still. Ich wage nicht, etwas zu sagen, so dicht ist die Atmosphäre. Leise sagt sie schließlich die Worte: »Jesus ist da – gut.«

Der Zustand dauert an, unverständlich lang. Einmal, als Frau Erni erneut verzweifelt ist, kann ich nicht anders, als zu sagen: »Sie sind eine Heldin.« Sie nickt. Es scheint sie zu berühren, ja zu beruhigen. Erneut taucht sie ab in den von ihr als tiefes Frei-Sein erlebten Zustand. Während ich noch bei ihr bin, sagt sie von sich aus die Worte: »Jesus ist wieder da, wissen Sie.« – Nach einer Pause: »Freiheit – irgendwann vergisst man die Zeit, ist ER gekommen.«

Drei Tage später: »Immer noch. – **Der ganze Körper ist erfüllt. Christus ist in mir, von Kopf bis Fuß, ich kann nicht erklären wie.«**[183] *Im Übrigen hat unser Zusammensein kaum mehr Worte. Über Wochen liegt Frau Erni da in wunderbarer Ausstrahlung. Wer dieses Krankenzimmer betritt – so berichten Pflegende und Angehörige – geht anders wieder heraus. Hier finde man Kraft. Eine unfassbare Gegenwart sei förmlich spürbar. Ganz allmählich und unmerklich, fast nahtlos, gehen Leben und Tod ineinander über.*

2.4.6 Alltagserfahrung – »Er in mir« als neue Identität

Die Erfahrung von Gegenwart schlechthin, vom »Gott inmitten« bricht wieder ab, sofern dieser erfüllte Zustand nicht gleitend ins Sterben übergeht. Im besten Fall bleibt ein Wackelkontakt. Menschen kehren aus der spirituellen Erfahrung in den Alltag zurück und sind dort nicht ein für allemal Auferstandene und pfingstlich Gesendete. Das Leben holt sie wieder ein.

---

183 In der Regel wurde vorab ein Erfülltsein im Brustraum formuliert. Umso bemerkenswerter – und darin wohl Antwort auf den gelähmten Zustand – war die Aussage von Frau Erni, der ganze Körper fühle sich lebendig.

Unter den Menschen mit Inmitten-Erfahrungen bleiben mir Einzelne in besonderer Erinnerung. Ist es ihre neue Bewusstheit? Der Ernst, mit dem sie ihre Entscheidungen fällen? Eine neue Form von Identität, die bisweilen durchbricht? Paulus lehrt uns, zu leben aus dem Geist des Auferstandenen und von dort her zu neuen Menschen zu werden (vgl. Renz 2008a: Leben aus neuer Identität). Biser spricht vom inwendigen Lehrer.[184] Ist ein Leben in solcher Konsequenz realistisch machbar? Die Aufgabe in den Infragestellungen des Alltags würde darin bestehen, zumindest momenthaft und immer wieder in dieser Tiefe anzukommen; zu realisieren, dass in einer tiefer wurzelnden Identität alte Ängste überwunden und neue Kräfte und Worte gefunden sind. Einzelne Menschen haben sich angesichts des Schreckens der bedrohlichen Krankheit zu einem echten Neubeginn durchgerungen.

Frau Beilner, einer extrem vom Leiden gezeichneten Frau, gelingt das Leben überhaupt nur, indem sie Tag um Tag wieder zu dieser tiefsten Identität findet: Mitte fünfzig, Tetraplegikerin, leidet sie, neben dem Krebs, seit Jahren an langsam fortschreitenden Lähmungen. Ihr Leben könne noch viele Jahre dauern, sie sei nur vorübergehend im Spital. Davonrennen möchte ich, wie ich an diesem Krankenbett sitze und die in ihr Leiden eingesperrte Frau vor mir sehe: »Nur weg, nur das nicht.« Ein geflüstertes: »Ich bin Theresia Beilner. Und wer sind Sie?« holt mich innerlich zurück und macht mich noch verzweifelter, denn ich realisiere, dass Frau Beilner geistig voll gegenwärtig ist. Ich stelle mich vor. Frau Beilner beginnt zu weinen, Ströme von Tränen, sie habe solche Kopfschmerzen. Fast finde ich die Sprache nicht. Mit einem »Darf ich?« berühre ich sie sanft am Kopf und sage: »Ich bin einfach da. – Nicht wahr, was Sie erleben, ist eine absolute Zumutung?« »Ja – Gott ...«, flüstert die religiöse Frau. Jetzt sieht Frau Beilner meine wässrigen Augen und fragt: »Was ist?« »Was Sie aushalten, ist Höchstleistung. Sie sind eine Heilige. Ich habe als Kind

---

184 Vgl. Biser 1993.

*viel über Heilige gelesen, und jetzt habe ich einen solchen Menschen erfahren.« »Hm« Frau Beilner ist sichtlich gerührt. Warum das Leistung sei, wo sie doch nichts tue und überdies viel zu oft weine? Warum mich das beeindrucke? – immer im Flüsterton. Zwischen uns entwickelt sich ein eindrückliches Gespräch über Sinn und Unsinn ihres Alltags und Daseins. Einzelne meiner Sätze lassen sie bisweilen inmitten ihrer Kopfschmerzen aufstrahlen. So etwa die Worte: »Gott ist in Ihrem Leiden mit-ohnmächtig, er ist sogar auf Ihren inneren Weg, auf Ihr Ja und auf Ihre Tapferkeit angewiesen. Er freut sich an Ihnen.« Es leuchtet auf in ihr, sie beginnt zu lächeln und liegt wie gewandelt da. Ein erneutes Seufzen holt sie zurück: »Ja sagen, annehmen, ... das schwerste ... Kopfweh.« Was sich denn den lieben langen Tag in Ihrem Kopf drehe, frage ich. Nun spricht sie laut: »**Es ist, wie wenn ich jeden Tag beginnen müsste, indem ich mich entscheide.**« Es gehe ums Annehmen. »Dann gehen die Kopfschmerzen weg, und es ist offen – weit – frei.«*

*Später strahlt sie erneut und wiederholt leise wie ein Mantra: »Gott freut sich an mir: Theresia Beilner.« Sie wird fröhlich, lacht. »Wie ist es möglich, dass Sie fröhlich sein können? Hat das mit Ihrer Beziehung zu Gott zu tun? Mir scheint, als würden Sie ein Geheimnis hüten.« »Wenn man so lebt wie ich, ist alles Religion, ist alles Gebet. **Beten ist mein Tag. Das ist meine ›Entscheidung‹**, mit der ich den Tag beginnen muss. Ich kann Gott nicht davonlaufen. Aber dass er Freude habe an mir, hat mir noch niemand gesagt. Das macht mich glücklich bis in die Füße, die ich gar nicht mehr habe (spüre).« Ob sie auch für mich beten dürfe? Ob ich ihr von meinem Leben erzählen möchte? Ausklingendes Gespräch. Ich danke für das Wunderbare, das sie mir in dieser Stunde geschenkt habe. »Theresia Beilner, Monika Renz«, lispelt sie und gesteht: »**Wenn ich gar nicht mehr weiß was beten, bete ich meinen Namen: ›Theresia Beilner.‹**« – Wissen Sie, dann versinkt man nicht.« Ich begreife: Identität ist mehr, als was ein Körper umschließt und lebt. Identität hebt über das Vegetieren hinaus.*

Was ist Inmitten-Erfahrung, was – wie nachfolgend erläutert – Geist-Erfahrung? Die Grenzen verwischen sich schon in der Wortfindung: Erfahrung von Präsenz / von Seiner Präsenz / von Gegenwart schlechthin / Leben aus dem Geist des Auferstandenen? Die im Judentum als »Einwohnung Gottes in der Welt« bekannte »Schechina«, die auch Erfahrung von »Inmitten« ist, wird im folgenden Abschnitt als Geist-Erfahrung betrachtet.

2.5 Geist-Erfahrung

2.5.1 Geist ist stärker

Eigentlich ist alle spirituelle Erfahrung geistgewirkt. Die Tatsache, dass Gott sich »ereignet« (Jüngel), bezeugt in sich schon das Wirken des Geistes. Und doch brauchte ich in meiner Projektarbeit einige Zeit, bis für mich griffig wurde, worin dieses Geistwirken manifest werde und was das Spezifische solcher »Geist-Erfahrung«[185] sei. Was hingegen meine Patientenarbeit hartnäckig begleitete, war das Phänomen Ungeist und Geist-

---

185 Die Frage, ob von Erfahrung des Heiligen Geistes überhaupt gesprochen werden könne und ob es sie auch in unseren Tagen gebe, wird in der aktuellen theologischen Geist-Diskussion unterschiedlich beantwortet:
Kasper beklagt die vorab in der westlichen Tradition offensichtliche *Geistvergessenheit* unserer Zeit: »Die Frage nach dem, was Geist einmal meinte, ist gestellt, ohne dass eine Antwort in Sicht wäre.« Eine solche – so Kasper – wäre »Antwort auf die Not der Zeit und die Krise unserer Epoche« (1995, S. 246-248, hier 248).
Kunzler erkennt die Verborgenheit des Antlitzes des Heiligen Geistes als Ursache für das Fehlen einer griffigen Antwort auf die Frage, wer/was Geist(erfahrung) sei. Darf vom Heiligen Geist als »personhaftem« Ansprechpartner überhaupt gesprochen werden? H. Mühlen zitierend, nennt er den Heiligen Geist »jene göttliche Person, deren persönliche Eigenart es gerade ist, andere Personen zu verbinden« (vgl. Kunzler 1998, S. 560). Die Verborgenheit des Antlitzes des Heiligen Geistes begründet Kunzler, Stanilaoe zitierend, damit, dass die Verbindung des Heiligen Geistes mit dem Menschen so innig und

kampf:[186] Ungeist als etwas, was einfach ungut, unstimmig war und querstand zum Leben wie zum Sterben. *Ungeist ist offensichtlicher als Geist.* Indem ich mich dem leidigen Thema Geistkampf immer wieder stellen musste und hinhörte, was durch Kämpfe hindurch als Befreiung oder Erlösung erlebt wurde, wurde auch das Thema Geist für mich konkreter. *Vom Ich her und aus eigener Kraft ist ein Sieg im Kampf gegen das, was hier als Ungeist bezeichnet wird, nicht möglich.* Was durch Prozesse und Geistkämpfe hindurchleitet und schlussendlich zum Sieg zu führen vermag, ist eine Geistkraft größerer Art. Überwundener Ungeist ist Geisterfahrung. Der theologische Satz *»Geist ist stärker als Ungeist«* wurde für mich erst im Rahmen meiner Patientenarbeit verständlich. Bisweilen schleuderte ich diese Worte in letzter Verzweiflung einem über die Logik nicht mehr ansprechbaren Patienten entgegen und staunte, dass sie – offenbar auf analoger Ebene – intuitiv verstanden wurden. Der Satz, so abstrakt er war und ist, wirkte: Er ermutigte und öffnete das innere Szenario auf ein Drittes – Stärkeres – hin. Warum dem so war, ist mir nach wie vor rätselhaft.

Nicht weniger als 56 der insgesamt 135 in diesem Projekt erfassten Patienten standen das Phänomen Geistkampf durch. Bei 40 kam es schlussendlich zur – geistgewirkten – Erfahrung von Auflösung oder Lösung. Bei den übrigen 16 war eine solche Lösung für mich nicht ersichtlich – etwa weil die Patienten verlegt wurden oder nach Hause gingen. Bei all diesen und weiteren ist es mir dennoch ein Anliegen, offenzulassen, ob sich nicht noch in letzter Minute ein Friede anderer Art konstellierte, über den wir nichts auszusagen vermögen. Nichts ist uns so verborgen wie ein inneres Geschehen *im* Sterben.

Ein Beispiel zum sich ereignenden Geist: *Die Musiktherapeutin müsse sie unbedingt kennenlernen, meldet die bald*

---

total sei, »dass der geistliche Mensch den Geist nicht als ein Du empfindet, sondern dass er, sooft er ›Ich‹ sagt, auch den Geist ›Ich‹ sagen hört ... und dies in einer vollkommenen, aber unvermischten Einheit« (S. 564).

186 Vgl. I.1.6.

*achtzigjährige **Frau Känzig**, ehemalige Jazzsängerin und Amateurmusikerin. Solange es gesundheitlich geht, kommt sie in meinen Therapieraum und steigert sich tanzend, singend, Xylofon spielend mit ihrem wackligen und von der Krankheit gezeichneten Körper in Jazz- und Blues-Rhythmen hinein: Jam-Session im roten Morgenrock. Für Frau Känzig höchste Wonne, für mich zwischen beschwingend und peinlich, denn eigentlich steht der Tod vor der Tür.*

Der Zustand von Frau Känzig verschlechtert sich rapide, und doch kann sie nicht sterben. Ich besuche sie am Krankenbett. »Nein, Entspannungsmusik mag ich nicht, bringen Sie mir Jazz, leben will ich ... Intensität ... leuchtendes Rot, fetzige Musik.« Ob sie wisse, dass es jetzt ums Sterben gehe und nicht mehr ums Aufleben, frage ich zurück. Abschätzend winkt sie ab und nickt noch mitten in der Gestik ein. Die Erschöpfung ist mittlerweile so stark, dass Frau Känzig dauernd – was immer sie zu tun versucht – von ihr übermannt wird. Ins Müde-Sein einwilligen aber kann die Patientin nicht. Wie soll ich reagieren?

Beim nächsten Besuch bringe ich ihr eine rote Blume mit, über die sie sich freut; Jazzmusik hingegen lehne ich ab. Frau Känzigs Augen funkeln und fallen gleich wieder erschöpft zu. Beim nächsten Besuch ist sie so müde, dass sie nur sagt: »Nicht wahr, Frau Renz, später werden wir wieder spielen.«

*Einmal treffe ich sie in verwirrtem Zustand an: »Frau Renz, ich werde abgeholt. Meine Eltern sind da. Aber ich muss noch mein Festkleid anziehen. Wissen Sie, es gibt ein **großes Fest**.« »Meinen Sie, da werden wir wieder musizieren? Die schönste Jam-Session?«, führe ich ihre Gedanken weiter. »Ja, noch viel schöner, die schönste Musik, aber anders.« Obwohl ihre Worte verwirrt und grotesk sind, ist die Stimmung im Raum nun nicht mehr drückend, im Gegenteil. Minuten später, im Kopf wieder klar, will Frau Känzig nicht sterben. Auf ihr närrisches Festhalten am Leben folgt gleich eine Schmerzattacke. – In der Tat ist Frau Känzig nicht zum »Fest« bereit, denke ich. Noch immer ist sie nicht satt an »gehabtem« Leben, noch immer auf der Jagd* *nach Erfüllung – bis sie, Tage später, entschlafend in einen Frieden eintritt und so stirbt.*

Seit den bewusstseinsfernen Visionen vom großen Fest fiel es mir leichter, die Exaltiertheiten dieser närrischen Greisin[187] auszuhalten. Hinter so viel Unerlöstheit erkannte ich mehr und mehr ein letztes Drängen nach Fülle. Was in Frau Känzigs nach außen bedeutungslosem Leben nie stattfand, feuerte sie als Gier nach Leben und Dabei-sein-Wollen noch im Spital zu ihren musikalischen »Auftritten« an, auf dass »es« endlich stattfinde. Das endzeitliche Fest, zu dem alle geladen sind, ist der Inbegriff des Stattfindens, die wunderbare Gipfelerfahrung am Schluss einer solchen Biographie. Bei anderen Patienten steht das Bild vom Fest für jene letzte Liebeserfahrung, in der, religiös formuliert, die ganze Menschheitsfamilie zusammenfindet vor ihrem Schöpfer. Wo aber hatte bei Frau Känzig Geist gewirkt? Hinter dem Unerlösten der Gier nach Leben und Fülle? Im Übermannt-Werden? In der bewusstseinsfernen Ahnung eines »Stattfindens« und im Spüren des »Ich bin noch nicht bereit«? **Geist ist die konstituierende Energie »dahinter«, Inbegriff auch von Intensität und Stattfinden.**

Geisterfahrung – im Projekt bei 49 Patienten – zeichnet sich aus durch ein Drängen: als das ***Dynamische, Werdende, Wandelnde, Bewegende, Durchdringende, Herauslockende, An-sich-Ziehende***. Oft konnte ich erst im Nachhinein erkennen, dass sich inmitten von Umgetriebensein oder Verzweiflung ein verborgenes zielgerichtetes Wirken des (Heiligen) Geistes durchsetzte: ein Geist, der nicht ruhte, bis jene Wunder von Wandlung geschahen, die sich wohl nirgends in solcher Häufigkeit ereignen wie an den Grenzen des Lebens und im Zugehen auf den Tod.

---

187 Vgl. Riedel 1989, S. 11 und S. 169–175, die in ihrer Umkreisung des Archetyps der Weisen Frau Platz findet für die närrische Alte, für die unwürdige Greisin.

2.5.2 Der innewohnende Geist

Einige Patienten begegneten dem göttlichen Geist auf sanfte Weise: als einem in aller Schöpfung gegenwärtigen oder lebensspendenden Geist, als Lebensatem, (*ruach*), wie ihn schon das Alte Testament kannte. Es waren etwa Menschen, die staunen konnten über die schlichten Wunder der Natur oder die sich als durch Musik unerklärbar belebt erfuhren. »In der Mitte des Daseins, wo Gott berührt wird und wo die Gesamt-Schöpfung ihre Mitte hat, wird der Mensch nicht nur geführt vom Geist Gottes, sondern ist eins mit diesem Geist.«[188]

Frau Zwicky ist eine junge, schon jahrelang kranke Frau mit permanenten Schmerzen und einem gerade dadurch hoch entwickelten **Gespür für das Eigentliche**. *Ihr Leben sei intensiv, wenn sie segeln könne, die Schönheit der Blumen oder das Gezwitscher eines Vogels auf sich wirken lasse. Dann sei sie wie im Himmel, das sei ihre Welt. Ich bin beeindruckt und meine fast, die Vögel singen zu hören in der Begeisterung, mit der sie erzählt. Was es denn sei, das sie darin so bewege? Es sei die Schönheit der Natur und doch mehr, umschreibt Frau Zwicky. Heimlich vertraut sie mir an, dass sie religiös sei – doch »anders«.*

Bei einem späteren Besuch erfährt sich Frau Zwicky wunderbar belebt durch die Musik der Oceandrum und drei Tage später durch Leierklänge. Die Musik dringe in alle Poren, beschreibt sie. »Ich bin wie abgehoben. **Da war ein großes Leuchten. Als wäre ich ins Leben hineingerufen worden.**« *Dann plötzlich verunsichert: »Das wird wohl nicht stimmen. Hat vorhin die Sonne so stark ins Zimmer hineingeleuchtet? War dies die Ursache des Leuchtens und mein Empfinden nur Fantasie?« Draußen aber regnet es, nichts von Sonne. Umso mehr erlebt sich Frau Zwicky jetzt überwältigt: »Dann war das innere Sonne. Es leuchtete soo stark.« Ich ermutige sie, ihrer Erfahrung zu glauben und nachzuspüren, wie sie das Leuchten empfunden habe. Ich erinnere sie an den Kleinen Prinzen von*

---

188 Sudbrack 1999, S. 292.

Saint-Exupéry, der auf seine Weise auch ein Leuchten in den Dingen gesehen habe. »Meinen Sie?«, fragt sie scheu, wird still, hat Tränen in den Augen und bleibt lange ergriffen. Auch hat sie deutlich weniger Schmerzen. Frau Zwickys spirituelle Erfahrung war »Welterfahrung« und im Gefühl von Ins-Leben-gerufen-Sein vielleicht sogar Vorahnung: Sie wurde gesundheitlich wieder so lebensfähig, dass sie Chancen hat, noch für Jahre auf gute Weise mit der Krankheit leben zu können.

Das rabbinische Judentum spricht in seiner **Schechina-Lehre** von der Einwohnung Gottes in der Welt als der Art und Weise, wie Jahwe inmitten seines Volkes weilt und doch der ganz Heilige, schlechthin Verborgene bleibt: Gegenwart und Transzendenz Gottes zugleich. Er offenbart sich als der Lebendige, als Gott, dessen innerstes Sein Leben ist,[189] als ein allumfassendes Ganzes, das aber konkret und nicht nur begrifflich ist, weltimmanenter Heiliger Geist[190] und als solcher ein Gott, der in die Geschichte der Menschen eingreift.

Im Bett neben einer Patientin, die ich besuche, liegt eine dunkelhäutige Frau. Apathisch. Sie habe seit Tagen kein einziges Wort gesprochen und befinde sich seit drei Monaten in schwerster Depression, höre ich. Als ich ihre Zimmernachbarin gegen Ende unseres Zusammenseins frage, ob sie die Kommunion wünsche, ruft es mir aus dem Bett nebenan zu: «Communion, communion!« Ich rücke meinen Stuhl zwischen die beiden Betten und beziehe **Jennifer Riley** *in mein vorbereitendes Beten ein, nicht wissend, ob sie mich versteht. Beide empfangen die Kommunion. Jennifer Riley schaut mir nun in die Augen. Die Stimmung wird dicht. Nach einer Weile stimme ich das »Amen« an, einen Gospelsong. Ich traue meinen Ohren nicht: Jennifer singt mit aus voller Kehle, mit englischem Akzent und mit der Inbrunst ihrer afrikanischen Herkunft. Die beiden Frauen stehen auf, umarmen sich, weinen Tränen der Freude und sind glücklich. Das schönste Fest am Krankenbett.*

---

189 Vgl. Kunzler 1998, S. 143–147.
190 Vgl. Sudbrack 1999, S. 289–293.

Die Pflegende schaut herein und schüttelt den Kopf. Die Depression ist seit dieser Stunde vorbei.

2.5.3 Geist hat Intention

Zu den eigenartigsten Beobachtungen an Sterbebetten gehört folgendes über die Vernunft nicht erklärbare Phänomen: Bisweilen geschieht etwas in den Sterbenden selbst oder – von ihnen ausgehend – in ihrem Umfeld, dass man das Gefühl erhält, *etwas strebe auf ein noch ausstehendes Ziel hin*. Bisweilen kann nicht gestorben werden, bis »es« eintrifft: sei es Friede, Versöhnung, zwischenmenschliche Bereinigungen, Vergebung von Schuld, Heimfindung von Schuldigen, Würdigung in Höchstleistungen usw. Oft werden Familien gerade hier zur Schicksalsgemeinschaft zusammengeschmiedet. Dabei ist allen Beteiligten klar, dass die Kraft dazu vom Sterbenden und vielleicht bereits Komatösen ausgig. Wer/was steht hinter solchem *Streben*, wie lässt sich eine solche Zielstrebigkeit fern aller Aktivität im Ich erklären? Darf man hier von Geist sprechen? Von einem *Drängen*, in dem sich schlussendlich – wie ein Wunder von Verklärung oder Versöhnung – durchsetzt, was ein Mensch oft jahrelang nicht schaffte? Ich möchte dieses Phänomen zusammenfassen mit Sudbracks Wort: Geist hat »Intention«.[191]

*Herr Moser, Familienvater, seit frühesten Jahren immer wieder krank und darin wohl zu einem tief religiösen Mann geworden, liegt plötzlich im Sterben. Seine Frau und die heranwachsenden Kinder sind wie im Schock am Sterbebett versammelt. Er reagiert kaum mehr. Als ich ihn auf seine beeindruckende Familie anspreche, nickt er. Auf meine Frage, ob es ihm recht sei, wenn ich mich jetzt zuerst seinen Kindern und seiner Frau zuwende, drückt er meine Hand in nachhaltiger Intensität. Das will Aussage sein: Ich habe das Gefühl, er möchte seiner Familie ein **Vermächtnis** mitgeben.*

In die Wortlosigkeit der traurigen Familie hinein frage ich je-

---

191 Sudbrack 1999, S. 261.

des Kind, ob es seinem Vater etwas sagen könne. Es gelingt ihnen nicht. Worte bleiben im Hals stecken. Ich suche nach Formulierungen, die mir zum Händedruck von vorhin in den Sinn kommen und die doch der Kindersprache nahe sind. So führe ich aus, dass es in Familien mit schweren Schicksalsschlägen vorkomme, dass man wie zu einem Club des Zusammenhaltens werde. »Rrrrr«, tönt es vom Bett her. Frau und Kinder horchen auf. Ihr Vater hat gesprochen! Sie verstehen: Er möchte, dass ein solcher Club entstehe. Und sie wollen mehr darüber wissen. Ich erzähle, dass von einem Club des Zusammenhaltens eine wunderbare Kraft ausgehen könne, die auch etwas mit einer Hilfe vom Himmel und mit einer geistigen Gegenwart des Vaters zu tun habe. Gott sei gewissermaßen da, wo Menschen sich auf diese Weise verbündeten. Das Mädchen ist begeistert, es habe diese Idee auch schon gehabt. »Willst du das deinem Vater erzählen?«, frage ich. Auch der Junge findet nun zu einem Satz, den er dem Vater sagen will. Nun spreche ich Herrn Moser an: »Hier sind Ihre Kinder, Sabine und Thomas, und Ihre Frau Lilo. Wir haben über den Club des Zusammenhaltens gesprochen. Alle drei geben Ihnen nun ihren eigenen Satz mit.« Der ansonsten reglos und mit geschlossenen Augen daliegende Vater kommt in eine spürbare Erregung. Jedes Kind versucht seinen Satz zu sagen. Unbeschreiblich sind die Reaktionen des Vaters: da ein Händedruck, dort ein Streicheln. Am intensivsten ist seine Reaktion auf meinen ergänzenden Satz: »Denken Sie, das hat mit Gott zu tun, da wirkt ER weiter.« »Ahhh.« Für alle ist offensichtlich: der sterbende Vater musste jeden Einzelnen in den Segen Gottes gestellt wissen. Noch Monate später ist den Kindern dieser letzte Eindruck gegenwärtig.

Auch andere Familien wurden durch ihre sterbenden Mütter oder Väter, ja selbst durch eine sterbende Tochter auf neue Weise geeint. *»Ich kann nicht mehr so tun, als hätte ich dies nicht erlebt«,* folgert eine Mutter aus der Art und Weise des Sterbens ihrer Tochter.

Kann es auch als Nähe zum Wirken des Geistes begriffen werden, wenn – wie bei mindestens einem halben Dutzend

Sterbenden – aufs Ende hin ein seltsames *Vorwissen* um den Zeitpunkt und teils gar die Umstände des Sterbens da ist? *So war es bei **Herrn Gehrig**, dem niemand ernsthaft glaubt, dass er bald sterben werde. Er bittet, man möge ihm kein Essen mehr bringen, da er in fünf Tagen sterben werde. Gesundheitlich beurteilt, könnte er noch Wochen, ja Monate vor sich haben. Mir vertraut Herr Gehrig an, dass er darunter leide, dass ihm niemand glaube. Ergriffen vom Ernst seiner Mitteilung, schwanke ich: Ahnt er vielleicht doch …? Ob er Musik oder die von ihm geliebte Kommunion wünsche? »Ich brauche die Kommunion nicht mehr. Ich bin bereit, und Gott weiß es.« Zum Erstaunen aller stirbt Herr Gehrig am angekündigten Tag.*

Herr Capaul, *ein sich durch eine letzte Würde und Wahrhaftigkeit auszeichnender Patient, wollte von sich aus – für seine Nächsten unverständlich und medizinisch nicht zwingend – ins Spital aufgenommen werden. Sein Tumor war noch klein, zu klein, um daran zu sterben. Im Spital arbeitete damals ein Arzt, der mit ihm verwandt war, zu dem aber konfliktbedingt alle Beziehungen abgebrochen waren. Wusste Herr Capaul, weshalb er ins Spital wollte. Oder war sein Streben von unbewusster – geistgewirkter – Intention? Er erkundigte sich nach der Station, auf welcher der Arzt arbeitete und ging dann mit schlafwandlerischer Zielstrebigkeit auf die »zufällige« Begegnung zu. Es sei ein Geschenk vom Himmel gewesen, erzählte er mir danach. In einem ruhigen Moment suchte er Tage danach nochmals jene Station und jenen Arzt auf. Als er zurückkam, soll er zur Pflegenden gesagt haben, er gehe jetzt zu Bett, um zu sterben. Sie möge ihn begleiten und bei ihm sein – und er starb.*

2.5.4 Vollender – Visionen am Sterbebett

Herr Imeri, *ein frommer junger Muslim, liegt meist unansprechbar im Zimmer. Seine Frau sucht den Kontakt zu mir, um zu besprechen, wie sie alles Notwendige regeln solle. Sie weiß: er wird sterben; so habe er es ihr gesagt. Er werde nicht zu Hause sterben. Es werde der Freitag sein. Und sie werde nicht* *gegenwärtig sein, solle sich aber keine Sorgen machen. Ihr Gatte habe (in einer Vision)* **gesehen, wie es komme und dass alles gut komme.** *Herr Imeri starb – für Uneingeweihte unerwartet – zur angekündigten Zeit, in jener halben Stunde, da seine Frau Besorgungen machte.*

Auch in diesem Beispiel wird einsichtig, dass es sich nicht um ein im Ich lokalisiertes Wissen oder Streben handeln kann, sondern um Impulse, die aus einer Sphäre jenseits menschlicher Grenzen kommen. Erklären können wir diese Phänomene nicht. Und doch ereigneten sie sich öfters und vor allem bei Menschen, die für eine Sphäre jenseits ihrer selbst oder für ein Geistwirken offen waren. Rotzetter formuliert: *Geist »reißt ... den Menschen weit über sich hinaus«.*[192] Er unterwandert, was sich ihm versperrt, *»überformt«*, was vom Menschen her schwach und sündig bleibt,[193] und bewirkt in all dem Wandlung und Vollendung. Geisterfahrung ist Erfahrung von Gnade.

Zum Eindrücklichsten, was man am Bett eines oder einer Sterbenden bisweilen erleben kann, gehört der Eindruck, einen Menschen vor sich zu haben, der weiter sieht, als wir zu sehen vermögen, und der uns vielleicht noch etwas mitteilen möchte von dem, was er jetzt schaut. Darf man in solchen Fällen von Visionen sprechen? Ist dieser Begriff nicht zu hoch gegriffen? Für mich sind solche Erfahrungen besonders dann bedeutsam, wenn sie nicht als theologische Aussagen schlechthin begriffen werden, sondern als Botschaften genau dieses einen Menschen, Aussagen zu genau seinem Leben und seinem Sterben. Bei fünf Patient(inn)en – in der Mehrzahl sehr junge – kam ich nicht darum herum, das von ihnen Geschaute als Vision zu begreifen.

Daniela, eine junge, nicht sonderlich fromme Frau, liegt in ihren letzten Tagen. Instinktsicher weiß sie, wen aus ihrem großen Bekanntenkreis sie noch sehen mag und muss. Den Pfarrer, der sie beerdigen werde? Nein, das sei zu viel. Mich

---

192 Rotzetter 2000, S. 21.
193 Vgl. Schwager 2000, S. 20–23: Überformt-Werden des menschlichen Geistes durch den Heiligen Geist in einem Zusammenwirken, das die wechselseitige Lähmung überwindet (Röm 7,14–25 und 8,16).

möchte sie kennenlernen, damit ich ihre zurückbleibenden Nächsten, vor allem ihren Freund, stärken könne. Ich trete ins Zimmer, Danielas Mutter ist da. Scheu stelle ich mich Daniela vor: Monika. Viele Worte fallen nicht zwischen uns, umso dichter ist die sich im gemeinsamen Schweigen entfaltende Atmosphäre. Zu dritt sind wir traurig und doch – weil Daniela selbst unendlich gelassen wirkt – sind auch wir gelassen. Daniela äußert, als wie schön sie dieses Schweigen empfinde. »Schön, dass es wahr sein darf.« Etwas unglaublich Reifes kommt mir entgegen in dieser spirituellen Stimmung: eine erst 23-jährige Frau, die einfach Ja sagt zum Sterben, daneben aber auch den köstlichen Geschmack ihres letzten Hamburgers in vollen Zügen genießt. Auf ihre Gelassenheit angesprochen, antwortet sie: »Nein, ich habe keine Angst vor dem Sterben. Es darf sein.« Beschenkt gehe ich von dannen.

*In Familiengesprächen gelingt es, den Angehörigen mein Staunen zu vermitteln, sodass nun auch sie staunen. Beim nächsten Besuch ist Daniela oft abwesend, pendelt zwischen einem komaähnlichen Zustand und dem Wachbewusstsein hin und her. Erneut ist die Stimmung intensiv. Daniela freut sich, dass ich da bin. Schließlich zeigt sie mit ihrer Hand auf die gegenüberliegende Wand und versucht, mir zu erklären, was sie sehe. »Dort, wo die (Kunst)karte hängt, dort ... manchmal sehe ich Stefanie (ihre Schwester) ... dann kommt wie ein Licht durch die Karte hindurch. Es kommt von weit her und ist wunderschön. Dann ist wieder nur die Karte da.« Ich bin bewegt. Gemeinsames Schweigen. Plötzlich die Worte: »Licht. Schau – das Licht.« Eine Minute später, die Karte fixierend: »**Ich sehe, wie es weitergeht mit der Welt ... – sooo schön.**« Sie gestikuliert, versucht mir ihr Etwas zu zeigen, zu erklären, taucht dabei aber ab in einen komatösen Zustand. Ich habe Gänsehaut. – Es ist ein Geheimnis geblieben, worin genau Danielas Vision bestand – vielleicht ist es besser so. Vier Tage noch lebt Daniela, meist komatös. Zwei Stunden vor dem Tod reagiert sie noch mit den Augenlidern, als ich sie auf ihre geschaute Vision anspreche. – Sie soll gestorben sein mit weit offenen Augen: eine Pupille groß, die andere klein.*[194]

»Es gibt ein Ziel« – *»Ich sehe, wie es weitergeht mit der Welt«* – *»Nicht verloren«* – *»Es kommt alles gut«* – *»Ein Fest«*: insgesamt Visionen, die im Detail gerade nicht mehr erklärt werden konnten. Die Visionen und die fünf Sterbenden vor Augen, bin ich mit hineingenommen in die Frage des Wohin: mehr noch: hineingenommen in die Bewegung dorthin. Vollendung, Vollständigkeit, Integration sind vielleicht Begriffe für dieses ferne Ziel, doch die überwältigende Stimmung, ja die unendliche Gelassenheit, dass es schon gut werde und nichts vergeblich gewesen sei, vermögen nur die Sterbenden selbst zu bezeugen. Visionen sind unausgesprochen ein Bekenntnis zum evolutiven Menschsein und zu einem Gott, der seinerseits auch ein Werdender ist.[195] Die Schöpfung ist im Werden, der Mensch leistet durch seinen Weg und sein Bewusstwerden seinen Beitrag auf ein fernes Ziel hin und findet darin seine letzte Würde. Diese *finale Perspektive* charakterisiert die jüdisch-christliche Spiritualität in ihrer Betonung menschlicher Personalität, Freiheit und Liebesfähigkeit als Zielvorgabe menschlichen Werdens. Dass auch Andersreligiöse daran teilhaben können, hat das obige Beispiel von Herrn Imeri gezeigt.

Das großartige Vermächtnis von Teilhard de Chardin in seiner mystischen Schau eines letzten Angezogenseins auf einen Zielpunkt hin umschreibt eine Höchstform von zielgerichteter Geist-Energie, durch welche Universalität und Personalität im Geheimnis einer letzten Liebe zusammenfinden.[196] *Der Geist – auch Heiliger Geist genannt – ist das Bewegende, zur Vollendung Drängende.* Das visionäre Auge des menschlichen Geistes vermag, wenn es sein darf, zu schauen, dass und wie es mit der Welt weitergeht. Wissen können wir dabei aber nicht.

---

194 Was durchaus medizinisch als hirnmetastasenbedingt erklärt werden kann. Ich möchte – ohne zu interpretieren – bei der Erwähnung bleiben.
195 Vgl. Klinger 1994, S. 40f zur Theologie Karl Rahners und seinem Bekenntnis, dass Gott nicht nur ist, sondern auch werden kann.
196 Vgl. Sudbrack 249–251.

3 Wie umgehen mit spirituellen Erfahrungen?

3.1 Glaube ich daran? — Anfrage an die Psychotherapie

Spirituelle Erfahrungen drängen nach Bewusstwerdung und Wortfindung. Sie brauchen Räume der Resonanz, um überhaupt erkannt zu werden in ihrer Dimension des Heiligen. Nur wo sie wahrgenommen werden, entfalten sie ihre Wirkung und Aussage über die Zeit hinaus. Wo sie zum Ausdruck und oft auch ins Wort finden, gehen sie nicht wie Wasser im Sand verloren. Im Anschluss an eine spirituelle Erfahrung wird die Frage wichtig: »Glaube ich an das Erlebte? Darf es in meinem Menschen- und Gottesbild Bestand haben? Lasse ich mich dadurch berühren, wandeln?« Zu glauben bedeutet, sich immer wieder daran zu erinnern, die Erinnerung zu feiern und sie durch Zeiten erneuter Dürre hindurch zu hüten. Das Hüten und Feiern der religionsstiftenden Geheimnisse einer Religion ist Sinn ihrer Liturgie und Riten. Mit meinen Patienten und Patientinnen suche ich bisweilen Erinnerungsobjekte (vgl. die Bedeutung der Übergangsobjekte): ein Bild, eine Musik, eine Kunstkarte, vielleicht auch resümierende Worte.

Therapie, Seelsorge oder auch Freundschaften können zu Gefäßen für die Entfaltung spiritueller Erfahrungen werden. Dies wird zur Anfrage an die Psychotherapie wie die Seelsorge. Mit Blick auf die Psychotherapie frage ich: Darf spirituelle Erfahrung wahr sein? Darf sie gehütet werden? Oder muss sie im Zuge des Tabus Religion umgedeutet und damit im Außerordentlichen ihrer Aussage und Wirkung wieder ausgelöscht werden? Wie wird vom Heiligen gesprochen, ohne das Geheimnis zu profanieren?[197] Wie wird die Einmaligkeit einer Erfahrung ausgelotet, ohne sie kurzzuschließen mit eigenen oder im Trend liegenden Vorstellungen vom Spirituellen? Haben auch Erfahrungen von »Gegenüber« und »Du« oder von »Präsenz« ihren erlaubten Raum? Diskussionen innerhalb der Psychologie- und Therapieszene können nur gewinnen, wenn in ihrer Terminologie des Spirituellen auch Kategorien Platz haben, welche die dialogischen Aspekte spiritueller Erfahrung einbringen. Alle Therapie bleibt dem innersten Wesen eines Patienten und dessen Heilssehnsüchten verpflichtet.

3.2 Tradition *und* Erfahrung – Anfrage an die Theologie

Mit Blick auf Seelsorge und Theologie frage ich nach der Bedeutung von *Erfahrung*, und zwar von *Gotteserfahrung* in ihrer zugleich personalen wie alles Personale nochmals übersteigenden Dimension. Auch hier lautet die Grundfrage, ob Erfahrungen, so wie sie sind, wahr sein dürfen im Gegenüber eines Seelsorgers, einer Religionsgemeinschaft und ihrer Denkweise? Hinter aller religiösen Tradition stand einst ein zur »Erfahrung« gewordenes Erlebnis mit dem Numinosen: *Offenbarung*. Um das Befreiungserlebnis[198] einer Menschengruppe herum konstituierte sich das Volk Israel. Die überwältigende Einsicht *»Das hat Gott getan«* (verdichtet im Lobpreis Mirjams Ex 15,21) war religionsbegründend und identitätsstiftend (»sein Volk«). Ähnliches geschieht im Erleben Einzelner: Gotteserfahrung stiftet und vertieft Identität und bewirkt Rückbindung. Sie trägt wie kaum etwas anderes zum individuellen Profil einer Person bei.[199]

---

197 Warnung Amors an Psyche. Vgl. Neumann 1981.
198 Vgl. das Buch Exodus: die Erfahrung, aus der Gefangenschaft in Ägypten befreit und heil durch das Schilfmeer geführt worden zu sein.
199 Vgl. auch Rotzetter 2000, S. 179.

Offenbart sich Gott auch heute noch? Dürfen Menschen ihren ganz persönlichen Erfahrungen mit Gott Beachtung und Glauben schenken? Oder gefährdet das ihren tradierten Glauben? Die Erfahrung *in*, *mit* und *um* Jesus Christus sei unüberbietbar – dieses Wort höre ich des Öfteren in der Theologie. Ich möchte diesem Unüberbietbaren von damals – wie auch immer es konkret interpretiert wird – Glauben schenken, zugleich aber die Erfahrungsdimension Gottes in der Geschichte und im heutigem Erleben Einzelner ernst nehmen. Ohne religiöse Erfahrung fehlt dem Menschen der innere Zugang zu Religion. Nur Gottes*erfahrung* – wozu auch das sich dem Leser erschließende Erkennen eines Textes gehören kann – bringt dem Einzelnen eine Tradition nahe. Und nur die Erlaubnis zur Erfahrung macht eine Autorität, macht Kirchen und Tradition glaubwürdig.

Hinter der Not, die kirchliche Institutionen und einzelne ihrer Vertreter mit der inneren Erfahrung des Einzelnen haben, scheint sich tiefe Angst zu verbergen: Angst um eine Verwässerung von Schrift und tradiertem Erbe, Angst vor dem Gnostischen, Angst wohl auch vor der Unberechenbarkeit des Geistes Gottes, der weht, wo er will. Solcher (Ur-)Angst vor Gottes Unberechenbarkeit kann man nur eine noch größere Hoffnung auf eben diese Unberechenbarkeit entgegenhalten. Geist (be)wirkt, ob wir wollen oder nicht. Und er wirkt vor allem in der inneren Erfahrung mit Gott.

Erfahrung ist Erfahrung und damit auch persönlich. Bisweilen deckt sie sich mit einer religiösen Tradition, bisweilen nicht. Darum die Anfrage an Theologie und Pastoral: Darf Erfahrung dennoch wahr sein? Wird sie mit der nötigen Sorgfalt umkreist? Wird der Ausdruck eines Numinosen – worin die Erfahrung zum Offenbarungsereignis des Einzelnen wird – erkannt und ausgehalten? Darf im Wirken des göttlichen Geistes eine sich fortschreibende Offenbarungs- und Heilsgeschichte Gottes mit dem Menschen vermutet werden? Nur so kommt es auch heute noch zu der staunenden Erkenntnis: »Das hat Gott getan« – Anfrage an die Theologie!

Die Angst kirchlicherseits macht für mich auch plastisch, wie sehr der Gotteserfahrung eine Strukturen unterwandernde (um nicht zu sagen subversive) Komponente innewohnt. Schon Jeremia wusste um eine neue Autonomie derer, die einem inneren Gesetz folgen (Jer 31,31–34). Diese subversive Komponente war spürbar etwa in der spirituellen Kraft der Befreiungstheologie und der Basiskirchen zur Zeit ihrer Blüte. Etwas davon kommt auch zum Ausdruck in der Hoffnungskraft, die im existenziellen Zusammensein mit Patienten aufbricht. Aus der spirituellen Erfahrung ersteht eine Kraft, welche Not übersteigt und den Aufstand wider die Lethargie wagt. *Spiritualität lässt Angst hinter sich.* Spirituelle Erfahrung findet statt oder nicht, *innerhalb* und *mit* einer Tradition oder *außerhalb*. Spiritualität führt zu einem hinhorchenden Gehorsam, gepaart mit Autonomie.[200] Ist dies gefährlich? Grund zur Angst gibt m. E. nicht die Erfahrung an sich, wohl aber der unbedachte (undifferenzierte, fanatische und politisch fehlgeleitete) Umgang damit.

3.3 Realitätsbezug *und* Bewusstsein von Gnade — Absage an den Fanatismus

Spirituelle Erfahrungen erfordern eine Nacharbeit auch im Konkreten. Mit Blick nach außen stellt sich die Frage des *gelingenden Realitätsbezuges.* Wie können Menschen schützen und zugleich erden, was ihnen verheißen wurde? Und wie können sie erneute Zeiten der Dürre, wo dann spirituelle Erfahrungen oftmals nicht stattfinden, aushalten? Zum Realitätsbezug gehört auch die Bescheidung damit, dass das Leben primär im Immanenten stattfindet.

Zur Intention einer spirituellen Erfahrung gehört, dass sie nicht in Weltflucht und Sucht münden will, sondern – durch Pausen, Umkehr und Regeneration hindurch – in eine neue Verantwortung in dieser Welt. Mehrfach und durchaus kritisch

---

200 Vgl. Einleitung.

müssen die Betroffenen fragen: Was will mir die Erfahrung sagen? Worüber würde ich mich lieber hinwegtäuschen? Wie könnte eine eventuelle Konkretisierung der Erfahrung aussehen? Den Realitätsbezug wahren, kann auch heißen, dass *über Wesentliches nur geschwiegen werden kann*, dass die *Diskrepanz zwischen dem Erlebten und der Realität auszuhalten bleibt*, bisweilen sogar ein Doppelleben geführt und in all dem gewartet werden muss auf den Kairos.[201]

Vor allem müssen die Betroffenen *aus dem Höhenflug zurückfinden* in die Niederungen des Alltags. Am Ort der außergewöhnlichen Erfahrung darf man, biblisch gesprochen, nicht verweilen, keine Hütten bauen um das Unsagbare herum. Man muss (vom Berg Tabor) wieder hinuntersteigen, was auch heißt: *die Unterscheidung zwischen Gott und Mensch, zwischen Heiligem und Irdischem nochmals und schärfer ziehen*. Dies hat nichts zu tun mit Dualismus oder gar mit einer dualistischen Leib- oder Weltfeindlichkeit, sondern mit der Unterscheidung Gott – Mensch, mystisch gesprochen mit der Unterscheidung Durchdringendes – Durchdrungenes. Theologisch formuliert geht es um das Anerkennen der Differenz zwischen Schöpfer und Geschöpf, Erlöser und Erlöstem, dem Vollender und dem Menschen als einem in ihm Vollendeten. Spirituelle Erfahrungen ohne ein Zurückfinden in den Realitätsbezug sind gefährlich und grenzverwischend. Auch *religiöse Fanatiker* beziehen sich auf ihre spirituellen Erfahrungen, wenn sie bisweilen behaupten, dass ihre Gewalttaten im Namen Gottes notwendig seien. Ich glaube ihnen in ihrer Nähe zum Unfassbaren, das Fatale liegt jedoch darin, dass der Fanatiker sich mit dem Numinosen seiner Erfahrung identifiziert. Er agiert diese Energie aus, statt zuzulassen, dass das Göttliche ewig größer und gerade nicht menschlich verfügbar ist. Wir können höchstens etwas davon – durch bruchweise und bruchstückhaft – erfahren und »verstehen«.

Spirituelle Erfahrungen von Fanatikern und Psychotikern zeigen, dass der Mensch auch an Gott irre werden kann: der

---

201 Vgl. Renz 2009, S. 274f: Wie ist ein Weiterleben für mich möglich?

Wahnsinn im Innen oder Außen hört nicht auf, bis die Grenze hin zum Numinosen nochmals und klarer gezogen ist. Der Mensch darf der *Versuchung der Inflation*[202] *gerade nicht erliegen*. Zwischen der Erfahrung an sich und der Identifikation damit ist immer neu zu unterscheiden. Der Begriff »Inflation« bringt das Wahnhafte, explosiv Gefährliche dieses psychischen Vorgangs zum Ausdruck. Darin wird das Bewusste vom Unbewussten, auch Gottnahen, Numinosen überschwemmt und übernimmt sich an der Allmacht schlechthin. Es kommt zu Allmachtsphantasien und zum Missbrauch numinoser Energien; die Fähigkeit zur Unterscheidung ist getrübt. Die Versuchung zur Inflation ist in ihren Ansätzen ein häufiges, fast möchte ich sagen allgegenwärtiges Phänomen. Es gehört zum Reifungsweg des Menschen und zur politischen Bewusstseinsbildung, dass man über solche (eigenen und fremden) inflationären Tendenzen zu erschrecken lernt und sich dann davon distanziert. Gleichzeitig beinhaltet Reifer-Werden aber auch, die Nähe zum Heiligen in *Ehr-Furcht* zuzulassen: So sagte ja schon Augustinus: »Du aber warst noch innerer als mein Innerstes und höher noch als mein Höchstes.«[203]

---

202 Inflation nach C. G. Jung verweist auf eine Identifikation des Ich mit dem Selbst resp. dem Gottesbild und Folgeerscheinungen wie Größenwahn, extremen Gefühlen von Einzigartigkeit und Erwähltsein. Durch die Identifikation mit dem kollektiven Unbewussten ereignet sich eine Invasion von archetypischen Inhalten in das Ich. Im religiösen Sprachgebrauch heißt dies, dass die Menschen sein wollen wie Gott (vgl. Hark 1988). – Zur Gefahr der Inflation vgl. auch Renz 2008a und 2009.
203 Confessiones 3, 6, 11.

Teil III
Projekt »Grenzerfahrung Gott«

Projektbeschreibung

Das Projekt unter dem Patronat von Prof. Dr. med. Thomas Cerny erstreckte sich über zweieinhalb Jahre (2000–2003); die eigentliche Erfassungszeit betrug ein Jahr.

Ausgangslage im Jahr 2000

Spiritualität war in jedermanns Munde, und doch war der Umgang mit dem Begriff undifferenziert. Im therapeutischen Umfeld setzte sich die Auffassung durch, dass das Spirituelle wichtig sei (Grof, Wirtz), aber jegliche Systematisierung fehlte. Die Theologie war im Begriff, Spiritualität als Thema wieder zu entdecken. Eine Aufarbeitung des Begriffes über das Leben der Wüstenväter und Mystiker hinaus fehlte.

Fragestellung

Wie wird spirituelle Erfahrung von heutigen Menschen umschrieben? Wie ereignet sie sich, wodurch wird sie ausgelöst? Was bewirkt sie? Was lässt sich aussagen über Inhalte und Gesetzmäßigkeiten?

Methode

Teilnehmende Beobachtung als eine der Realität Schwerkranker entsprechende Methode, die auch das Nonverbale zulässt und aufnimmt.

Ergebnisse

1. Bezogen auf wichtige Fragen

Sind spirituelle Erfahrungen religiösen Menschen vorbehalten? Das vorliegende Projekt würde diese Frage auf zwei Ebenen beantworten.

1. Religiöse Sehnsucht, Religion als letztes Ausgerichtet-Sein auf Gott hin, eine innere Beziehung zu biblischen und religiösen Texten, zu Riten, Sakramenten, Kirchenräumen und religiösen Liedern sind tatsächlich für viele Menschen das Eintrittstor zur spirituellen Erfahrung. Ein Ausgerichtet-Sein auf Gott ergab sich bei ihnen etwa über die Entdeckung des Gebetes im Leid, und dies in einer für sie authentischen Form, bei der man Gott die Nöte und Gefühle zeigt. Bei 80 Patienten und Patientinnen (im breiten Spektrum von tief gläubig bis nicht gläubig, christlich bis muslimisch)[204] hatten neben anderen Impulsen religiöse Akte eine bedeutsame Auslöser-Funktion (64 beim Beten resp. Fühlen inmitten von Not, 40 beim Empfang eines Segens oder Schutzrituals[205], 48 beim Empfang von Kommunion, Krankensalbung oder Lossprechung, Letztere unter Mitwirkung des Priesters). So gesehen, hilft der Glaube in Krankheit und auch im Sterben.
2. Wo jedoch Religiosität nicht als innere Beziehung, sondern als Festhalten an Glaubenssätzen und -praktiken gelebt wurde, standen solche Fixierungen der spirituellen Erfahrung – der Ebene von Erfahrung überhaupt – im Wege. Offenheit schien wichtiger zu sein als religiöse Vorgaben. Diesbezüglich interessant waren die Erfahrungen der ursprünglich

---

[204] Diese 80 setzten sich offiziell wie folgt zusammen: 21 Evangelische, 51 Katholische, vier Konfessionslose, zwei Muslime, ein Orthodoxer, eine Anthroposophin.
[205] Hierzu vgl. I.1.2.8.

agnostisch bis atheistischen Menschen: 20 solchermaßen A-Religiöse (von total 34) machten eine spirituelle Erfahrung. 19 davon bezeichneten diese als großartig, neun sprachen ausdrücklich von Gott. Alle 20 wurden über ihre Erfahrung auf neue Weise religiös oder religiös suchend.

Sind spirituelle Erfahrungen den sogenannten „spirituellen" Menschen vorbehalten? Spielte es eine Rolle, ob jemand bereits früher spirituelle Erfahrungen gemacht hatte? Auch diese Frage kann mit Blick auf das vorliegende Projekt nicht eindimensional beantwortet werden. Bereits früher gemachte spirituelle Erfahrungen konnten Zugang sein zum Spirituellen oder auch nicht. Sie konnten ebenso als (neue) Fixierung der Erfahrungsdimension im Wege stehen. Von den insgesamt 135 Patienten hatten 42[206] bereits früher ähnliche Erfahrungen gemacht, für 49 war es etwas völlig Neuartiges, Erstmaliges. Bei 44 war kein Raum, um näher danach zu fragen. Aufs Ganze gesehen kann gesagt werden, dass Männer *und* Frauen, Jüngere *und* Ältere, Menschen von unterschiedlichster Wesensart und verschiedenster Religions- und Konfessionszugehörigkeit spirituelle Erfahrungen machten – darunter auch viele, die sich so etwas im normalen Leben nie zugetraut hätten.

Lassen sich Inhalte von spirituellen Erfahrungen systematisieren, kategorisieren? Mit dieser Frage wurde ich von einem Chefarzt konfrontiert und verneinte spontan. Und doch bin ich eines Besseren belehrt worden: dass es gar nicht so schwierig ist, Charakteristika und Kategorien für spirituelle Erfahrungen zu finden.[207] Dabei wird die Allgemeingültigkeit inhaltlicher Aussagen insofern relativiert, als ich nur auf der Basis von

206 13 bezeichneten sich als meditationsgewohnt, 25 erfuhren schon früher Spiritualität als Innenseite ihres Glaubens, elf hatten früher einmal eine Nahtoderfahrung und fünf eine spirituelle Krise oder Psychose.
207 Vgl. II.2.2.

135 meist westlich sozialisierten Menschen[208] antworten kann und nicht um den subjektiven Anteil meiner Person im Begleiten, Auslösen und Verstehen herumkomme. Zunächst ist eine spirituelle Erfahrung etwas Persönliches und eine Antwort an den Erfahrenden in genau seiner Situation.

2. Zahlen

Total während der Erfassungszeit Betreute 251
Patienten ohne von mir registrierte spirituelle
Erfahrungen 116
Patienten mit spirituellen Erfahrungen =
Total aller erfassten Patienten *135*

A) STRUKTUR DER ERFASSTEN PATIENTEN

Alter
Durchschnittsalter 59
Altersspektrum 23–88

Geschlechtszugehörigkeit
Frauen 85
Männer 50[209]

---

208 Ausnahmen: vier albanische oder arabische Muslime, fünf orthodoxe Christen, eine katholische Afrikanerin und eine sich zu keiner Religion bekennende, im chinesischen Sprachraum aufgewachsene Patientin. Von den westlich sozialisierten Patienten und Patientinnen pflegten drei eine nähere Beziehung zum Buddhismus, zwei waren Anthroposophen.
209 Dieses Verhältnis entspricht meinen Erwartungen. Zum einen nehmen Männer weniger Unterstützung und therapeutische Hilfe in Anspruch als Frauen. Ferner fielen mir geschlechtsspezifische Unterschiede auf im Reden-Können über innere Erfahrungen.

Religionszugehörigkeit gemäß offizieller Erfassung
Evangelisch 44[210]
Katholisch 68
Christkatholisch 0
Orthodox 5
Konfessionslos 12
Jüdisch 0
Muslimisch 4
Anthroposophisch 2
Hinduistisch 0
Buddhistisch 0[211]

Gesundheitssituation: Todesnähe – Rückkehr ins Leben
Während der Erfassungszeit Gestorbene 72
Davon: Konnten sterben während einer Intervention
und spirituellen Erfahrung 3
Starben im Anschluss an
Intervention/spirituelle Erfahrung 30[212]
Starben Tage/Wochen/Monate später
im Spital (darunter ein Suizid) 27
Starben in diesem Zeitraum zu Hause
oder in Pflegeheim 12
Kehrten in den Alltag zurück / lebten noch am Ende
der Erfassungszeit[213] 63

---

210 Das Verhältnis (offiziell) Evangelische – Katholische entspricht der diesbezüglichen Verteilung in Spital und Region.
211 Wobei drei Patienten, die nicht offizielle Buddhisten waren, sich dennoch als dem Buddhismus sehr nahe bezeichneten.
212 Dies bedeutet zweierlei: Todesnähe als Ort, wo vermehrt spirituelle Erfahrungen gemacht werden. Und: Konfliktlösende, entspannungsfördernde Wirkungen spiritueller Erfahrungen helfen im Sterben.
213 Und es sah auch nicht so aus, als würden diese Patienten demnächst sterben.

B) THEMASPEZIFISCHE AUSGANGSSITUATION

Beziehung der Patienten zu Kirche und Religion
Bezeichneten sich als kirchennah / einer
Glaubensgemeinschaft nahe   55
Bezeichneten sich als kirchenfern,
aber religiös suchend   39
Bezeichneten sich als atheistisch oder a-religiös   20[214]
Darüber wurde nicht gesprochen   21

Beziehung zu Spiritualität, spirituelle Vorerfahrungen
Vertraut mit spirituellen Erfahrungen   42
    Meditationsgewohnt   13
    Empfinden Spiritualität als Innenseite
    des Glaubens   25[215]
    Frühere Nahtod- oder Grenzerfahrung   11
    Spirituelle Krise, Wahn, Psychose,
    Berührung mit Spiritistischem   5
Spirituelle Erfahrung neu und erstmalig   49
Darüber wurde nicht gesprochen   44

---

[214] Die meisten gehörten zu den offiziell Konfessionslosen; es gab aber auch offiziell Evangelische und Katholische, die sich von jeglicher Religion abgekehrt hatten.
[215] Darunter zwei Orthodoxe, zwei Muslime, eine Anthroposophin.

C) WIE MANIFESTIERTE SICH DAS SPIRITUELLE EINER ERFAHRUNG?

Das Spirituelle wurde als solches erlebt und von den Patienten formuliert	57
Die Patienten fanden durch mich zu Staunen oder Deutung und sprachen darüber	49
Die Erfahrung blieb wortlos im Raum, wurde aber indirekt bestätigt	29[216]
Total Patienten, deren Erfahrung in Worten beschrieben wurde	106

D) WELCHES WAREN INHALTE SPIRITUELLER ERFAHRUNGEN?

Heilige Stimmung, eine Engelsgestalt, etwas undifferenziert Spirituelles	66[217]
Erfuhren das Großartige, Gott	101
Einheitserfahrung	41
Gegenüber-Erfahrung	44
Das Mütterlich-Väterliche	34
Der Gott Inmitten	33
Geist	49

---

216 Durch Nicken oder Bejahen einer entsprechenden Frage.
217 Bei 34 von 66 Patienten blieb es bei Erfahrungen dieser Art, während 32 zusätzlich Erfahrungen eines Großartigen, Letzten, von Gott machten.

E) WAS GESCHAH RUND UM EINE SPIRITUELLE ERFAHRUNG?

Phänomen Geistkampf

Total Patienten, die geistigen Kampf erlebten	56
Erfuhren darin schließlich Sieg und Friede im Geist	40
Der Ausgang des Kampfes blieb zu jener Zeit offen	16

Was löste die Erfahrung aus oder war mitauslösend?[218]

Musikerfahrung / Klangreise / Entspannung / Raum für Andacht und Stille	98
Seelsorgerisch-geistlicher Dienst (freies Gebet, Segen, Sakrament usw.)	80
Empathie, Solidarität, Raum für Gefühle, Beziehungsdimension	84
davon existenzielles Mit-Sein, Mich-dran-geben	25
Körperarbeit und Berührung	42
Vorausahnung von Tod oder Überleben	19
Nahtoderfahrung	6
Vision in unmittelbarer Todesnähe	5
Traum	42
Feierliches Versammeltsein von Angehörigen	49
Versöhnung, Schattenintegration, verzeihen	40

---

218 Oftmals wirkten verschiedene Auslöser kombiniert: z. B. eine Klangreise/Musikerfahrung mit Körperarbeit und Berührung und/oder mit anschließendem seelsorgerischen Zeichen.

Wie kann Gott das zulassen? Theodizeefrage
Summe Patienten, die diese Frage stellten   108
Nicht gestellt wurde die Frage von:
    Sterbenden oder Erschöpften
    (mittlerweile) Gelassenen oder Menschen,
    die einfach einwilligten[219]
    vereinzelt von Menschen, die sich die Frage
    nicht erlaubten[220]

F) WIRKUNGEN SPIRITUELLER ERFAHRUNGEN

Welche Wirkungen wurden geäußert/bestätigt/signalisiert?
veränderte Gegenwart, veränderte Befindlichkeit   135(!)
über kürzere oder längere Zeit deutliche
Schmerzlinderung   71[221]
weniger körperliches Unwohlsein   20
weniger Atemprobleme (d. h. auch weniger Angst)   15
versöhntere, veränderte, situationsgemäße
Beziehung zur Krankheit   62
veränderte Beziehung zu Leben und Sterben   71
veränderte Beziehung zu Gott   68

Wie nachhaltig waren die Wirkungen?
Erfahrung verblasste wieder[222]   17
Unvergessliches Initialerlebnis   50
Sich wiederholende, vertiefende Erfahrung   39
So intensiv, dass die Wirkungen über Tage andauerten   29

---

219 Zu den Patienten, die einfach einwilligen konnten in ihr Sterben und Vergehen, gehörten zwei Orthodoxe.
220 Eine fundamentalistisch religiöse Patientin und ein Muslim verbaten sich diese Frage bis zum Schluss.
221 Was wesentlich verstanden werden muss als Zustand, in dem auch Schmerzmittel besser wirken können.
222 Die Erfahrung wurde von vier Patienten wieder verleugnet.

Statt eines Nachworts

An den Grenzlinien existenzieller Bedrohung durch Krankheit, Leid und Tod bewegen wir uns in diesem Buch. Lesend dürfen wir miterleben, wie Monika Renz unsere Patienten therapeutisch und spirituell begleitet. In der Haltung der respektvollen Annäherung hat sie sich in den Grenzbereich der spirituellen Erfahrung vorgewagt. Nicht spekulativ, sondern im offenen, staunenden Begegnen mit unseren Patienten und ihren Angehörigen, beschreibend und ordnend, sammelte Monika Renz vorerst einmal Fakten. Sie hat während einem Jahr 251 Patienten erfasst, teils über längere Zeit begleitet, hellhörig für das Spirituelle, das sich mitten im Leiden ereignet oder auch nicht. Was überrascht, ist schon die Tatsache, dass es bei mehr als der Hälfte (135) zu Erfahrungen eines Ergriffenseins kam. Immer wieder ist die Liebe die umfassendste Macht unseres Lebens, die aufleuchtet und trägt. Eine Kraft oder Dimension, die mit dem Wort »Gott« oder dem »Heiligen« umschrieben wird, ist mit oder ohne Bezug zur Religion eine tragende Wirklichkeit vieler unserer Patienten. Der Onkologe am Krankenbett nimmt wahr, dass sich in den gleichen Menschen etwas verändert, gelegentlich eindrücklich sogar das Beschwerdebild und das Atmosphärische im Raum. Eine geheimnisvolle Ruhe oder gar Heiterkeit wird spürbar. In neuer Gelassenheit kehren die einen wieder ins Leben zurück und gehen die anderen ihrem Sterben entgegen. Monika Renz gelingt es, uns mit ihrer lebendigen, feinfühligen und ausdrucksstarken Sprache in Zonen der Intimität jenseits des Körperlichen wie selbstständig mitzunehmen. Gerade durch diese liebevolle Annäherung tritt in den von Not, Schmerzen und sichtbar werdenden Zerstörung des Leiblichen gezeichneten Menschen eine Würde hervor, die für den Leser zum tiefen Erlebnis wird. Ein außergewöhnlicher Fundus.

Professor Dr. med. Thomas Cerny,
Chefarzt Onkologie, St. Gallen

Wohin kommt, wer zur Welt kommt? Wohin geht, wer diesen Lebensraum verlässt? Rätsel kann man prinzipiell lösen, Geheimnisse aber werden nie gelöst. Sie werden bewohnt und begangen: Heimisch und unheimlich sucht der Flüchtling Mensch Beheimatung. In seinem Kommen und Gehen, in den geburtlichen und sterblichen Übergängen wandert die Frage mit nach dem Ort, wo wir bleiben und daheim sind. Vom Griechischen her ist da von »mysterion« die Rede. Ans Mysterium rühren auch spirituelle Erfahrungen – mitten im Leben wie im Sterben. Monika Renz nimmt Situationen und Erfahrungen von Leid, Krankheit und Sterben in den Blick. In therapeutischer Achtsamkeit und mit künstlerischem Feingespür horcht sie hinein in jene Tiefendimension des Staunens und Fragens, des Ergriffenseins und Überwältigtwerdens, die wir Spiritualität nennen. Der professionell nüchterne Blick des Arztes ist wichtig, des Sozialarbeiters und auch des Therapeuten. Aber nichts, was geschieht, ist schon ausgeschöpft, solange wir es nur analytisch und empirisch betrachten, denn in allem ist jener Horizont, den wir Geheimnis nennen, einem Begreifen schon voraus und uns gegenüber. Sehr treffend benennt Monika Renz wenigstens fünf Erfahrungsweisen dieses Einen, Heiligen, Ganzen. Nicht doktrinal herbeigedacht oder gar nur geredet, ist sie der spirituellen Dimension auf der Spur, nicht wissend oder gar besserwisserisch. Der Titel wäre missverstanden, würden wir eine Lehre von Gott erwarten. Nein: Es sind Entdeckungsreisen im inneren Ausland, es sind Wüstenwanderungen. Was die Menschen im Krankenhaus erleben und erleiden, was es therapeutisch und seelsorgerisch behutsamst zu begleiten gilt, bringt die biblischen Leidensgeschichten und die der Menschen hier und jetzt in ein heimliches Zwiegespräch. Als Medium, als Perspektive, als Begegnungsraum und Atmosphäre wird dann das Geheimnis präsent, das wir Gott nennen. Das Buch ist geprägt von Zuversicht und immer ist das Zittern spürbar, das Fragen und Staunen.

Gotthard Fuchs, Dr. phil.,
Priester und Publizist

Literatur

Asper, K. (1987): Verlassenheit und Selbstentfremdung. Olten: Walter.
Balthasar, H. U. v. (1963): Glaubhaft ist nur Liebe. Einsiedeln: Johannes Verlag
Benedetti, G. (1992): Psychotherapie als existentielle Herausforderung. Göttingen: Vandenhoeck & Ruprecht.
- (1998): Botschaft der Träume. Göttingen: Vandenhoeck & Ruprecht.
- (2000): Die verborgene Wahrheit. In: B. Rachel (Hrsg.): Die Kunst des Hoffens, S. 153–159. Göttingen: Vandenhoeck & Ruprecht.
Benker, G.: Die »Dunkle Nacht« der Ganzwerdung: C. G. Jung und der Mystiker Johannes vom Kreuz. In: Analytische Psychologie 30, S. 245–272. Basel: Karger.
Bernhard-Hegglin, A. (1999): Die therapeutische Begegnung. Verinnerlichung von Ich und Du. Göttingen: Vandenhoeck & Ruprecht.
Bernhard-Hegglin, A. (2000): Wege des Hoffens. In: B. Rachel (Hrsg.): Die Kunst des Hoffens. Begegnung mit Gaetano Benedetti, S. 87–152. Göttingen: Vandenhoeck & Ruprecht.
Bibel (1980): Einheitsübersetzung Altes und Neues Testament. Stuttgart: Katholische Bibelanstalt.
Bibel (2000): Elberfelder Übersetzung (revidierte Fassung). Wuppertal 2000.
Biser, E. (1993): Der inwendige Lehrer. München: Piper.
Bonhoeffer, D. (1994): Widerstand und Ergebung. 15. Auflage. Hrsg. von E. Bethge. Gütersloh: Kaiser.
Boros, L. (1974): Engel und Menschen. Olten: Walter.
Breuning, W. (1977): Jesus Christus als universales Sakrament des Heils. In: W. Kasper (Hrsg.): Absolutheit des Christentums, S. 105–130. Freiburg: Herder.
Brinton Perera, S. (1985): Der Weg zur Göttin der Tiefe. Interlaken: Ansata.
Brunner-Traut, E. (Hrsg.) (1974): Die fünf großen Weltreligionen. Freiburg: Herder.
Buber, M. (1983): Ich und Du. 11. Auflage. Heidelberg: Lambert Schneider.
- (1984): Das dialogische Prinzip. Heidelberg: Lambert Schneider.
Büntig, W. E. (1990): Die Sinnfrage in der psychotherapeutischen Arbeit mit Krebskranken. In: P. M. Pflüger (Hrsg.): Die Suche nach Sinn heute, S. 117–142. Olten: Walter.
Dalferth, I. (1994): Der auferweckte Gekreuzigte. Tübingen: Mohr-Siebeck.
Domin, H. (1979): Abel steh auf. Gedichte, Prosa, Texte. Stuttgart: Reclam

Drewermann, E. (1985): Tiefenpsychologie und Exegese. Band 2. Olten: Walter.
– (1988) Tiefenpsychologie und Exegese. Band 1. Olten: Walter.
Drewermann, E., Neuhaus, I. (1988): Voller Erbarmen rettet er uns. Die Tobit-Legende tiefenpsychologisch gedeutet. Freiburg: Herder.
Duden: Etymologie der deutschen Sprache (1989). 2. Auflage. Mannheim/Leipzig/Wien/Zürich: Dudenverlag.
Emrich, H. M. (2000): Neurowissenschaft und Sinnfrage. In: P. M. Pflüger (Hrsg.): Die Suche nach Sinn heute, S. 95–116. Olten: Walter.
Fischer, K. P. (2000): Er heilte ihre Kranken (Mt 14.14). Heilung und Heil – eine verlorene Einheit? In: Orientierung Nr. 23/24.
Fromm, E. (1979): Haben oder Sein. Zürich: Ex Libris.
Frankl, V. (1977): Das Leiden am sinnlosen Leben. Freiburg: Herder.
– (1998): Trotzdem Ja zum Leben sagen. Ein Psychologe erlebt das Konzentrationslager. München: dtv.
Funke, D. (1998): Der Platz des Bösen in Gott? Psychoanalytische und theologische Erwägungen zum halbierten Bild vom »guten Gott«. In: Schlagheck, M. (Hrsg.): Theologie und Psychologie im Dialog über das Böse, S. 93–144. Paderborn: Bonifatius.
Garrison, A. (2005): »Religion, Health, and the Questions of Meaning.« In: Medscape (19.09.2005) http://www.medscape.com/viewarticle/ 511714 (26.08.2009).
Girard, R. (1992): Das Heilige und die Gewalt. Frankfurt: Fischer.
Grof, St. (1991): Geburt, Tod und Transzendenz. Reinbek: Rowohlt.
Grof, St., Grof, Ch. (1984): Jenseits des Todes. Stuttgart: Kösel.
– (1990): Spirituelle Krisen. München: Kösel.
Greshake, G. (1997): Der dreieine Gott. Eine trinitarische Theologie. Freiburg: Herder.
Grün, A. (1993): Biblische Bilder von Erlösung. Münsterschwarzach: Vier-Türme-Verlag.
– (1996): Das Kreuz. Bild des erlösten Menschen. Münsterschwarzach: Vier-Türme-Verlag.
– (2001): Der Umgang mit dem Bösen. 11. Auflage. Münsterschwarzach: Vier-Türme-Verlag.
Haas, A. (1971): Teilhard de Chardin-Lexikon. Freiburg: Herder.
Hark, H. (1988): Lexikon Jungscher Grundbegriffe. Olten: Walter.
Herman, J. (2003): Die Narben der Gewalt. Traumatische Erfahrungen verstehen und überwinden. Paderborn: Junfermann.
Herzka, H. S., Reukauf, W., Wintsch, H. (Hrsg.) (1999): Dialogik in Psychologie und Medizin. Basel: Schwabe.
Hommes, U. (Hrsg.) (1980): Es liegt an uns. Gespräche auf der Suche nach Sinn. Freiburg: Herder.
Huber, M. (2003): Trauma und die Folgen. Teil 1. Paderborn: Junfermann.
Ignatius von Loyola (1999): Die Exerzitien. Übertragen von H. U. v. Balthasar. 12. Auflage. Freiburg: Johannes-Verlag.

Jäger, W. (2002): Kontemplatives Beten. Einführung nach Johannes vom Kreuz. Freiburg: Herder (Erstauflage 1994 Münsterschwarzach: Vier Türme-Verlag).

Jalics F. (1994): Kontemplative Exerzitien. Eine Einführung in die kontemplative Lebenshaltung und in das Jesusgebet. Würzburg: Echter.

Jüngel, E. (1992): Gott als Geheimnis der Welt. 6. Auflage. Tübingen: Mohr.

Kasper, W. (1995): Der Gott Jesu Christi. Mainz: Grünewald.

Kassel, M. (1980): Biblische Urbilder. Tiefenpsychologische Auslegung nach C. G. Jung. München: Pfeiffer.

– (1986): Das Auge im Bauch. Olten: Walter.

Kast, V. (1987): Traumbild Auto. Olten/Freiburg: Walter.

Kehl, M. (1986): Eschatologie. Würzburg: Echter.

Kessler, H. (1995): Sucht den Lebenden nicht bei den Toten. Würzburg: Echter.

– (2000): Gott und das Leid seiner Schöpfung. Nachdenkliches zur Theodizeefrage. Würzburg: Echter.

Klinger, E. (1994): Das absolute Geheimnis im Alltag entdecken. Zur spirituellen Theologie Karl Rahners. Würzburg: Echter.

Koenig, H. G. (2002): Spirituality in Patient Care: Why How When, and What. West Conshohocken: Templeton Foundation Press.

Kohut, H. (1979): Die Heilung des Selbst. Frankfurt: Suhrkamp.

Krogmann, A. (1995): Simone Weil. 8. Auflage. Reinbek: Rowohlt.

Kübler-Ross, E. (1974): Interviews mit Sterbenden. Stuttgart: Kreuz.

– (1992): Befreiung aus der Angst. Gütersloh: Gütersloher Verlagshaus.

Kunzler, M. (1998): Amen, wir glauben. Eine Laiendogmatik nach dem Leitfaden des Apostolischen Glaubensbekenntnisses. Paderborn: Bonifatius.

Lesmeister, R. (1992): Der zerrissene Gott. Zürich: Schweizer-Spiegel.

Lies, L., Hell. S. (1992): Heilsmysterium. Graz: Styria.

Luban-Plozza, B. (2000): Musik als Sprache der Seele. In: Schweizerische Ärztezeitung 81/16, S. 838–840.

Maier, J. (1995): Vorwort zu: Mose Ben Maimon: Führer der Unschlüssigen. 2. Auflage. Hamburg: Meiner.

Maslow, A. (1994): Psychologie des Seins. Frankfurt: Fischer.

Meister Eckhart (1993): Werke in zwei Bänden. Kommentiert und hrsg. von N. Largier. Frankfurt: Deutscher Klassiker-Verlag.

Mette, A. (2002): Affinitäten postmoderner Religiosität zur hinduistisch-buddhistischen Spiritualität. In: Religionen unterwegs (Wien) 3, S. 5f.

Metz, J. B. (1992): Glaube in Geschichte und Gesellschaft. Studien zu einer praktischen Fundamentaltheologie. Mainz: Grünewald.

– (1995): Theodizee-empfindliche Gottesrede. In: J. B. Metz (Hrsg.): Landschaft aus Schreien, S. 81–102. Mainz: Grünewald.

Metzler-Philosophie-Lexikon (1999). 2. Auflage. Stuttgart: Metzler.

Moltmann, J. (1981): Ohne Macht mächtig. Predigten. München: Kaiser.

- (1994): Trinität und Reich Gottes. Zur Gotteslehre. Gütersloh: Kaiser.
Moody, R. A. (1988): Leben nach dem Tod. Reinbek: Rowohlt.
Morgenthaler, C. (1992): Der Religiöse Traum. Stuttgart: Kohlhammer.
Neumann, E. (1960): Das Schöpferische als Zentralproblem der Psychotherapie. In Acta Psychotherapeutica et Psychosomatica 8, S. 351–364.
- (1985a): Amor und Psyche. Olten: Walter.
- (1985b): Das Kind. Fellbach: Bonz.
Niewiadomski, J., Palaver, W., (Hrsg.) (1995): Vom Fluch und Segen der Sündenböcke. Raymund Schwager zum 60. Geburtstag. Wien/München: Thaur.
Nigg, W. (1986): Große Heilige. Zürich: Diogenes.
Otto, R. (1987): Das Heilige (Nachdruck der Ausgabe 1979). München: Beck.
Papousek, M. (1994): Vom ersten Schrei zum ersten Wort. Anfänge der Sprachentwicklung in der vorsprachlichen Kommunikation. Bern: Huber.
Penson, R.T., Yusuf, R.Z., Chabner, B.A., Lafrancesca, J.P., McElhinny, M., Axelrad, A.S., Lynch, T.J. (2001): Losing God. In: The Oncologist 6, S. 286.
Rahner, K. (1949): Von der Not und dem Segen des Gebetes. Innsbruck: Felizian Rauch.
- (1966): Schriften zur Theologie. Bd. 7: Zur Theologie des geistlichen Lebens. Zürich: Benziger.
- (1968): Gnade als Freiheit. Freiburg: Herder.
- (1968b): Ich glaube an Jesus Christus (Theologische Meditationen 21). Zürich: Benziger.
- (1974): Alltägliche Dinge (Theologische Meditationen 5). Einsiedeln: Benziger.
- (1982): Praxis des Glaubens. Hrsg. von K. Lehmann und A. Raffelt. Freiburg: Herder. Zürich: Benziger.
- (1984): Grundkurs des Glaubens. Sonderausgabe. Freiburg: Herder.
Ratzinger, J. (Benedikt XVI.) (2005): Berührt vom Unsichtbaren. Jahreslesebuch. Freiburg: Herder.
- (2007): Jesus von Nazareth. Erster Teil: Von der Taufe im Jordan bis zur Verklärung. Freiburg: Herder.
Renz, M. (2007): Von der Chance wesentlich zu sein. Paderborn: Junfermann.
- (2008a): Erlösung aus Prägung. Botschaft und Leben Jesu als Überwindung der menschlichen Angst-, Begehrens- und Machtstruktur. Paderborn: Junfermann.
- (2008b): Zeugnisse Sterbender. Todesnähe als Wandlung und letzte Reifung. Paderborn: Junfermann (1. Auflage 2000).
- (2009): Zwischen Urangst und Urvertrauen. Aller Anfang ist Übergang. Paderborn: Junfermann (überarbeitete und ergänzte Neuauflage).

Renz, U. (2002): Die Rationalität der Kultur. Zur Kulturphilosophie und ihrer transzendentalen Begründung bei Cohen, Natorp und Cassirer. Hamburg: Meiner.

– (2003): Klar, aber nicht deutlich. Descartes' Schmerzbeispiele vor dem Hintergrund seiner Philosophie. In: Studia Philosophica 62.

Rohr, R. (2000): Hiobs Botschaft. Vom Geheimnis des Leidens. München: Claudius.

Roth, G. (2002): Fühlen, Denken, Handeln. Wie das Gehirn unser Verhalten steuert. Frankfurt: Suhrkamp.

Rotzetter, A.(2000): Spirituelle Lebenskultur für das 3. Jahrtausend. Freiburg: Herder.

Rutishauser, C. (2005): Mystik, Meditation und Kontemplation als Quellgrund der Religionen? In: H. Radeck (Hrsg.): Als Christ Buddhist? Auf der Suche nach der eigenen Spiritualität. Hofgeismarer Protokolle 339, S. 73–89. Hofgeismar: Evangelische Akademie.

Ruysbeek, E. van, Messing, M. (1999): Das Thomasevangelium: seine östliche Spiritualität. Zürich/Düsseldorf: Benziger.

Scheich, G. (2001): Positives Denken macht krank. Vom Schwindel mit gefährlichen Erfolgsversprechen. Frankfurt: Eichborn.

Schenker, A. (2001): Knecht und Lamm Gottes, Stuttgart: Katholisches Bibelwerk.

Schlagheck, M. (Hrsg.) (1998): Theologie und Psychologie im Dialog über das Böse. Paderborn: Bonifatius

Schlagheck, M. (1998): »Getrenntsein in Bezogenheit«. Einleitende Überlegungen. In: M. Schlagheck (Hrsg.): Theologie und Psychologie im Dialog über das Böse (S. 7–14). Paderborn: Bonifatius

Schnabel, U. (2002): Die Biologie des Glaubens. Mystische Erlebnisse auf Knopfdruck. In: GeoWissen 29.

Schwager, R. (1996): Jesus im Heilsdrama. 2. Auflage. Innsbruck: Tyrolia.

– (1997): Erbsünde und Heilsdrama. Münster: LIT.

– (2000) Theologie des Heiligen Geistes. Gekürztes Vorlesungsmanuskript. Innsbruck.

Schwendener, A.: Christentum und Spiritualität. Vom neuen Bedürfnis nach einer Religionspraxis. Kirchenbote der evangelisch-reformierten Kirche St. Gallen.

Siebenrock, R. (1995): Theologie aus unmittelbarer Gotteserfahrung. In: J. Niewiadomski, W. Palaver (Hrsg.): Vom Fluch und Segen der Sündenböcke, S. 69–92. Wien/München: Thaur.

– (1998): Script zur Aufbaustudienwoche 1998 der Wiener Theologischen Kurse: Das Christentum und die Religionen. Salzburg.

Sloan, R. P. u.a. (2000): Should Physicians Prescribe Religious Activities? In: New England Journal of Medicine 342/25, S. 1913–1916.

Sölle, D. (1990a): »Die Ros blüht ohne Warum«. In: P. M. Pflüger (Hrsg.) Die Suche nach Sinn heute, S. 250–267. Olten: Walter.

- (1990b): Zivil und Ungehorsam, Gedichte. © Wolfgang Fietkau Verlag, Kleinmachnow.
- (1993): Leiden. Freiburg: Herder.
- (1995): Ich sehe das Leiden – ich glaube die Liebe. In: R. Walter (Hrsg.): Leben ist mehr, S. 214–220. Freiburg: Herder.

Spaemann, R. (1988): Teleologie und Teleonomie. In: D. Henrich, P. Horstmann (Hrsg.): Metaphysik nach Kant?, S. 545–556. Stuttgart: Klett-Cotta.

Splett, J. (1996): Denken vor Gott. Philosophie als Wahrheits-Liebe. Frankfurt: Knecht.

Steffen, U. (1982): Jona und der Fisch. Der Mythos von Tod und Wiedergeburt. Stuttgart: Kreuz.

Stückelbroeck, M. (2002): Wieviel Erfahrung braucht der Glaube? Neue Religiosität in Rückfrage zu Johannes vom Kreuz. In: L. Scheffczyk, K. Krenn, A. Ziegenaus (Hrsg.): Forum Katholische Theologie 18/3, S. 186–203.

Sudbrack, J. (1992): Mystik. Selbsterfahrung – Kosmische Erfahrung – Gotteserfahrung. Stuttgart: Mainz: Grünewald. Stuttgart: Quell-Verlag.
- (1994): Meditative Erfahrung – Quellgrund der Religionen. Mainz: Grünewald. Stuttgart: Quell-Verlag.
- (1998): Religiöse Erfahrung und menschliche Psyche: Religion und Psychologie, Heiligkeit und Krankheit, Gott und Satan. Mainz: Grünewald.
- (1999): Gottes Geist ist konkret. Spiritualität im christlichen Kontext. Würzburg: Echter.

Sugerman, S. (1978): Narzissmus als Selbstzerstörung. Olten: Walter.

Teilhard de Chardin, P. (1966): Die menschliche Energie. Olten: Walter.
- (1975): Mein Weltbild. Olten: Walter.
- (1990): Das Herz der Materie. Olten: Walter.

Tournier, P. (1967): Echtes und falsches Schuldgefühl. Freiburg: Herder.

Weil, S. (1952): Schwerkraft und Gnade. München: Kösel.
- (1953): Das Unglück und die Gottesliebe. München: Kösel

Winnicott, D. W. (1969): Übergangsobjekte und Übergangsphänomene. In: Psyche 23, S. 666–682 (engl. Originalfassung: Transitional objects and transitional phenomena. In: International Journal of Psychoanalysis 34 [1953]).

Wirtz, U. (1991): Seelenmord. Inzest und Therapie. Stuttgart: Kreuz.

Wirtz, U., Zöbeli, J. (1995): Hunger nach Sinn. Zürich: Kreuz.

Zenger, E. (1987): Gottes Bogen in den Wolken. 2. Auflage. Stuttgart: Katholisches Bibelwerk.